夸克AI
高效学习法

乔剑 苏小文 王琛珏　著

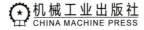

机械工业出版社
CHINA MACHINE PRESS

图书在版编目（CIP）数据

夸克 AI 高效学习法 / 乔剑，苏小文，王琛珏著 .
北京：机械工业出版社，2025. 6 (2025.9 重印).
ISBN 978-7-111-78571-2

Ⅰ. G442

中国国家版本馆 CIP 数据核字第 2025TT0279 号

机械工业出版社（北京市百万庄大街 22 号　邮政编码 100037）
策划编辑：杨福川　　　　　　　　　　　　责任编辑：杨福川　戴文杰
责任校对：甘慧彤　张慧敏　杨　霞　景　飞　责任印制：单爱军
中煤（北京）印务有限公司印刷
2025 年 9 月第 1 版第 2 次印刷
170mm×230mm · 22.5 印张 · 2 插页 · 351 千字
标准书号：ISBN 978-7-111-78571-2
定价：79.00 元

电话服务　　　　　　　　　网络服务
客服电话：010-88361066　　机　工　官　网：www.cmpbook.com
　　　　　010-88379833　　机　工　官　博：weibo.com/cmp1952
　　　　　010-68326294　　金　书　网：www.golden-book.com
封底无防伪标均为盗版　　机工教育服务网：www.cmpedu.com

在数字技术与教育深度融合的时代，人工智能（AI）正以"新质互联网"为载体重构教育生态。AI的价值首先体现在对教育公平的重塑，我们鼓励优秀的教师到西部任教，但真正解决优质教育资源分布不均的普惠方法是借助新一代信息技术突破时空限制。作为信息通信技术的研究者，我很高兴看到在AI的诸多应用领域中，教育被摆在突出地位并受到广大师生和IT业界的关注，一些AI学习工具应运而生，但AI对教育的意义远超工具革新——它不仅是突破时空限制的知识桥梁，还是推动教育范式从"标准化培养"向"个性化成长"跃迁的核心驱动力。

在众多的AI学习工具中，夸克浏览器以极简和精准直达的特点独树一帜，这是阿里巴巴集团开发的新型浏览器，其教学功能突出，学生成为其主要用户。阿里巴巴借此也能准确洞察学生的需求，从而提供更精准的服务。夸克浏览器基于阿里通义领先的推理及多模态大模型完成全新升级后，功能更加丰富。这本书介绍夸克AI的各种新功能，举例说明如何利用夸克AI来高效学习，从操作指南、注意事项、进阶技巧等方面带领读者从入门到精通。这本书不仅适用于在校师生，对于继续学习也是开卷有益。

AI通过整合全球优质资源与智能分析技术，让偏远地区的学生也能获取顶尖高校的课程体系，使经济困难的学子也能拥有个性化学习助手。这种技术平权打破了传统教育资源分配的物理边界，让每个学生都可以站在知识的同一起跑线上。正如5G+VR教育所展现的，通过虚拟实验室和历史场景还原，抽象的知识变得触手可及，学习真正成为跨越时空的认知之旅。

更深远的变革在于 AI 对学习本质的重构。它将教师从机械重复的知识传授中解放出来，转而聚焦于对批判性思维与创新能力的培养。当 AI 虚拟名师能够根据每个学生的认知图谱生成专属学习路径，当跨学科知识网络能够通过自然语言处理自动关联，教育便从知识灌输升级为探索式的认知建构。这种转变要求我们重新定义"学习"：未来的核心竞争力不再是记忆容量，而是驾驭智能工具进行知识创造的能力。

AI 不是替代人类的竞争者，而是拓展认知边界的伙伴。它需要你们以开放的心态接纳技术，更需要你们以理性的思辨驾驭技术。在享受 AI 带来的高效学习时，要警惕算法依赖导致的思维钝化；在拥抱虚拟世界的精彩时，要坚守现实社会的人文温度。技术终将服务于人，而人的价值在于创造技术无法替代的思想与情感。希望读者，特别是同学们，能以 AI 为翼，在智能工具与人类智慧的交响中，探索知识的新边界，重新定义学习、成长与未来。

（推荐人按姓氏拼音排序）

学习效果的实时反馈和科学评估是学习的关键环节。这本书介绍了如何借助 AI 自动生成章节练习题，对作业内容进行实时批改，精准定位知识盲区。针对专业课中的复杂概念，AI 还能通过个性化学习内容推荐，实现从知识理解到应用迁移的能力跃升，为大学生的自主学习和教师的课程目标达成度评价提供有力支撑。

——陈冰　华中科技大学机械科学与工程学院副教授

这不仅是一本学习效率指南，还是一部关于 AI 应用的前沿著作。作者以独特思维解构了学习行为：夸克 AI 的智能检索实现了对小学、中学、大学、研究生阶段学习信息的全覆盖；志愿填报功能实现了对高考志愿的个性化定制。夸克 AI 用算法缓解了传统教育中的资源错配与信息不对称问题，使每一个普通学生的学习效率都能大幅提升。

——陈宪　上海交通大学教授

这本书契合大学多元的学习场景，从专业课程预习、学术论文写作到期末复习冲刺，都给出了详尽方法。通过夸克 AI 的智能检索与知识整合功能，读者能快速梳理海量学科资料、建立知识框架。书中结合案例，教读者使用夸克拆解复杂课题，攻克专业难题，提升自主学习与研究能力，助力读者在学术道路上稳步迈进。

——高宗帅　清华大学助理教授

AI 技术为知识学习提供了"认知显微镜"与"思维望远镜"。这本书对夸克 AI 的功能知识体系和面向学习场景的使用经验进行了结构化梳理，将晦涩的课堂知识总结成易于学习的课堂大纲，并生成相关试题，拓展了 AI 在学习场景中的应用边界。这种"课堂学习 + 个性化练习"的融合，为广大知识学习者在智能时代提供了高效学习、有效学习的新途径。

——顾荣　南京大学特聘研究员、博士生导师，
教育部青年长江学者，达摩院青橙奖获奖者 (2023)

在国防科技与尖端工业领域，知识更新速度与学习效率直接关乎国家间的竞争力。这本书以夸克 AI 为主体，展现了"自主学习"与"智能辅助"的科学有机结合。当前，AI 不仅是简单的信息处理工具，更是培养解决复杂问题能力的高效平台。我鼓励学生、老师都学会如何用好 AI 工具，让 AI 技术真正成为支撑国家战略人才培养的强劲引擎。

——郭斌　西北工业大学计算机学院教授、副院长，
国家杰出青年科学基金获得者，人机物融合群智计算教育部重点实验室
副主任，智能感知与计算工业和信息化部重点实验室副主任

在 AI 重塑教育生态的时代坐标下，《夸克 AI 高效学习法》以突破性视角构建了技术与认知升级的桥梁。它跳出工具层面的表层应用，深入解析夸克 AI 如何重构从知识获取到能力建构的全链条学习体系。此书不仅是一本 AI 学习工具指南，更是一场关于"如何在智能时代学会学习"的深度思考，让每个读者都能在算法与算力的加持下，找到属于自己的学习加速度。

——何琦雯　中国电子商会人工智能委员会常务副秘书长

教育的本质是激发认知潜能，而 AI 正在以数据驱动的方式重塑这一过程。《夸克 AI 高效学习法》最具价值之处在于它充分发挥了 AI 的智能诊断能力：通过深度分析，精准定位每个学习者的知识盲区和薄弱环节，同时保留人

类独有的批判性思维培养空间。这种"技术赋能 + 人文引领"的模式，为构建更公平、更高效的教育生态提供了可操作的范本。

——黄传河 武汉大学计算机学院教授、网络研究所所长

在 AI 深度渗透基础教育的政策导向下，夸克 AI 凭借"启发式学习""进阶式讲解"及"专题式攻关"的创新学习理念，重塑了学生的学习范式。这本书将夸克 AI 的资源整合、搜题解题、规划评估功能转化为具体的学习方案：从课前智能生成预习框架，到课堂笔记整理，再到错题本的 AI 归因与强化训练，每个模块都直击学习痛点。"实战导向 + 数据驱动"的应用策略，尤其适配中学阶段高强度、快节奏的学习需求，能帮助学生将 AI 技术转化为提升效率的"学习搭档"，实现从被动接受知识到主动建构认知的跨越。

——金鑫 中国人民大学附属中学丰台学校科学副校长

当前 AI 正在重塑科研学习范式，夸克 AI 为理工科学习构建了从知识获取到创新探索的全链条解决方案。书中展示的学习规划制订、学习资料整理、学习辅导答疑、辅助论文撰写等功能大大方便了理工科的课程学习和研究工作。AI 让学习者实现从文献研读到科研构思的高效跃迁，为培养具备交叉创新能力的科研人才提供了新的路径。

——李慧 中国科学院大学教学主管

在 AI 等技术高速迭代的前沿领域，高效、精准学习的能力已成为未来科技领军人才的核心素养。这本书倡导的"数据驱动学习"理念，深刻体现了严谨的科学方法与原则：根据科技或工程领域前沿确定学习目标，借助 AI 实时分析学习数据，动态生成精准学习路径，让每个知识点的掌握都可量化、可优化。将严谨的科学思维与教育创新深度融合，有利于未来科技领军人才的培养。

——刘宏伟 哈尔滨工业大学教授，黑龙江省教学名师，哈尔滨工业
大学图书馆馆长，国家本科一流课程负责人

在 AI 重塑学术认知的浪潮中，夸克 AI 以"认知外脑"的定位，为高等教

育提供了突破传统范式的可能。其深度搜索与多模态交互能力使学术研究从信息检索升级为智能决策：通过整合全球学术资源，构建动态知识网络，帮助学生在复杂课题中快速把握研究脉络，在跨学科碰撞中激发创新灵感，真正实现从"被动学习"到"主动创造"的跃迁。这种技术赋能不仅提升了科研效率，更重塑了学术探索的底层逻辑。

——卢勇　中央民族大学信息工程学院教授、博士研究生导师

这本书以技术创新重构学习效率的底层逻辑，为数字时代的学习和教育提供了前瞻性范式。作者团队立足产研双重视角，系统解构夸克 AI 如何实现知识获取的"精准降本"、认知加工的"智能增效"与升学决策的"数据赋能"，彰显 AI 驱动下教育资源的帕累托改进。其核心价值在于将工具应用升维到学习战略，贯通 K12 至高等教育、职业备考全场景，构建可复用的智能学习管理体系。

——潘静洲　天津大学教授

跨学科学习是大学教育的核心竞争力，夸克 AI 的多模态知识整合功能为此提供了技术支撑，不仅能够帮助学生打破学科壁垒、建立认知框架、丰富知识体系、提升思维高度，还能适配新工科、新医科等复合型人才培养需求。

——王日海　浙江大学信息与电子工程学院副研究员，
浙江大学绍兴研究院微电子中心副主任

教育公平的实现需要技术创新的深度介入，夸克 AI 的智能工具链为此提供了可落地的解决方案。通过整合权威学术资源与制定个性化学习路径，它打破了地域与经济条件对优质教育的限制：偏远地区的学生可通过 AI 生成的学科知识图谱弥补资源短板，经济困难的学生可借助免费的智能服务降低学习成本。这种普惠性设计，让技术真正成为推动教育均衡发展的杠杆，彰显了科技向善的人文价值。

——杨芳　厦门大学国际关系学院 / 南洋研究院副教授

在 AI 重塑学习生态的当下，夸克 AI 以智能工具链破解了学生提升学习

效率的难题。《夸克 AI 高效学习法》将扫描识别、语音转写等技术融入学习全流程，帮助学生精准定位知识盲区，让学习从机械式学习升级为深度思考，为中小学阶段的学生构建起"工具赋能 – 知识内化"的高效学习路径。

——张康　北京师范大学附属实验中学信息技术教师、信息竞赛教练

作为 AI 领域从业者，我深刻感受到技术对教育场景的重塑力量，而《夸克 AI 高效学习法》正是对这一进程的深度凝练。书中以夸克 AI 为核心工具，通过丰富翔实的案例与可复用的方法论，为学生群体突破学业瓶颈提供了极具实操性的 AI 学习路径。无论是想掌握智能时代的学习底层逻辑，还是想借助 AI 工具重构个人知识生产力，这本书都能助你打破传统学习边界，让每一次知识汲取都成为你通向自我突破之路的阶梯。

——赵波　灵波微步（北京）科技有限公司 CEO

在 AI 全面融入教育与生活的今天，掌握 AI 已不是可选项，而是必修课。《夸克 AI 高效学习法》一书内容实用、结构清晰，全面覆盖学习、备考、选志愿乃至科研等关键环节，是学生与家长快速上手 AI、实现高效成长的绝佳指南。未来属于会用 AI 的人。

——朱郑州　北京大学副教授

我们正处在一个知识爆炸和技术飞速迭代的时代。人工智能（AI）不再是遥不可及的科幻概念，它正以前所未有的速度渗透到我们工作、生活和学习的方方面面。从复杂的科学研究到日常的信息检索，AI 展现出强大的赋能潜力。尤其在教育领域，AI 工具的涌现为传统的学习方式带来了变革的机遇。夸克 AI，作为其中的佼佼者，凭借其强大的信息整合能力、智能交互体验和丰富的学习辅助功能，正成为越来越多学习者提升效率、深化理解的得力助手。

为什么要写这本书

在日常教学和与学生的交流中，我们深刻感受到，尽管 AI 工具触手可及，但许多学习者仍然面临着"只知其然，而不知其所以然"的困境。他们或许知道夸克 AI 可以用于搜索信息、扫描文档，但不知道如何将其系统性地融入学习规划、课堂互动、知识内化，以及如何从"用一下"升级为"用得好"。帮助读者跨越这种从"工具认知"到"方法掌握"的鸿沟，正是我们编写这本《夸克 AI 高效学习法》的初衷。

我们发现，市面上关于 AI 应用的讨论往往偏向于通用技能或专业领域，而专门针对学习场景，特别是结合夸克 AI 这类具体工具提供系统化指导的内容尚显不足。学习者需要一本清晰、实用、贴近真实学习需求的指南，帮助他们将 AI 的潜力转化为实实在在的学习成果。我们希望通过这本书，弥合技术与应用之间的差距，让每一位渴望进步的学习者都能掌握利用夸克 AI 高效学习的"内功心法"。

本书的独特价值

在构思和撰写本书时，我们力求突出以下几个核心价值：

□ 高度聚焦，专为学习：本书彻底摒弃泛泛而谈，所有内容都围绕"学习"这一核心主题展开，深入剖析夸克 AI 在学习的各个环节的具体应用，确保每一页内容都与提升学习效率和效果直接相关。

□ 实战导向，即学即用：我们强调"授人以渔"，书中不仅介绍夸克 AI 的功能，还注重传授运用这些功能解决实际学习问题的方法和策略。从制订学习计划到整理错题笔记，从辅助课堂理解到模拟志愿填报，本书都提供了详尽的操作步骤和场景化指导。

□ 体系完整，循序渐进：本书遵循学习认知规律，从基础的工具入门，到进阶的流程优化，再到面向未来的规划应用，构建了一个由浅入深、逻辑清晰的知识体系。无论是 AI 新手还是有一定基础的学习者，都能找到适合自己的起点和进阶路径。

□ 场景丰富，覆盖全面：本书涵盖了从日常预习复习、资料整理、备考冲刺，到科研探索、升学规划（查大学专业、选报志愿）、特定考试（考公、考研）等多元学习场景，力求满足不同学习阶段读者的需求。

全景式内容架构

为了帮助读者系统掌握夸克 AI 的学习应用之道，本书精心设计了递进式的内容结构，在逻辑上可分为两部分。

第一部分（第 1～8 章）：掌握夸克 AI 可用于学习的基础功能。这一部分是学习之旅的起点，旨在帮助读者快速上手夸克 AI 的核心功能，并将其融入日常学习的基础环节，如学习规划、课前预习、资料整理、课堂学习、课后辅导、基础备考和智能训练。目标是让读者熟练掌握使用夸克 AI 提升基础学习效率的各项基本功。

第二部分（第 9～15 章）：运用夸克 AI 助力学业与未来发展。在读者掌握基础功能后，这一部分将带领读者探索夸克 AI 在更广阔的学业领域和未来规划中的应用潜力。内容涉及 AI 辅助科研和论文写作、贯穿整个升学流程的智能决策支持（查、选、报、录），以及针对公务员考试、研究生考试等重要节点的备考策略。目标是展示 AI 如何赋能学习者应对重大挑战，规划长远发展。

写在出发之前

在编写本书的过程中，我们愈发坚信，AI 技术赋予学习者的，绝不只是效率的提升，还包括全新的认知方式和探索世界的能力。当跟随书中的指引，第一次用夸克 AI 规划出个性化的学习路径，第一次利用 AI 深入理解一个复杂的概念，第一次借助 AI 做出更明智的升学选择时，你将体验到科技赋能学习的真正魅力。

现在，就让我们一起翻开这本书，开启一段由夸克 AI 驱动的高效学习之旅吧！

苏小文

目录

序

赞誉

前言

1

|第 1 章| CHAPTER

夸克 AI 极速入门

在人工智能（AI）技术深度融入日常生活的今天，夸克作为一款智能、高效的应用工具脱颖而出，成为广大用户探索数字化服务的重要工具。本章将带领读者快速走进夸克的世界：首先认识产品，了解夸克的发展历程与技术优势；然后解锁核心功能（如夸克扫描王、超级搜、夸克网盘等）的操作及用法，感受"完整且强大"的体验；最后探索多元应用，分析夸克在办公求职、生活娱乐、学习教育等领域的广泛应用。无论你是初次接触还是希望深度使用夸克，本章内容都将为你开启一段极简与智能并存的科技之旅。

1.1 认识夸克 AI

AI 技术正以前所未有的速度改变我们的学习方式与思维路径。从拍照解题到智能写作，从知识搜索到学习计划制订，AI 不再只是辅助工具，它正在成为我们获取信息、提升能力、表达思想的核心助力。夸克 AI 正是在这一时代背景下应运而生的一体化智能平台，它不仅能够服务于中小学生的学业提升，也能广泛应用于大学生的科研写作、考研考公知识梳理等场景，以及满足职场新人在办公与表达中的内容处理需求。本节将带你全面认识夸克 AI 的技术优势、用户生态与知识库，了解夸克 AI 如何连接"学、练、写、考、用"的全流程。

1.1.1 夸克产品介绍

夸克是阿里巴巴集团旗下的智能信息服务平台，其产品定位从早期的极简浏览器逐步升级为覆盖学习、工作、生活全场景的"AI 超级框"。作为阿里 AI 战略的核心载体，夸克的核心功能包括 AI 搜索、扫描王、网盘、学习工具等。通过构建从信息检索到任务执行的全流程服务体系，夸克重构了用户获取信息和解决问题的路径。

与传统搜索引擎相比，夸克的差异化体现在以下 3 个维度：

❑ 商业模式的本质区别。百度、Google 等传统搜索引擎依赖广告和信息流变现，导致搜索结果中夹杂大量营销内容，用户须在冗余信息中筛选出有效内容；而夸克以"无广告、极简设计"为核心卖点，通过网盘 SVIP、学习会员等会员服务和夸克企典、学术搜索等企业服务实现盈利。

- ❑ 交互方式的革新。传统搜索依赖关键词匹配，用户明确描述需求后，搜索引擎通过网页链接进行结果展示；夸克则通过"AI 超级框"支持自然语言输入，并直接返回结构化结果，如表格、思维导图等，实现了"输入即结果"的高效体验。

- ❑ 场景化服务的深度整合。夸克将工具功能与搜索深度绑定，例如用户在搜索"考研资料"时，夸克不仅会提供信息检索服务，还能直接调用 AI 生成复习计划、推荐题库等内容。而传统搜索引擎仅能跳转第三方平台。

与豆包、腾讯元宝等对话式大模型应用相比，夸克的产品逻辑更偏向工具属性。豆包和腾讯元宝以聊天交互为核心，强调多轮对话和内容创作，例如豆包的智能体生态和腾讯元宝的微信文件解析；而夸克以搜索框为入口，通过"AI 超级框"整合任务执行能力。例如，扫描王应用支持试卷去手写、证件照生成，网盘应用支持 5 倍速播放和在线编辑。究其根本，这种差异源于大模型应用的技术路径选择。对话式 AI 注重语言生成和情感交互，夸克则更聚焦垂直场景的效率提升。例如，在学习场景中，夸克的"AI 搜题"基于自研的"灵知"学习大模型，能分步骤解析题目并提供举一反三的学习引导，而豆包更多的是作为辅助工具而存在。

夸克的主要应用场景覆盖了学习、工作、生活三大领域。

在学习场景中，夸克提供从 K12 到考研的全阶段支持：夸克拍照搜题的准确率达 98%；"AI 批改作业"覆盖了 5000 万道题；2024 年高考季"AI 志愿助手"服务了超千万名考生，入选广东十佳网络公益项目；"学术搜索"接入万方、维普等数据库，支持论文查重和文献翻译等应用，成为大学生开展科研活动的重要工具。在工作场景中，夸克扫描王整合了 20 余种文档处理功能，如高清扫描、PDF 转换、电子签等，独立为 App 后用户量突破 1 亿；夸克网盘提供 6TB 存储空间，支持多端同步和在线编辑，SVIP 可享无广告体验和专属 AI 工具服务，2024 年企业服务收入在 App 总收入中的占比提升至 25%。在生活场景中，夸克健康与阿里健康合作，提供 AI 问诊、药品查询、体检报告解读等服务，日均健康咨询量超百万次；"夸克高考"免费提供志愿填报工具，整合了大量企业数据和院校信息，支持"可冲击""较稳妥""可保底"三类推荐，并于 2025 年新增了"职业测评"功能，可以帮助用户规划未来发展路径。

　　未来，夸克计划通过硬件整合和生态扩展，进一步巩固"AI 超级入口"地位。其核心战略是"场景化 AI"，即在垂直领域深耕细作，通过解决具体问题形成用户依赖，而非单纯追求通用大模型的参数规模。这种策略使其在与豆包、腾讯元宝的竞争中保持独特优势，成为阿里 AI 战略落地 C 端的关键载体。

1.1.2　夸克 AI 的发展历程

　　自 2016 年诞生以来，夸克 App 历经 3 次关键蜕变，从最初的极简工具逐步成长为融合了 AI 技术与多元场景的智能生态平台，其发展脉络清晰展现了"用户需求驱动技术迭代，场景拓展反哺产品定位"的底层逻辑。

　　2016—2018 年，在工具化探索阶段，夸克以"无广告浏览器"的差异化定位切入市场，瞄准用户对传统浏览器信息过载的痛点，通过自主研发的 Quarkium 内核提升加载速度，以极简界面和极速搜索体验吸引首批用户。这一阶段的产品功能聚焦在基础搜索、资讯浏览和小说阅读方面，虽然技术上尚未深度融入 AI，但凭借"纯净无干扰"的核心卖点，在 UC 浏览器的流量基础上快速积累了 5000 万用户，主要覆盖学生和年轻职场人，并初步建立了"效率工具"的品牌认知。

　　2019 年起，夸克进入场景化扩张阶段，开始构建"搜索 + 工具"的服务闭环。随着 OCR 技术和智能推荐算法的引入，产品功能向垂直领域延伸：在教育场景推出拍照搜题、AI 志愿填报，累计服务过上亿名学生；在办公场景上线扫描王，支持文档处理、PDF 转换等 20 余项功能；接入阿里生态资源，实现"搜索即服务"，例如，搜索"机票"可直接跳转飞猪预订。这一阶段的技术升级与场景深耕，使夸克从单一浏览器转型为多功能工具集合，使学生群体成为核心用户。商业化方面，夸克通过网盘 SVIP 服务实现突破，2023 年会员收入占比超 60%，用户付费意愿显著增强。

　　2024 年至今，依托阿里通义大模型，夸克迎来智能化跃迁，正式定义"AI 超级框"。在技术层面，通过自然语言处理和多模态交互能力的突破，夸克实现了从"信息检索"到"任务执行"的质变——用户可通过文本、语音、图像混合输入，直接发起"写文案""做 PPT""AI 生图"等复杂任务，结果将以表格、思维导图等结构化形式呈现。在场景层面，夸克进一步整合阿里生态，例如搜索"杭州旅游攻略"会联动飞猪酒店、饿了么美食和高德导航，形成"输入即服务"的闭环。这一阶段夸克的用户结构发生显著变化，2024 年夸克累计下载量超 3.7 亿，日活跃用户量达 3400 万，"00 后"用户占比保持 50%，同时 60 岁以上用户的占比从 8% 增至 17%。用户行为从"搜索信息"转向"依赖 AI 工具完成任务"，AI 功能使用时长的占比提升至 45%。夸克成为国内活跃用户量第一的 AI 应用。

回顾夸克的发展逻辑，其核心在于始终以"效率"为原点，即早期通过极简设计解决信息获取效率低的问题，中期通过工具矩阵提升任务处理效率，现阶段通过大模型重构交互效率，实现"从工具到生态，从生态到入口"的三级跳。用户变化呈现"年轻化起步、全年龄渗透"的特征，即初期依靠学生群体的口碑传播奠定基础，中期通过与教育、办公场景的深度绑定强化工具依赖，后期借助 AI 能力覆盖更多生活场景，吸引中老年用户和企业客户，形成"高频使用 – 功能复用 – 生态依赖"的用户黏性闭环。夸克 AI 的发展历程如图 1-1 所示。

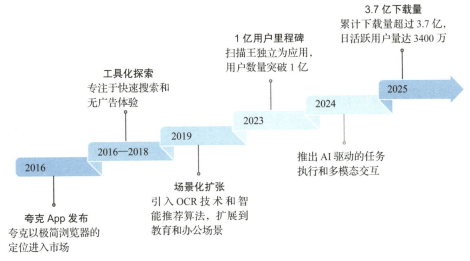

图 1-1　夸克 AI 的发展历程

1.1.3 技术优势：领先的底层能力

夸克的技术优势源于全栈自研的大模型架构，其核心模型"灵知"学习大模型在教育场景中展现出了显著的技术壁垒。例如：夸克的中文语义理解的准确率达到 92%，远超行业平均水平；在 C-Eval 和 CMMLU 两大权威评测中，夸克分别以 89 分和 77.08 分的成绩登顶；在医学、法律等专业领域，夸克的解题准确率较 GPT-4 高出 70%。这种技术能力的背后是夸克对教育数据的深度挖掘，其自建的动态题库涵盖 45 种语言、10TB 跨模态内容，每天处理 5 亿次调用请求，形成了"题目理解－解题生成－学习路径规划"的闭环能力。

同时，夸克与通义千问的协同应用，进一步强化了其技术优势。夸克通过接入通义 Qwen2.5-Omni 模型，在教育场景中可实现"拍照搜题－视频讲解－知识图谱构建"的全链路服务体系。例如，用户拍摄一道几何题后，系统不仅会提供解题步骤，还能生成三维动画演示空间关系，从而显著提升用户的学习效率。

1.1.4 用户生态：高用户黏性与年轻化特征

截至 2025 年 3 月，夸克的月活跃用户数已达 1.48 亿，位居国内 AI 应用榜首。夸克的用户结构呈现鲜明的年轻化特征："00 后"群体日均使用时长高达 33 分钟，次日留存率达 52%，均为行业第一。这种高用户黏性源于夸克对学习场景的精准卡位。例如，用户输入"考研数学真题解析"，系统会自动调用搜索 Agent、解题 Agent 和学习路径规划 Agent，提供从题目解析到知识点拓展的一站式服务。夸克的用户增长还得益于其独特的运营策略。例如，通过与中国大学生篮球联赛（CUBA）合作，夸克推出"AI 赛事助手"，将体育场景与学习工具结合，吸引了大量年轻用户。同时，夸克发起"助梦篮球场"公益项目，为全国 10 余个省份的乡村学校建设智能体育设施，进一步扩大了品牌影响力。

1.1.5 知识库：全面且准确

夸克自建了庞大的知识库，为用户提供了全面且广泛的学习体验。动态题库涵盖 K12 到职业教育的全学段，包含 1.2 亿道题目、800 万份题目解析和 50 万小时的教学视频，其中 60% 的数据来自真实用户行为日志。例如，在医学领域，夸克整合了临床执业医师考试真题、病例库和学术论文，形成了覆盖诊断、治疗、用药的完整知识图谱，解答医学类题目的准确率达到 91%。夸克学习"全部功能"的界面截图如图 1-2 所示。

夸克在数据质量控制方面建立了"三重验证体系"。以教育数据为例，一方面，夸克建立了"专家审核 +AI 检测"的双重机制。例如：数学题解答须经过菁优网专家团队审核，确保公式推导的准确性；对于英语作文批改，则通过自然语言处理技术检测语法错误，准确率达 98%。同时，夸克还会实时抓取教育部政策文件、高校招生简章等权威信息，确保数据同步更新。例如，2024 年高考改革方案发布后，夸克在 48 小时内完成题库和志愿填报系统的更新，覆盖全国 1200 余所高校。另一方面，通过"AI 讲题助手"的用户评分和纠错功

图 1-2　夸克学习"全部功能"的界面截图

能，夸克每天可收集超过 10 万条反馈数据，用于优化解题逻辑。例如，用户对一道化学平衡题的集体反馈显示，系统对"勒夏特列原理"的讲解存在理解障碍，夸克随即调整了讲解策略，新增动态图表和实验视频，使用户解答该题的正确率提升了 27%。

1.2　夸克 AI 快速上手

1.2.1　夸克 AI 的安装和注册

在正式使用夸克 AI 的各项功能之前，用户须完成应用的下载、安装和登录操作。

第一步：通过应用商店搜索并下载安装夸克 App。

用户可在 App Store、华为应用市场、应用宝、小米商店等主流手机应用

平台中, 搜索关键词"夸克 AI"或"夸克浏览器"。搜索结果中带有蓝白色图标、名称标注为"夸克"的应用即为官方版本。点击"下载"或"安装"按钮, 系统将自动完成应用安装流程, 如图 1-3 所示。

安装完成后, 夸克图标将显示于手机主屏幕, 用户点击图标即可打开应用, 进入系统主界面。

第二步: 启动夸克 App 并进入功能首页。

首次打开夸克 App 后, 系统将展示首页功能区域。用户可见到中央位置的搜索栏及下方排列的多个功能入口, 例如"AI 写作""AI 生图""解题大师""AI PPT""学习"等模块。这些功能涵盖了夸克 AI 所提供的学习与任务处理服务, 构成了智能学习平台的主操作面板, 如图 1-4 所示。

图 1-3 在应用商店中搜索"夸克 AI"的界面截图

图 1-4 夸克 App 首页

首页为用户访问 AI 学习资源的核心入口, 可视为夸克的功能控制中枢。界面设计遵循"集中展示、快速触达"的交互原则, 有助于学生在日常使用中高效定位所需工具。

　　第三步：完成账户登录，启用同步与个性化服务。

　　为确保对学习数据的持续记录与服务的个性化推荐，建议用户在首次使用时完成登录流程。在主界面右下角或个人中心入口，用户可点击"登录"按钮进入身份验证页面，如图 1-5 所示。

　　目前夸克 App 支持多种快捷登录方式，包括：

❑ 一键登录，系统自动识别当前设备绑定的手机号码，仅需点击确认即可快速完成登录。

❑ 微信、QQ 等第三方授权登录，适用于无本机号码或希望绑定社交账号的用户。

　　完成登录后，用户即可开启夸克 AI 的全部功能，并获得以下附加服务支持：

❑ 学习记录同步：包括拍照搜题记录、错题整理、作文优化历史等，记录将自动存储于云端，便于用户跨设备查看与继续使用。

图 1-5　登录界面及一键登录操作截图

❑ 个性化学习画像：系统将根据用户行为生成专属学习档案，推荐定制化学习资源与专项练习。

❑ 错题本与收藏功能：支持将重点题目、优质范文、常用词汇等信息收藏归类，提升资料管理效率。

　　夸克所倡导的"轻安装、快启用、深服务"的设计理念，贯穿于注册使用流程的每个环节，最大限度地降低了用户的技术门槛，让使用变得更加便捷、高效。

1.2.2　夸克扫描王

　　夸克扫描王以 AI 大模型技术为核心，构建了覆盖多场景的智能文档处理体系，其技术创新与功能设计深度融合，实现了从传统扫描工具到智能助手的跨越。在技术层面，夸克扫描王通过多模算法与海量图文数据训练，将手写文字的识别准确率提升至 99% 以上，复杂公式的识别准确率达 99%。其核心 OCR 引擎支持 13 种主流语言，结合深度学习算法，可自动校正文档透视扭曲、消除阴影遮挡，甚至能通过上下文语义解析修复破损文字。此外，游戏引擎数据模拟技术与半监督模型训练的引入，显著优化了文档矫正、背景杂质擦除等功能，提高了扫描字迹的清晰度。从产品上，夸克扫描王可以在大量场景中进行应用，如图 1-6 所示。

图 1-6　夸克扫描王的功能与技术

❑ 智能文档扫描。支持合同、笔记等内容的高清扫描，能够自动校正透视扭曲、增强画质。同时，支持文字提取和生成可编辑文本，并保留手写批注，提升文档整理效率。

❑ 证件与表格处理。支持身份证等证件的智能裁剪，OCR 提取关键信息生成合规电子文档。支持识别解析复杂表格结构，导出 Excel 表格的格式误差范围小于 1%，适用于财务报表等数据录入场景，大幅简化纸质数据的数字化流程。

❑ 教育场景优化。"试卷去手写"能够分离原题与答案，一键还原空白试卷；课堂扫描能够智能去除 PPT 摩尔纹，并提取可编辑笔记，支持教师组卷、学生复习，满足 K12 到高校的资料处理需求。

❑ 多语言 OCR 识别。支持 13 种语言混合
识别，对手写体、斜体字的识别准确率
达 98% 以上，能够自动恢复文档排版，
快速将纸质文献、合同条款转换为可搜
索文本，提升学术与办公场景的信息利
用效率。

❑ 生活实用工具。魔法擦除能够提供图片
干扰元素消除、老照片修复还原色彩、
自拍证件照智能美颜和换底色等功能，
并支持多规格生成，满足政务、求职等
场景的证件数字化需求。

夸克扫描王入口如图 1-7 所示。

图 1-7　夸克扫描王入口

1.2.3　夸克超级搜

夸克超级搜是夸克浏览器推出的一项智能搜索功能，旨在通过融合多种先
进技术，为用户提供高效、精准的信息检索体验。相比传统的关键词搜索，夸
克超级搜集成了深度搜索、语音搜索和拍照搜索等多种搜索方式。其中：深度
搜索通过理解用户的搜索意图，提供更为精准的搜索结果；语音搜索允许用户
通过语音输入进行搜索，适用于不方便打字的场景；拍照搜索利用图像识别技
术，用户只需拍摄相关图片即可获取所需信息。夸克超级搜使搜索过程更加高
效、便捷，满足了不同用户在不同场景下的搜索需求。

❑ 深度搜索：通过对用户输入的语义进行深入分析，夸克超级搜能够理解
复杂的查询意图，提供更为精准和相关的搜索结果，减少用户筛选信息
的时间。

❑ 语音搜索：用户可以通过语音输入进行搜索，系统能够快速识别语音内
容并返回相应的搜索结果，提升了搜索的便捷性，尤其适用于驾驶、运
动等不便手动输入的场景。

❑ 拍照搜索：利用先进的图像识别技术，用户只需拍摄相关图片，系统即

可识别图片内容并提供相关信息，适用于识别植物、商品、文档等多种场景。

❑ 智能推荐：根据用户的搜索历史和兴趣偏好，夸克超级搜能够智能推荐相关内容，帮助用户发现更多感兴趣的信息，提升搜索的个性化体验。

❑ 多语言支持：夸克超级搜支持多种语言的搜索，满足不同语言背景用户的需求，拓宽了搜索的适用范围。

夸克超级搜的操作步骤如下。

第一步：在夸克首页点击搜索框，如图 1-8 所示。

第二步：勾选"深度搜索"，并输入需要搜索的内容，如"请帮我预测成都未来一周的天气怎么样?"，如图 1-9 所示。

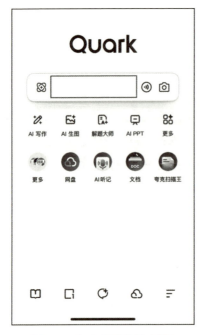

图 1-8　夸克首页的搜索框

图 1-9　用户输入内容界面

第三步：点击搜索按钮（"Q"），等待夸克 AI 输出搜索结果。如果对搜索结果不满意或还需要搜索其他内容，可在搜索框内点击"接着问"，如图 1-10 所示。

1.2.4　夸克网盘

　　夸克网盘是夸克生态体系中的智能云存储平台，能够提供集"安全存储、高效同步、智能识别、清爽管理"于一体的内容管理服务。相较于传统网盘工具，夸克网盘通过融合 AI 算法与多模态识别技术，完成了从文件存储向智能信息整理的跃升。在技术层面，系统支持多格式文件的极速上传、断点续传与版本管理，同时配备 OCR 文字识别与语义理解模块，可实现文档内容的自动分类、标签化管理与关键词检索；支持对用户上传的图像、文档或笔记进行结构化处理，实现知识级别的内容管理。

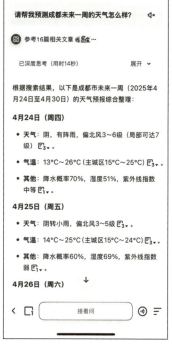

图 1-10　搜索结果界面

　　在用户体验层面，夸克网盘主打"轻量、无广告、高清晰度"设计，为用户提供便捷的目录管理与设备间同步能力。它还支持与夸克扫描王、AI 写作、PPT 生成等功能模块无缝联动，用于构建学习与办公任务中的资料闭环处理链。此外，平台具备高度的数据安全保障，支持文件加密、历史版本恢复与私密空间隔离，满足学生、教师与办公人群对隐私和稳定性的多重要求。

　　❑ 智能备份与极速上传：夸克网盘支持手机本地照片、视频、文档等多类型数据的一键备份，并基于阿里云底层传输技术和动态网络加速机制，实现高速稳定上传。

　　❑ 内容智能识别与 AI 分类：借助 AI 图像分析与 OCR 文字识别，夸克网盘可对图片、扫描件、学习资料等自动进行标签化分类，如标记为"证件""手写笔记""截图""作业试卷"等，同时支持用户通过关键词搜索，精准定位文档内容，实现类知识库式文档管理。

　　❑ 多端同步与空间管理：夸克网盘支持 Android、iOS、Web 及 PC 端跨平台同步，上传文件可在任意设备上无缝访问；提供多级目录管理、批量操作、文件加星、智能清理与空间预警等功能，帮助用户灵活管理文件结构，避免空间浪费。

❑ 安全存储与隐私保护：夸克网盘采用多重加密传输与身份校验机制，配备密码锁、文件隐藏、历史版本恢复等隐私防护功能，为学习资料、照片、视频与个人文档的长期安全存放提供保障；支持私密空间设置，用户可对敏感文件进行隔离保存。

❑ 教育与办公场景深度适配：夸克网盘可为学生、教师、办公人群提供"学习资料同步""作业存档""教学内容归类""会议记录整理"等场景定制化服务，支持与夸克扫描王、AI 写作、PPT 生成等工具无缝联动，实现内容在"生成－编辑－存储－提取"之间的高效闭环。

夸克网盘的操作步骤如下。

第一步：在夸克首页点击"网盘"，如图 1-11 所示。

第二步：进入首页开启你的夸克网盘之旅，如图 1-12 所示。

图 1-11　夸克网盘入口　　　　　图 1-12　夸克网盘首页

1.3　夸克应用

1.3.1　夸克 AI 用于办公求职

办公求职是职场人通过优化职业形象、提升工作效率，实现职业发展的系统性过程，涵盖简历制作、岗位匹配、办公协作、项目执行等核心环节。传统办公求职模式存在以下痛点：

- ❑ 效率瓶颈突出，如职场人打磨简历需耗费数小时，且投递的岗位依赖人工筛选，平均投递 50 份简历仅能获得 1 次面试机会。
- ❑ 信息孤岛效应显著，跨平台数据难以整合，例如，在简历投递过程中，将 PDF 文件手动转换为 Excel 表格，格式误差率高达 15%。
- ❑ 协作效能低下，传统工具无法支持多人实时编辑，导致办公协作耗时增加。
- ❑ 专业门槛较高，非设计人员制作 PPT 需耗时 8 小时以上，且缺乏行业模板支撑。

夸克 AI 通过技术赋能重构办公求职全链路，其在办公求职中的应用如图 1-13 所示。

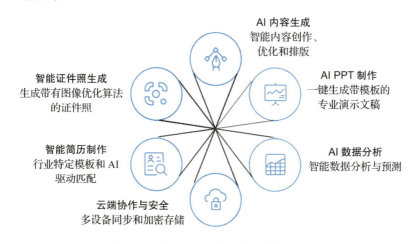

图 1-13　夸克 AI 在办公求职中的应用

- ❑ AI 内容生成：夸克 AI 写作工具支持智能生成、优化及排版美化内容，能根据用户输入的关键词或主题，自动生成商务报告、项目提案等结构化初稿，平均节省 70% 的创作时间。

❑ AI PPT 制作：夸克 AI PPT 支持一键生成专业演示文稿，可根据用户输入的主题自动匹配金融、科技等行业模板，并生成包含智能大纲、数据图表及动态效果的 PPT。

❑ AI 数据分析："超级框"功能支持智能数据分析与预测。用户输入或上传数据后，系统不仅能自动识别表格结构，还能从 PDF 文件中提取关键数据，并将其转换为 Excel 表格，且格式误差率 < 1%。

❑ 云端协作与安全：夸克网盘实现了多端同步与加密存储，完成扫描的文件会自动上传云端，并支持在 PC、手机、iPad 等多种终端上实时编辑（如手机扫描会议记录，计算机端生成结构化会议纪要并共享）。

❑ 智能简历制作：夸克文档可提供超 2000 份、分属 40 余个领域的行业定制模板。用户输入岗位需求后，AI 可智能匹配包含项目管理、用户调研等内容的模板，并嵌入"敏捷开发"等 HR 关注的关键词。

❑ 智能证件照生成：夸克扫描王支持 141 种尺寸的证件照拍摄，内置"求职形象优化算法"，可自动调整肤色、去除黑眼圈，并提供 30 余套职业装虚拟试穿，可 1 分钟生成符合企业审美标准的证件照。

1.3.2　夸克 AI 用于生活娱乐

除了能满足办公求职需求外，夸克 AI 在日常生活与轻量级娱乐中同样展现出出色的适配能力。依托其强大的图文识别、语义分析与多模态搜索能力，夸克 AI 构建了一套集信息获取、实用工具、内容理解、兴趣扩展与视觉交互于一体的智能服务体系，覆盖阅读、拍照、识物、翻译、图片处理等多种场景。

相较传统工具类 App，夸克 AI 的优势在于它将搜索能力、视觉识别、内容聚合与 AI 推荐高度整合，在不干扰用户的前提下，为用户提供轻量、清爽、无广告的辅助功能，提升用户日常信息处理的效率与舒适度，尤其适合学生与知识型用户在学习之外使用，以拓宽视野、提升数字素养。夸克 AI 在生活娱乐中的应用如图 1-14 所示。

图 1-14　夸克 AI 在生活娱乐中的应用

□ 万物识别：支持拍照识别植物、动物、文物、商品等。夸克结合百科知识卡片可展示被拍摄主体的详细信息，能够广泛应用于户外学习、博物馆参观、自然观察等场景。系统支持对实物图片进行结构化理解和标签归类，可作为青少年课外兴趣启发工具，帮助用户建立多领域的基础知识框架。

□ 拍照翻译：用户可对书页、屏幕或现实标牌进行拍照，系统将自动识别语言并进行实时翻译，支持中英文互译与多语种扩展。该功能特别适用于英语学习、外语阅读、旅游出行等场景，可以提升用户的跨语境理解与实用表达能力。

□ 图片增强：提供老照片修复、图片清晰化、色彩还原等功能，可以对家庭留念图、学习资料扫描件等进行画质优化处理。夸克还支持"魔法擦除"功能，能自动识别并去除图片中的杂物、人物干扰元素，提高图片的整洁度与观赏性。

□ 智能日历：通过对日常任务的时间标注进行智能分析，夸克可结合天气、节日、事件关键词生成生活提示与任务清单。该功能适用于学生

安排作业计划、备考日程，以及普通用户规划行程与管理学习时间等
场景。

❑ 新闻聚合：系统每日推送基于用户兴趣画像的知识类文章、科普短片与
高质量资讯，涵盖科技、历史、文学、艺术等多个领域。用户可通过搜
索或推荐进入知识内容流，实现轻量阅读与碎片化信息积累，适用于日
常兴趣拓展与知识素养提升。

1.3.3　夸克 AI 用于学习教育

学习辅导是夸克通过技术手段为学生提供习题解析、作业批改、知识巩固
等学习支持的系统化服务，核心在于解决学习疑难、优化学习效率。传统互联
网学习辅导存在如下局限：

❑ 互动性不足，如搜题工具仅提供答案而非深度解析，学生难以理解解题
逻辑。

❑ 个性化缺失，如资源推送缺乏针对性，错题整理依赖手动操作，复习效
率低下。

❑ 反馈滞后，如作业批改需等待人工处理，主观题解析流于表面，无法精
准定位知识漏洞。

❑ 功能碎片化，单一工具仅能覆盖单一场景，难以形成学习闭环。

夸克通过技术赋能重构学习辅导生态，将学习辅导从"被动答疑"升级为
"主动建构"，其在学习教育中的应用如图 1-15 所示。

❑ 拍照搜题，即时破解学习难题。夸克支持拍照识别或文本输入搜题，可
快速返回题目解析，包含标准答案、解题步骤及知识点讲解；同时，部
分题型可实现"多种解法"与"追问互动"等功能，可模拟个性化答疑
场景，帮助学生理解题目逻辑而非单纯获取答案，从而提升自主学习
能力。

❑ AI 解题，构建智能复习体系。依托语义推理与知识图谱，AI 解题系统能
输出分步骤答题过程，强化理科逻辑训练。配套"错题本"自动收录拍
错、答错题，可按学科、知识点分类，生成可视化复习包，并支持错题
专项练习，助力精准查漏补缺，形成"学习 – 错误 – 修正"的闭环反馈。

图 1-15　夸克 AI 在学习教育中的应用

- ❑ AI 作业批改，高效实现练习自查。AI 作业批改系统支持语文、数学、英语等学科的客观题及部分主观题的自动批改，除判断正误外，还会从作答逻辑、语言表达等维度给出优化建议。该功能适用于日常作业、自学练习等场景，能为学生提供即时反馈，帮助学生培养自我纠错能力，减少重复低效的人工批改流程。

- ❑ AI 写作，多维提升写作水平。AI 写作系统可从作文结构、语言、逻辑等维度进行评估，逐句提供修改建议，优化表达的准确性与流畅度。作文搜索功能内置中考、高考等主题范文，供学生模仿学习和积累写作素材，从而系统提升中英文写作能力。

- ❑ 单词背诵，夯实语言基础。单词背诵系统按年级和词汇等级生成复习任务，结合发音、例句及词根解析，科学规划记忆路径。拍照翻译功能可实时识别文本，支持英汉互译并标注语法结构，帮助学生在阅读中快速理解陌生词汇与句型，强化语言输入与应用能力。

- ❑ 口算练习，聚焦基础能力提升。夸克针对小学生设计的口算模块，可自动生成加减乘除题组并批改，追踪阶段性成绩，以提升学生的运算速度与准确度。基于错题记录和学习行为，系统推送个性化专项练习，实现"弱项强化＋知识迁移"的精准训练，以适配不同学生的学习进度与需求。

❑ 志愿填报，拓展升学服务场景。志愿填报系统提供高考、考研等升学志愿辅助，学生输入成绩、偏好等信息后，系统智能匹配高校与专业，并提供分数线对比、录取概率分析等功能，帮助学生科学规划升学路径。同时，该系统还提供证书查询服务，整合多维度信息，助力升学与职业发展决策。

综上所述，夸克已从单一功能工具发展为一个结构完备、功能互联的智能学习平台，能在学科训练、表达训练、语言学习、能力提升与升学准备等方面为用户提供精准服务与即时反馈，不仅提高了学生的学习效率，更推动了以学生为中心的个性化学习实践的发展。

使用夸克完成学习规划

有效的学习规划是提高学习效率的关键，而这一过程离不开精准的学习难点分析、明确的学习目标设定和合理的计划安排。本章将深入探讨如何借助夸克帮助学习者完成学习规划，内容分为 3 节：2.1 节我们将介绍如何通过夸克分析学习难点，识别并诊断学习者的薄弱环节，为后续的学习目标和计划制订提供科学依据；2.2 节我们将通过夸克的智能推荐功能优化学习目标的实现路径，帮助学习者根据自身的需求与学习进度设定个性化的学习目标；2.3 节我们将展示如何利用夸克帮助学习者将学习目标转化为具体的日程安排。

2.1　学习难点分析，对症下药

学习难点分析是制订有效学习计划的前提，它要求学习者对知识薄弱点进行系统性诊断。传统学习往往依赖主观经验或碎片化反馈，难以精准定位核心问题。夸克通过拍照搜题、错题本等功能，自动识别题目类型并与知识点关联，结合用户历史学习数据，生成可视化能力图谱，将模糊的"不会做"转化为清晰的"知识漏洞"，为对症下药提供科学依据。

传统模式下，学习难点分析面临多重局限：一是诊断效率低，依赖人工批改或自我反思，耗时且易遗漏关键细节；二是缺乏系统性，难以建立知识点间的关联网络，导致"治标不治本"；三是忽略动态变化，无法实时跟踪学习进度并调整策略。此外，在标准化教学体系下，学习者通常是被动接受统一方案，难以获得针对性支持，导致学习效率难以提高。

夸克通过 AI 精准生成学习方案，让每个学习者都能找到最适合自己的突破路径。

❑ 多维诊断，直击本质。通过 AI 讲题功能，从考点分析、步骤拆解到错误溯源，层层透视题目背后的知识逻辑。

❑ 动态适配，个性化推荐。基于用户学习画像，智能推送薄弱点专项练习与视频讲解，实现"缺什么补什么"。

❑ 工具链协同，全流程增效。从拍照搜题到错题整理，从网盘多端同步到 AI 字幕辅助理解，构建"诊断 – 学习 – 巩固"闭环。

各类学习难点分析方法如图 2-1 所示。

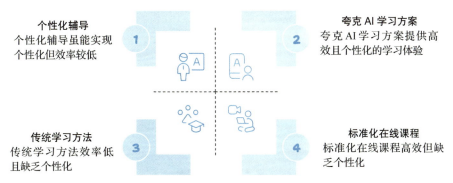

图 2-1　各类学习难点分析方法

2.1.1　使用夸克分析学习难点的操作指南

现在我们以"为一个高三学生做学习难点分析"为例，展开说明如何利用夸克提升学习效果。

第一步：整理学习错题本，在夸克中上传 Word 或 PDF 文件，如图 2-2 所示。如果没有 PDF 文件，可以使用夸克扫描王，按照"拍摄错题集→选择'文字提取'→生成电子文档"的步骤去获取，并开启"去阴影"功能，以提升扫描清晰度。

图 2-2　上传文件

第二步：打开夸克 App 进入搜索界面，在搜索框中输入以下提示词，如图 2-3 所示。

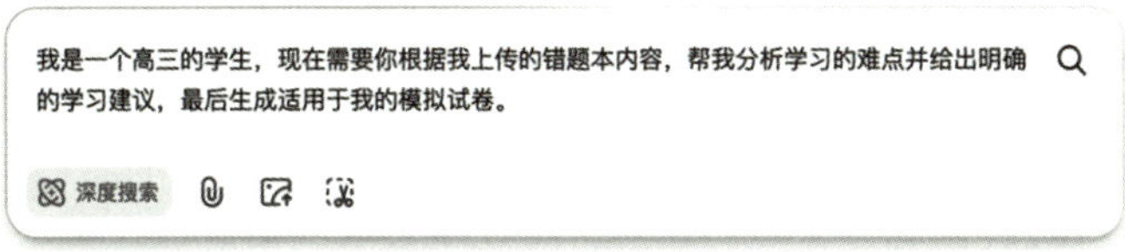

图 2-3　提示词输入

第三步：稍等片刻，夸克就会给出相关难点分析。

夸克 AI 的输出结果如下：

作为高三学生，你当前的主要任务是备战高考。针对你提到的需求，我会从以下几个方面进行分析和建议。

一、学习难点分析

1. 函数与方程

❑ 对对数函数的定义域理解不全面，容易忽略真数大于 0 的条件。

❑ 导数计算错误，导致单调区间判断失误。

❑ 周期函数的周期计算错误，未能正确理解周期的定义。

2. 数列

❑ 等比数列求和时，未考虑公比 $q = 1$ 的特殊情况。

❑ 数列前 n 项和与通项公式的关系理解不清，导致计算错误。

❑ 计算递推数列时，逐项验证不够严谨，导致中间步骤出错。

3. 解析几何

❑ 对斜率不存在的直线方程的理解有误，容易忽略垂直于 x 轴的直线。

❑ 计算椭圆的离心率时，混淆了长轴和短轴的概念。

❑ 抛物线焦点到准线的距离计算错误，未能正确应用标准方程。

4. 概率与统计

❑ 组合数与排列数的概念混淆，导致概率计算出现错误。

❑ 互斥事件的概率计算存在错误，未能正确理解概率相加的原则。

5. 导数与极值

❑ 判断导数为 0 的点是否为极值点时存在错误，未能正确验证导数符号变化。

❑ 曲线在某点处的切线方程计算错误，未能正确理解切线的定义。

二、学习建议

1. 函数与方程

❑ 加强对对数函数定义域的理解，通过多做题巩固。

❑ 熟练掌握导数计算和单调区间的判断方法，注意验证导数为 0 的点。

☐ 理解周期函数的定义，通过实例练习周期的计算。

2. 数列

☐ 掌握等比数列求和公式，特别是公比 $q = 1$ 时的特殊情况。

☐ 理解数列前 n 项和与通项公式的关系，注意分段公式的使用。

☐ 计算递推数列时，应逐项验证，确保每一步都是正确的。

3. 解析几何

☐ 理解斜率不存在的直线方程的特点，避免忽略垂直于 x 轴的直线。

☐ 熟记椭圆的离心率公式，注意长轴和短轴的区别。

☐ 熟练掌握抛物线标准方程的应用，正确计算焦点到准线的距离。

4. 概率与统计

☐ 区分组合数与排列数的概念，通过实例练习概率计算。

☐ 理解互斥事件的概率相加原则，避免计算错误。

5. 导数与极值

☐ 熟练掌握导数为 0 的点的验证方法，确保极值点判断正确。

☐ 理解曲线在某点处的切线方程的计算方法，避免混淆切点与过点的切线。

第四步：继续在搜索框中输入以下内容"请根据我的学习难点，生成相应的练习题目"，夸克就会根据学习难点生成相关题目，便于学生进行相关专项训练。

夸克 AI 的输出结果如下：

一、选择题

1. 函数 $f(x) = \ln(x^2 - 2x)$ 的定义域为（　　　）

A. $(0, +\infty)$ 　　　　　　　　B. $(-\infty, 0) \cup (2, +\infty)$

C. $(2, +\infty)$ 　　　　　　　　D. $(-\infty, 0)$

2. 函数 $f(x) = x^3 - 3x$ 的单调递增区间是（　　　）

A. $(-\infty, -1)$ 　　　　　　　　B. $(1, +\infty)$

C. $(-1, 1)$ 　　　　　　　　D. $(-\infty, -1) \cup (1, +\infty)$

3. 若函数 $f(x)$ 满足 $f(x + 1) = f(x - 1)$，则其周期为（　　　）

A. 1 　　　　　B. 2 　　　　　C. 3 　　　　　D. 4

二、填空题

1. 在等比数列 $\{a_n\}$ 中，$a_1 = 2$，公比 $q = -1$，则前 5 项和为_____。

2. 已知数列的前 n 项和 $S_n = 2n^2 + 3n$，则 a_3 为_____。

三、解答题

1. 求直线过点 $(1, 2)$ 且斜率不存在的方程。

2. 计算椭圆 $9x^2 + 4y^2 = 1$ 的离心率。

3. 求抛物线 $y^2 = 4x$ 的焦点到准线的距离。

四、计算题

1. 从 3 男 2 女中选 2 人，恰好 1 男 1 女的概率是多少？

2. 若事件 A 与事件 B 互斥，且 $P(A) = 0.3$，$P(B) = 0.4$，则 $P(A \cup B)$ 为多少？

五、应用题

1. 求函数 $f(x) = x^3 - 3x$ 的极值点。

2. 求曲线 $y = ex$ 在点 $(0, 1)$ 处的切线方程。

2.1.2　使用夸克分析学习难点的注意事项

在利用夸克进行学习难点分析和记录的过程中，需要注意以下几个关键点以确保系统的有效性和实用性。

第一，科学的分类体系比单纯存储更为重要，建议采用"学科＋知识点类型"的双维度分类法建立文件夹结构，例如"数学／函数－知识点内容"，并为每道题目的知识点手动添加详细的关键词标签，如"立体几何""参数范围"等，以便后续检索和分析。

第二，在使用 AI 解析功能时须保持审慎态度，不能完全依赖机器给出的答案，而应当仔细对比夸克提供的多种解题思路，特别要重点标记那些与教材内容或老师讲解存在差异的步骤。

第三，要警惕工具依赖风险，电子化工具不能完全替代传统学习方法。对于复杂大题，建议拆解题干和作答区分别扫描，并坚持使用触控笔进行手写批注，记录解题时的思维卡点。

2.1.3　使用夸克分析学习难点的进阶技巧

（1）个性化学习路径规划——构建专属学习助手

基于历史错题与薄弱点数据，AI 会生成定制化学习计划。例如，针对三角函数错误率高的用户，我们可以借助夸克构建从基础公式到综合应用的阶梯式练习题，并关联高考真题强化训练。

建议：将每天的错题及时上传，并根据错题和课程难点总结学习难点。

（2）跨学科关联学习——成为你的全学科老师

对于大学中的数学建模等综合性难题，AI 会跨学科调用资源。例如，在分析电路设计题时，AI 会同步讲解欧姆定律与微积分在电学中的应用，提升知识迁移能力。

建议：及时利用夸克进行跨学科知识学习，串联知识点，提高学习效率。

2.2　目标动态优化，精准施策

学习目标是指学习者在学习过程中，根据自身的需求、兴趣和实际情况，设定的具体、可衡量、可实现的目标。学习者应通过系统化地规划与实施，逐步达成这些目标。这一过程侧重于对学习目标的动态调整与反馈机制，从而达到提高学习效率和效果的目的。与传统的静态学习目标不同，学习目标的形成需要学习者在学习过程中根据实际情况进行调整和优化，确保学习计划始终与个人的需求和能力相匹配。

不恰当、静态的学习目标往往过于宏大和抽象，缺乏具体的行动计划和时间安排，导致学习者在执行过程中缺乏明确的方向感，容易感到迷茫或焦虑。同时，当学习目标没有实时反馈机制时，学习者难以把握自己是否偏离了正确的轨道，导致学习目标的执行效果有限，难以真正达成学习效果。

夸克通过智能化的学习目标管理功能，弥补了静态学习目标的种种劣势。首先，夸克能够根据用户的学习基础、兴趣偏好以及当前的学习任务，智能推荐个性化的学习目标，使每个学习者的目标都能达到"量体裁衣"的程度。其次，夸克能够根据学习者的进度实时调整目标，并提供精确的实时反馈，确保学习过程的高效性。最后，夸克支持将学习目标细化为具体的日程安排，并提醒学习者每个学习节点的关键任务。此外，夸克通过数据分析和智能推荐功能，在为学习者提供明确的学习目标的同时，还能提供针对性的学习方法，确保学习目标的有效达成。对学习策略与目标管理的简要说明如图 2-4 所示。

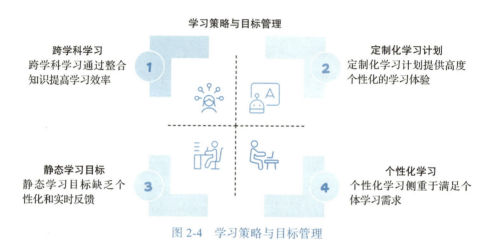

图 2-4　学习策略与目标管理

2.2.1　使用夸克制订学习目标的操作指南

现在我们以"为高三学生制订高考目标"为例，展开说明如何利用夸克制订学习目标。

第一步：在夸克首页点击"更多"进入"夸克高考"，并找到"查大学"页面，该页面支持查看不同大学的详细信息，可以帮助学生快速了解目标院校，如图 2-5 所示。

第二步：在对学校进行充分了解后，我们选出了 2～4 个目标院校，接下来点击"高校 PK"，并在其中加入目标学校，即可进行充分比较。夸克院校对比界面如图 2-6 所示。

第三步：我们以北京大学为例制订学习目标。首先点开夸克主页，在搜索框中输入以下提示词，如图 2-7 所示。

图 2-5 夸克查大学

图 2-6 夸克院校对比

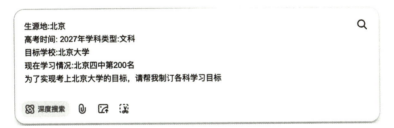

图 2-7 输入提示词

第四步：稍等片刻，夸克就会生成合理的学习目标。

夸克 AI 的输出结果如下：

根据你的背景信息（北京四中文科生，目标北京大学，当前排名 200 名），结合北京四中的高考表现和北京大学的录取要求，制订以下分科学习目标与策略。

一、目标定位与竞争分析

1. 北京四中的文科优势

北京四中文科底蕴深厚，2024 年高考文科平均分位居北京市第一，700 分以上人数达 9 人，清北录取率为 20%～25%。但 200 名的排名需提升至前 50 名左右，以匹配北大录取的竞争力。

2. 北京大学文科录取要求

❑ 分数线：2024 年北京文科普通批最低录取线为 688 分（位次约 423），但在实际录取中，北京四中高分考生多通过提前批或强基计划进入北大。

❑ 学科侧重：北大文科注重人文素养与思辨能力，需在历史、政治等科目中体现深度理解，同时保持总分均衡。

二、分科学习目标与策略

1. 语文（目标：135 分以上）

❑ 强化阅读与写作：北京四中语文高分考生（130 分以上占比超 30%）多通过文言文积累和议论文框架训练来提高。需每日精读 1 篇古文，每周完成 2 篇议论文，重点提升逻辑与文采。

❑ 真题模拟：针对北京卷特点（如大作文社会热点类），分析近 5 年真题高频主题，建立素材库。

2. 数学（目标：125 分以上）

❑ 基础巩固与提速：文科生数学易失分，需重点突破三角函数、概率统计等高频考点，每日限时完成 20 道基础题，并确保 80% 以上的正确率。

❑ 压轴题训练：每周研究 1 道导数或圆锥曲线题，提升解题思维（可参考人大附中先修课程中的微积分思路）。

3. 英语（目标：140 分以上）

❑ 听力与阅读突破：借鉴四中英语高分考生（140 分以上占比超 30%）的经验，每日精听 1 篇高考真题音频，阅读理解限时训练至 80% 以上的正确率。

❑ 作文模板积累：整理应用文、议论文模板，注重语法细节（如虚拟语气、复合句结构）。

4. 文综（目标：260 分以上）

☐ 历史（90 分以上）：结合四中历史学科优势，梳理中国史与世界史时间轴，重点掌握高考真题高频考点（如近代化、改革开放）。

☐ 政治（90 分以上）：关注时政热点（如党的二十大报告、乡村振兴），结合教材理论分析，强化主观题答题逻辑。

☐ 地理（80 分以上）：利用地图与图表分析（如气候类型、产业区位），每周完成 1 套综合题训练。

三、冲刺策略与资源利用

1. 模考分析与定位

☐ 每次模考后分析错题，重点突破薄弱环节（如数学压轴题、文综主观题）。

☐ 关注四中内部排名变化，目标为 3 年内提升至全校前 50 名。

2. 北大特色资源对接

☐ 强基计划：若文科综合成绩优异，可提前准备历史学、哲学等强基专业，需在高二前完成相关竞赛或课题研究。

☐ 学科活动：参与北大附中合作的人文讲座、社科院实习项目，丰富学术背景。

3. 心理与时间管理

☐ 采用"番茄工作法"分段学习，每周预留 2 天休息调整状态。

☐ 参考四中"宽松与自主结合"的教育理念，平衡学业与兴趣（如社团活动）。

四、风险评估与备选方案

☐ 竞争压力：北京四中每年约 60 人考入清北，文科竞争激烈，需确保总分稳居前 30 名。

☐ 备选路径：若总分稍有不足，可考虑北大医学部（理科要求较低）或通过国家专项计划申请。

五、关键时间节点

☐ 高一：夯实基础，重点突破数学和文综弱项。

☐ 高二：参加学科竞赛（如历史、政治奥赛），冲刺强基计划。

❑ 高三：全科模拟冲刺，强化应试技巧，关注北大招生政策动态。

通过以上规划，结合四中的优质资源和个性化培养，有望在 2027 年实现考入北大文科的目标。建议定期与班主任沟通调整策略，并利用北大招生官网获取最新政策信息。

2.2.2　使用夸克制订学习目标的注意事项

（1）明确考试类型与内容差异

不同考试的知识结构和侧重点各异。例如，高考注重基础知识和综合能力，而公务员考试侧重时事政治和行政能力。在夸克中添加学习目标时，需准确选择对应考试类型，以确保 AI 推荐的学习内容与考试要求一致。

（2）保持学习目标的灵活性

考试准备过程中，用户的学习需求可能会发生变化。用户可根据实际情况，及时更新学习计划和目标，以适应新的学习需求。

（3）制订合理的学习内容

夸克可根据学习目标自动生成学习内容，但学习者应根据自身情况进行适当调整。例如，高考生可能需要更长时间的基础复习，而职称考试可能更侧重专业知识的强化。学习者应合理安排学习时间，确保每个知识点都能得到充分复习。

2.2.3　使用夸克制订学习目标的进阶技巧

（1）根据冲刺目标，确定每天的学习目标

利用夸克确定每天的学习目标，可以将大的学习任务拆解为具体的阶段化目标，从而逐步增强学习的成就感和动力。首先，明确当天的学习主题，如高考数学、四六级英语等，并根据学习内容设定具体任务，例如"复习函数性质"或"做 10 道英语阅读题"。接着，根据任务难度合理安排学习时间，确保高效利用每一刻。夸克的日程表和提醒功能可以帮助提醒学习任务，避免遗漏；错题本功能也能方便记录和巩固薄弱点。每天结束时，夸克支持学习进度回顾、任务完成情况评估和次日学习计划调整，以确保学习者持续进步。

（2）利用夸克定期评估学习进度

夸克可以帮助学习者更好地跟踪学习效果并进行必要的调整。首先，当学习者设置一段时间的目标后，利用夸克的学习反馈功能记录错题，可清晰地了解当前的学习难点。其次，通过模拟考试，评估薄弱环节，及时优化学习策略。最后，定期查看反馈，不仅能帮助学习者识别不足，还能确保按照既定目标稳步前进。

2.3　学习计划制订，量体裁衣

学习计划是学习者为实现特定目标而制订的系统性行动方案，涵盖目标设定、时间分配、方法选择与资源协调等核心要素。其本质是将抽象的学习愿景转化为可执行的步骤，通过科学规划提升效率、降低盲目性。传统学习计划通常以"目标 – 任务 – 时间"的线性框架为基础，强调对学习内容的分阶段拆解，例如通过分析个人学习特点（如记忆能力、理解偏好）和现状（如学科强弱项），设定短期与长期目标，并制订每日或每周任务清单。研究表明，合理的计划能显著提升学习专注力，减少时间浪费，并通过阶段性成果增强学习动力。

尽管传统学习计划具有结构化优势，但其僵化的模式难以满足现代教育的个性化需求。首先，标准化模板忽视个体差异，例如统一的教学进度无法匹配不同学生的认知节奏，导致"学得快的学生吃不饱，学得慢的学生跟不上"。其次，传统学习计划多基于经验预判，缺乏动态调整机制，难以应对考试延期、知识点理解偏差等突发情况。此外，应试导向的局限性使许多计划过度聚焦分数的提升，而忽视了对批判性思维与创新能力的培养，甚至可能导致学生因"题海战术"加剧学习倦怠。

夸克通过 AI 技术重构学习计划的制订与执行逻辑，其核心优势体现在以下三方面。

- ❏ 个性化适配。夸克基于大数据分析用户的学习行为与偏好，动态生成"一人一策"计划。
- ❏ 智能动态调整。用户可以在夸克上更新学习进度，夸克会自动优化后续计划。例如，若用户连续 3 天未能掌握三角函数公式，夸克会延长练习周期，避免"无效重复"。

❑ 全场景资源整合。夸克打破物理边界，将学习计划与 AI 搜题、跨学科案例库等资源无缝衔接。

2.3.1 使用夸克制订学习计划的操作指南

现在我们以"大四学生要参加四级考试"为例，展开说明如何利用夸克进行学习计划制订。

第一步：点开"夸克学习"，找到"试卷中心"，点击"四级真题包"，并打印某年真题，然后按要求时间针对真题进行作答，如图 2-8 所示。

第二步：打开夸克 App 进入搜索界面，在搜索框中输入以下提示词，如图 2-9 所示，并上传真题。

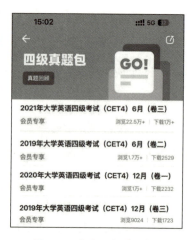

图 2-8　夸克四级真题包

图 2-9　使用夸克评估试卷的提示词

第三步：稍等片刻，夸克就会给出解析结果。

夸克 AI 的输出结果如下：

试卷总体分析

一、写作部分

1. 问题分析

❑ 内容单薄：仅简单列举在线学习的利弊（如方便、网络问题），缺乏深入分析（如自律性、互动性缺失、心理健康等）。

❑ 语言基础：句式简单重复（如"It is…"），词汇单一（如"good but not very good"），语法错误（如"dearly"应为"clearly"）。

❑ 结构松散：未分段论述利弊，缺乏逻辑连接词（如 however, moreover）。

2. 提升建议

❑ 拓展内容：从多角度分析利弊（学习效率、资源获取、社交隔离、技术依赖等）。

❑ 丰富语言：使用高级词汇（如"flexible yet challenging"）和复合句（如"Although online learning offers convenience, it requires strong self-discipline"）。

❑ 规范结构：采用"总 – 分 – 总"结构，用连接词衔接段落（例如：First, Second, In conclusion）。

二、听力理解

1. 问题分析

听力部分得分较高，但需要注意：长对话和短文理解可能存在细节遗漏（如未展示的题目可能涉及陷阱选项）。

2. 提升建议

❑ 强化精听训练：针对长对话和短文，练习捕捉关键词（如时间、地点、态度词）。

❑ 总结干扰项规律：分析常见陷阱（如部分否定、近义替换）。

三、阅读理解

1. 问题分析

❑ 词汇理解：词义推断能力需加强（如将"direction"误选为"tradition"）。

❑ 细节匹配：部分题目可能因定位不准失分（如未展示的段落匹配题）。

2. 提升建议

❑ 积累高频词汇：通过阅读外文内容（如 BBC News）学习多义词和语境用法。

❑ 练习快速定位：使用扫读技巧（scanning）定位段落关键词，避免逐字阅读。

四、翻译

1. 问题分析

❑ 语法错误：单复数错误（"thousands years history"→"thousands of years of history"），冠词缺失（"a culture symbol"→"a cultural symbol"）。

❑ 用词不准确：直译导致生硬（如"calm heart"→"cultivate inner peace"）。

❑ 句式单一：简单句堆砌，缺乏衔接。

2. 提升建议

❑ 强化语法基础：主谓一致、冠词用法、介词搭配（如"pass on"的固定搭配）。

❑ 学习意译技巧：避免字对字翻译，关注文化内涵（如"修身养性"可译为"cultivate one's character"）。

❑ 使用复杂结构：尝试使用定语从句（如"which has a history of…"）和分词短语（如"practiced to…"）。

第四步：打开夸克 App 进入搜索界面，在搜索框中输入以下提示词，如图 2-10 所示。

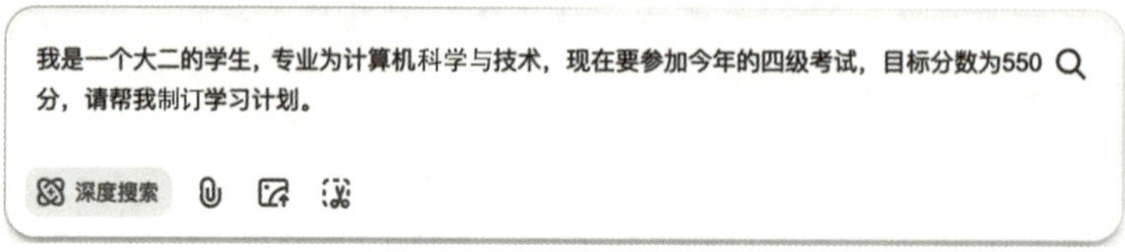

我是一个大二的学生，专业为计算机科学与技术，现在要参加今年的四级考试，目标分数为550分，请帮我制订学习计划。

🗟 深度搜索

图 2-10　使用夸克制订学习计划的提示词

第五步：稍等片刻，夸克就会给出相应的学习计划。

夸克 AI 的输出结果如下：

根据你的目标分数（550 分）和计算机专业背景，结合四级考试特点及高分经验，现制订分阶段学习计划如下。

一、整体时间规划（8 周）

1. 阶段划分

❑ 基础夯实阶段（第 1～3 周）：主攻词汇、语法和听力基础。

❑ 专项突破阶段（第 4～6 周）：分题型强化训练。

❑ 冲刺模拟阶段（第 7～8 周）：全真模考＋高频错题复盘。

2. 每日学习时间分配（建议 3～4 小时）

❑ 早晨（30 分钟）：背单词（推荐四级高频词和计算机专业词汇）。

❑ 上午/下午（2 小时）：听力/阅读专项训练。

❑ 晚上（1 小时）：写作/翻译练习＋错题整理。

二、各模块提分策略

1. 听力（目标 195 分以上）

❑ 精听训练（每日 30 分钟）。

❑ 使用近 5 年真题，逐句听写并对照原文。

❑ 重点捕捉数字、地点、转折词（but/however）等信号词。

❑ 泛听拓展（碎片时间）。

❑ 听计算机相关英文播客（如 TED-Ed Technology）培养专业语境适应力。

2. 阅读（目标 200 分以上）

❑ 练习快速定位技巧（每日 1 套真题）。

❑ 练习"题干关键词→原文定位"法。

❑ 利用逻辑分析能力破解长难句（主攻科技类文章）。

❑ 高频词汇强化。

❑ 结合《自然拼读记单词一本通》记忆同义替换词。

❑ 重点积累计算机领域高频词（algorithm、interface、encryption 等）。

3. 写作与翻译（目标 155 分以上）

（1）写作专项突破：

❑ 写作模板化训练（每周 3 篇）。

❑ 背诵科技类话题模板（如人工智能、远程教育等）。

❑ 套用"现象描述→利弊分析→解决方案"三段式结构。

（2）翻译专项突破：

❑ 优先练习中国文化＋科技主题。

❑ 积累计算机术语英译（如"云计算"→"cloud computing"）。

4. 词汇与语法（贯穿全程）

❑ 核心词：用艾宾浩斯曲线背四级高频词。

- ❏ 专业词：通过阅读计算机领域英文论文摘要积累（如 ACM Digital Library）。
- ❏ 语法查漏补缺：主攻从句、虚拟语气、非谓语动词。

三、分阶段重点任务

阶段	听力	阅读	写作 / 翻译
基础夯实	完成 10 套真题精听，建立信号词敏感度	精读 20 篇科技类外刊（推荐 *New Scientist*）	整理 10 个万能句型（如 "From a technical perspective…"）
专项突破	按题型分类训练（短对话→长对话→短文）	限时训练（25 分钟 / 套），错误率控制在 15% 以内	每周完成 3 篇文本翻译（重点练习计算机相关文本）
冲刺模拟	模考时预读选项，标记疑难题	复盘错题本，总结高频陷阱（如过度推理、偷换概念）	背诵 5 篇范文，模拟考场写作（用 Grammarly 检查语法）

四、注意事项

- ❏ 避免误区：不要过度依赖纯刷题，需搭配错题分析。
- ❏ 心态调整：每周日进行 1 小时娱乐性活动（如看《硅谷》等英文科技剧）。
- ❏ 健康管理：冲刺阶段保持 6 小时睡眠，用番茄工作法（25 分钟学习 +5 分钟休息）。

提示：参考多位高分考生的每日计划模板，根据个人课程安排动态调整。坚持执行此计划，550 分目标可达！

2.3.2 使用夸克制订学习计划的注意事项

虽然夸克 AI 的"学习计划制订"功能能够为学习者快速生成学习计划，但在使用过程中仍然需要注意一些细节，避免出现不切实际的学习计划。

- ❏ 夸克 AI 对跨学科复合型目标的解析能力有限。例如，计算机专业学生若设定"同步提升算法能力和英语阅读"，需手动调整 AI 生成的单一学科计划，防止计划碎片化。
- ❏ 夸克 AI 虽能智能推荐目标，但用户须主动明确学习意图，避免泛化描述。例如，"提高英语"应细化为"3 个月内通过雅思 6.5 分，重点突破听力与写作"，并拆解为"每周完成 3 篇听力真题精听 +2 篇议论文框架训练"。

❑ 定期检查 AI 生成的计划，结合自身状态调整任务顺序。例如，将高难度任务安排在精力充沛时段。

通过关注以上注意事项，我们可以更好地利用夸克 AI 的"学习计划制订"功能。学习者在实施该计划的过程中，也需要根据实际情况进行快速调整，不能教条地实施 AI 制订的学习计划。

2.3.3　使用夸克制订学习计划的进阶技巧

（1）增加考试计划，获得个性化内容推荐

在夸克学习中，用户可以将如四六级考试、期末考试、公务员考试等各种考试类型添加到日程表中。系统会根据用户所添加的考试计划，为用户提供个性化的考试信息和学习内容推荐，帮助用户高效备考。此外，用户可以利用夸克生成考试及复习时间表，确保考试准备不遗漏。基于这一功能，夸克不仅是一个日程管理工具，更是一个全面的智能学习助手，可以帮助用户合理规划复习时间，提升学习效率。

（2）利用夸克进行系统性复盘

夸克不仅能借助"学习周刊"功能对用户的知识薄弱环节进行专题训练和针对性提升，还能合理利用遗忘曲线，对过往每个薄弱知识点安排最佳的复习间隔，确保时间投入产出比最大化。

3

第 3 章 | CHAPTER

使用夸克进行课前预习

本章聚焦夸克在教材全解提前学习、视频课程学习、教辅资料解析三大核心场景中的应用，系统阐述其如何帮助学习者突破传统学习困境。通过智能解析、资源聚合、个性化路径规划等功能，夸克帮助学习者构建完整知识体系，提升学习效能；借助多模态学习辅助和长视频处理技术，优化视频学习体验；运用动态化、精准化的解析范式，助力学习者高效掌握教辅资料。无论是学生、备考人群还是职场进修者，都能在夸克的助力下，开启高效、智能的学习新征程。

3.1　教材解构诊断，智能预习

教材全解提前学习是一种系统性预习方法，通过拆解教材知识点、例题逻辑和学科框架，帮助学生在课前构建完整的知识体系。传统模式依赖纸质教辅或教师单向输出，内容固化且缺乏互动性，主要存在三方面缺陷：一是资源固化，纸质教辅更新滞后，无法同步教材修订或考试大纲的变化，内容形式单一；二是效率低下，学生需要自行梳理知识点关联，复杂题型的解析步骤不清晰；三是个性化不足，统一化内容难以适配不同学情，缺乏数据追踪与反馈机制。

夸克通过技术整合，具有三方面优势：一是智能解析，通过 AI 拆解题型逻辑，动态适配学习节奏，例如虚拟教师"小灵老师"支持解题过程演示；二是资源聚合，夸克能够整合教材、真题、教辅资源，支持拍照生成知识树与错题强化训练；三是个性化路径，夸克支持定制化学习内容推荐，如将基础解析视频优先推送给预习者，将竞赛级内容匹配给进阶需求者，从而显著提升学习效能。

3.1.1　使用夸克生成预习方案的操作指南

现在我们以"大一新生提前学习高等数学"为例，展开说明如何利用夸克进行教材全解提前学习。

第一步：进入"夸克学习"，点击"教辅解题中心"，找到所要学习的教材，并将其加入"我的书架"，如图 3-1 所示。

第二步：点开"高等数学第 7 版上"，即可进行对应章节的学习，如图 3-2 所示。

图 3-1　教辅解题中心

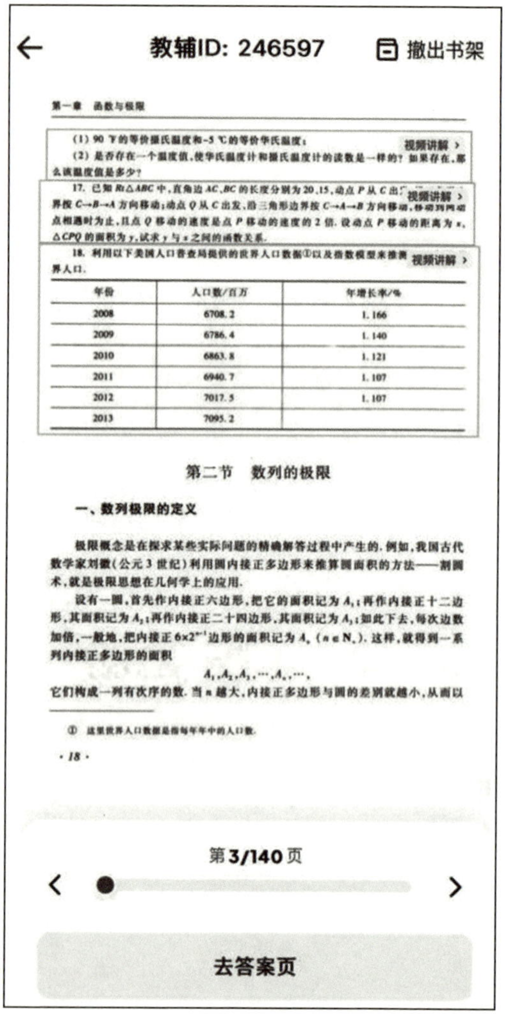

图 3-2　相关教材

第三步：对于没有掌握的知识点，学习者可点击"视频讲解"，也可以将对应题目加入错题本，如图 3-3 所示。

第四步：在上课前，用户还可以在夸克搜索框中输入以下提示词，以获得概念解答和预习提纲，如图 3-4 所示。

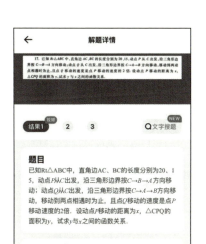

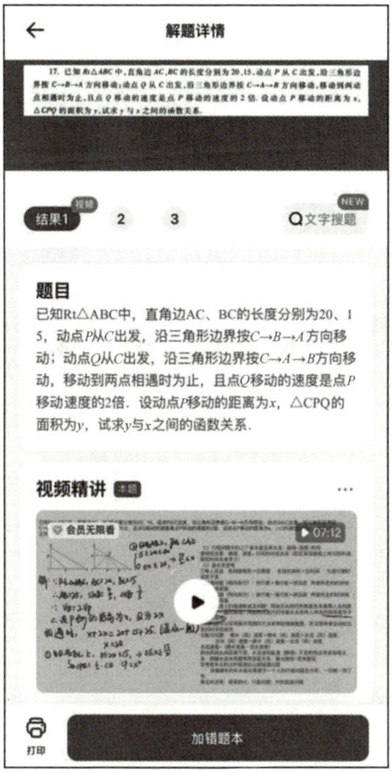

图 3-3　教材题目讲解

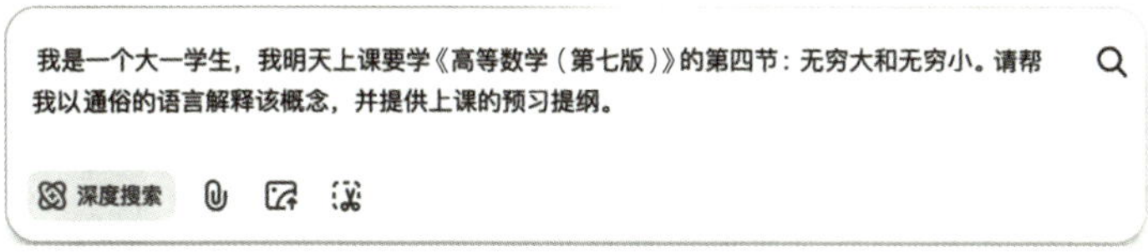

我是一个大一学生，我明天上课要学《高等数学（第七版）》的第四节：无穷大和无穷小。请帮我以通俗的语言解释该概念，并提供上课的预习提纲。

深度搜索

图 3-4　相关提示词

第五步：稍等片刻，夸克就会生成相关结果。

夸克 AI 的输出结果如下：

《高等数学（第七版）》第四节"无穷大与无穷小"预习提纲（通俗版）

一、核心概念

（一）无穷小

1.定义：当自变量（如 x）趋近于某一点（如 x_0）或无穷大时，函数值无限接近于 0，这样的函数称为无穷小。

例如：当 $x \to 0$ 时，x、$\sin x$ 都是无穷小。

2.关键点：

❑ 无穷小是变量，不是"很小的数"，如 0.001。

❑ 0 是唯一的无穷小常数。

❑ 必须结合自变量的变化过程讨论，如 $x \to 0$ 或 $x \to \infty$。

（二）无穷大

1.定义：当自变量趋近于某一点或无穷大时，函数值的绝对值无限增大（可以是正无穷或负无穷），这样的函数称为无穷大。

例如：当 $x \to 0$ 时，$1/x$ 是无穷大；当 $x \to \infty$ 时，x^2 是无穷大。

2.关键点：

❑ 无穷大是变量，不是"很大的数"，如 1 000 000。

❑ 无穷大可以分为正无穷大（$+\infty$）和负无穷大（$-\infty$）。

二、无穷小与无穷大的关系

1.互为倒数。

2.若 $f(x)$ 是无穷大，则 $1/f(x)$ 是无穷小。

3.若 $f(x)$ 是无穷小且 $f(x) \neq 0$，则 $1/f(x)$ 是无穷大。

例如：当 $x \to 0$ 时，$1/x$ 是无穷大，$1/(1/x) = x$ 是无穷小。

三、运算性质

（一）无穷小的运算

1.加减乘：有限个无穷小的和、差、积仍是无穷小。

例如：$x + x^2$（$x \to 0$）是无穷小。

2.乘常数：常数与无穷小的乘积仍是无穷小。

注意：无穷多个无穷小的和 / 积可能不是无穷小。

（二）无穷大的运算

1.加减：无穷大 $\pm$ 无穷大的结果不确定，可能为常数、无穷大或不存在。

例如：若 $x \to \infty$，则 $x^2 \to +\infty$，但 $x + (-x) \to 0$。

2.乘除：无穷大 $\times$ 无穷大 = 无穷大；无穷大 $\div$ 无穷大的结果不确定。

3.非零常数 $\times$ 无穷大 = 无穷大。

四、无穷小的比较（重点）

1.比较方式：通过极限比值判断趋近于 0 的速度。

2. 高阶无穷小：若 $\lim(\beta/\alpha) = 0$，则 β 比 α 高阶，记作 $\beta = o(\alpha)$。例如，x^2 是 x 的高阶无穷小。

3. 同阶无穷小：若 $\lim(\beta/\alpha) = c \neq 0$，则 β 与 α 同阶。

4. 等价无穷小：若 $\lim(\beta/\alpha) = 1$，则 $\beta \sim \alpha$（如 $x \to 0$ 时，$\sin x \sim x$）。

应用场景：简化极限计算（如用等价无穷小替换）。

五、预习建议

（一）核心公式与定理

1. 无穷小与函数极限的关系：$\lim f(x) = A \to f(x) = A + \alpha$（$\alpha$ 为无穷小）。

2. 无穷小的运算规则：加减乘除。

3. 等价无穷小替换定理，如 $\sin x \sim x$ 和（$1 - \cos x$）$\sim x^2/2$。

（二）易错点提醒

1. 无穷大不是数，不能直接参与算术运算，如"无穷大 +1"无意义。

2. 无穷小的倒数可能是无穷大，但必须保证原无穷小不为 0。

3. 无穷大与无穷小的乘积结果不确定，如 $x(1/x^2) = 1/x \to 0$。

六、课堂练习预测

1. 判断函数在指定趋近过程中的无穷小 / 无穷大性质。

2. 计算极限时使用等价无穷小替换，如 $\lim\limits_{x \to 0}(\sin 3x)/(2x) = 3/2$。

3. 证明无穷大或无穷小的运算结果，如当 $x \to \infty$ 时，证明 $x + \sin x$ 是无穷大。

提示：结合教材例题理解概念，重点掌握等价无穷小替换和运算规则的应用！

3.1.2　使用夸克生成预习方案的注意事项

（1）明确学习目标与考试类型的适配性

不同类型的考试对教材全解的利用方式存在差异。例如，高考需注重知识框架构建与细节解析；考研需结合真题，挖掘深层逻辑；四六级考试侧重于词汇与语法拓展；公务员考试则需强化逻辑推理与解题技巧。用户须根据目标考试的特点，匹配如真题库、专项练习模块等资源，避免泛泛而学。

（2）分阶段规划学习深度

用户避免各阶段目标混淆导致效率低下。在预习阶段，应侧重教材全解的框架梳理，标注重点难点；在强化阶段，可通过拍照搜题、AI 讲题等方式攻克薄弱点，并结合错题本归纳；在冲刺阶段，应聚焦高频考点与真题模拟，利用夸克提供的历年真题资源进行实战训练。

（3）资源整合与深度利用

除教材全解外，夸克还提供视频课程、思维导图等辅助工具，用户可结合实际情况进行使用。例如，预习时先使用教材全解建立基础认知，再通过视频深化理解，最后用思维导图梳理框架；同时，还需要关注夸克更新的考试动态与资料，确保信息的时效性。

3.1.3　使用夸克生成预习方案的进阶技巧

（1）联动其他工具，高效进行提前学习

用户可以联动教材全解、夸克知识图谱、思维导图等工具进行高效预习，联动策略如图 3-5 所示。例如，在复习高中化学时，用户可以用夸克生成"化学反应方程式"知识图谱，再导出至 XMind 进行章节框架构建，并标注易错反应条件。用户也可以使用教材全解、夸克模考、时间管理等工具，模拟考试环境。例如，在进行公考冲刺时，用户可以使用夸克模考，同步开启番茄钟计时模拟考试环境，模考结束后调取教材全解溯源错题。

（2）利用夸克构建思维导图

打开夸克 App，点击底部导航栏的"夸克学习"，进入后选择"全部功能"，找到"思维导图"选项，即可构建思维导图。

3.2　视频学习拆解，靶向优化

教学视频学习是通过观看如讲座、技能演示、专业知识讲解等录制内容，实现知识获取的现代学习方式，尤其适用于远程教育、职业培训和自主学习场景。视频总结则是对课程核心内容的提炼与结构化整理，包含知识点梳理、逻辑框架搭建和重点标记等环节，旨在帮助学习者快速掌握知识体系、强化记忆并提升学习效率。

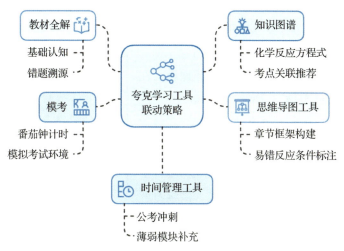

图 3-5　夸克学习工具联动策略

　　传统的视频学习依赖人工记录和反复回看，存在三大短板：一是效率低下，手动记录易遗漏重点且耗时；二是缺乏系统性，笔记碎片化导致知识难以结构化串联；三是工具限制，普通播放器无法精准定位关键内容，长视频需频繁拖拽进度条，影响学习连贯性。此外，传统方式对学习者的自律性要求极高，缺乏智能辅助易导致学习者注意力分散，且在复习时难以快速回顾核心逻辑。

　　夸克通过 AI 技术重构视频学习流程，实现三大突破：一是智能内容提取，通过"分段总结"精准定位知识点时间轴，生成思维导图可视化知识框架；二是多模态学习辅助，支持 AI 课件一键生成图文笔记、同步滚动字幕及多端笔记编辑，降低认知负荷；三是长视频友好，可处理 6 小时超长课程，结合"AI 搜索"与"网盘生态"无缝衔接，支持从资料存储到知识内化的全流程闭环，显著提升学习深度与效率。

3.2.1　使用夸克进行视频课程学习的操作指南

现在我们以"大四学生准备考研学习"为例，展开说明如何利用夸克进行视频课程学习。

第一步：进入"夸克网盘"，并选择合适的视频存入夸克网盘，如图 3-6 所示。

第二步：点开需要学习的视频课程，在下方点击"AI 总结"，如图 3-7 所示。

第三步：在下方点击"AI 课件"，夸克即可生成课件和讲义，如图 3-8 所示。

第四步：点击"导出课件"，就可以将整个课件存储为 PPT、PDF 等格式，供学习者日常使用。

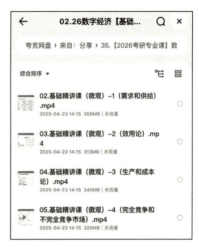

图 3-6　夸克网盘相关课程

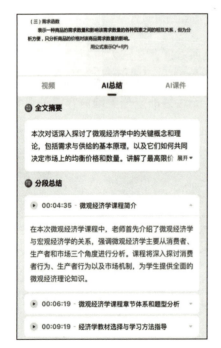

图 3-7　夸克网盘 AI 总结

图 3-8　夸克网盘 AI 课件

3.2.2 使用夸克进行视频课程学习的注意事项

（1）视频质量与 AI 功能适配性

AI 总结功能对视频清晰度、字幕完整度及内容结构敏感，低分辨率或无字幕的课程可能导致文稿提取错误，因此建议学习者优先选择 1080P 以上清晰度的课程，并确保视频包含完整字幕。若课程无字幕，可通过"AI 生成字幕"功能辅助，但需要手动校对术语等关键信息。此外，"AI 课件"功能对图文并茂的视频提取效果最佳，提取纯口语化内容或化学实验操作等动态演示内容时可能会生成冗余信息，需要结合人工修改。

（2）倍速播放的合理使用

盲目追求倍速可能影响知识吸收，建议根据内容类型动态调整。例如，高考数学公式推导等理论讲解类内容可启用 1.25～1.5 倍加速，公考行测速算技巧等实操演示类内容建议启用 0.75 倍慢速播放。同时，用户还要注意设备兼容性，部分平台课程可能会屏蔽第三方播放器的倍速功能，需通过网页端间接实现加速。此外，长时间高速播放易引发视觉疲劳，建议学习者每隔 20 分钟暂停休息，并启用"护眼模式"降低蓝光刺激。

（3）AI 输出内容的批判性验证

AI 生成的文稿与课件可能存在信息偏差，如存在遗漏隐含逻辑或误判重点等问题，用户需结合原视频进行二次校对。例如，考研英语阅读隐含态度分析，可能被 AI 简化为表层结论，建议通过"回放片段"功能核对关键语句。对于物理电磁学定律等复杂知识点，用户可将 AI 总结与教材全解进行对比，并补充手写笔记。

3.2.3 使用夸克进行视频课程学习的进阶技巧

使用夸克进行视频课程学习的进阶技巧如图 3-9 所示。

（1）针对视频与资料，进行系统化管理

支持按考试类型和内容类型分类视频，可添加如"重点""待复习"等自定义标签便于检索。用户每月可利用"学习报告"功能分析视频学习时长与笔记密度，淘汰过时内容，补充新资源。

图 3-9　使用夸克进行视频课程学习的进阶技巧

（2）针对不同考试类型，匹配不同视频功能

利用"分段总结"功能拆解课程，生成带时间戳的章节要点。同时，可结合"AI 课件"功能提取图表与公式，并导出为 PDF 文件辅助反复练习。另外，英语听力课程可启用"倍速播放"功能，提升训练效率。

3.3　教辅精析解码，按需供给

教辅资料解析是指对教材、习题集、模拟试卷等教学辅助材料进行系统性分析，提炼核心知识点、解题思路及考点逻辑的过程。其目标是帮助学生高效理解教材内容，掌握解题技巧，并通过针对性练习巩固薄弱环节。传统解析通常依赖教师或人工编写的答案，而现代技术驱动的解析则结合 AI 能力，实现了自动化、智能化的深度拆解。例如，教辅资料中的数学公式推导、语文阅读理解题的隐含逻辑，均需通过解析明确其内在关联与应用场景。

总体而言，传统教辅解析方式存在效率低下、覆盖有限与缺乏动态性三大痛点：首先，人工解析需逐题编写答案，耗时且难以应对海量题目；其次，教辅书内容固化，无法及时更新，导致学生面对新题时束手无策；最后，传统解析多停留在答案呈现层面，缺乏对解题过程的分步拆解与知识点溯源。例如，家长辅导孩子时常因知识遗忘或教材版本差异陷入困境，而学生也难以通过简单答案理解复杂题目的底层逻辑。

夸克通过"灵知"学习大模型与多模态技术，具备动态化、精准化与场景化三大优势：一是实时语料库支持，基于用户上传的题目与解析数据，构建动态题库，即时响应新题需求，避免传统题库的滞后性；二是多维度拆解能力，通过 OCR 识别、公式还原及视频讲解，实现"考点分析→步骤拆解→同类题拓展"的立体解析；三是个性化适配，结合用户学习数据，生成难度匹配的题目与解析路径。例如，针对薄弱知识点，系统可推荐专项练习，并提供举一反三的同类题库。

3.3.1 使用夸克解析教辅的操作指南

现在我们以"研究生二年级学生准备考公务员"为例，展开说明如何利用夸克进行教辅解析。

第一步：点击"夸克精选"，在其中选择夸克学习的"国家公务员考试"，如图 3-10 所示。

第二步：点击该页面下的"0 元领资料"，就可以看到所有关于国家公务员报考的资料，如黄金笔记、思维导图、专项抢分、上岸计划表、押题卷等，如图 3-11 所示。

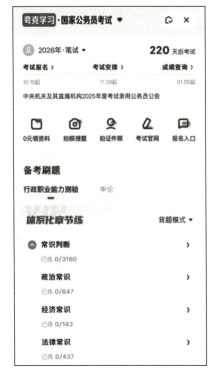

图 3-10　夸克学习国家公务员考试界面　　图 3-11　夸克学习国考资料库

第三步：选择其中一个文件，如"2024 国考《行测》三色笔记"。点击"下载"，就可以将其保存到网盘或者下载到本地，如图 3-12 所示。

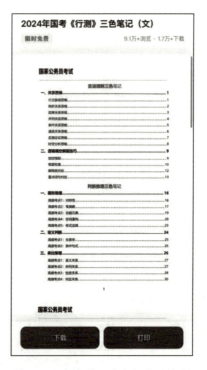

图 3-12　夸克学习公务员考试资料

第四步：进入夸克搜索界面，上传"2024 国考《行测》三色笔记"，并输入以下提示词，如图 3-13 所示。

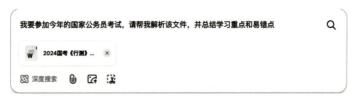

图 3-13　相关提示词

第五步：稍等片刻，夸克就会完成对该文件的解析。

夸克 AI 的输出结果如下：

以下是根据文档内容整理的完整版题目案例，结合学习重点和易错点进行标注，方便对照分析。

一、言语理解与表达

1.行文脉络分析——尾句定重点

题目（P1）：

美国著名学者伊顿曾预言："我们深信，在不久的将来，我们国家的最高经济利益，将主要取决于我们同胞的创造才智，而不取决于自然资源。"伊顿的预言在今天已经变为现实，金融危机、能源和矿产资源价格急剧上涨，世界经济滞涨风险苗头显现，国民的创新能力得到许多国家前所未有的重视。这段文字意在强调：

A.人力资源将在经济增长中发挥越来越大的作用

B.自然资源在国家发展中的重要性将逐步降低

C.国家要发展必须充分发挥国民的创造能力

D.国民素质的高低将决定国家未来发展的方向

解析：

❑ 重点：尾句通过"伊顿的预言变为现实"引出核心观点，强调"国民创新能力"的重要性。

❑ 答案：C（直接对应"国民的创新能力"，含主题词"创造能力"）。

❑ 易错点：误选 A（"人力资源"范围扩大，文段特指"创造才智"）。

2.逻辑填空——固定搭配

题目（P9）：

中俄计划携手建设从莫斯科出发，穿越哈萨克斯坦通往北京的欧亚高速运输走廊。新铁路的兴建可能要耗时 8～10 年。从工程的规模及价值来看，它堪与苏伊士运河_____。后者大幅缩短了通航里程及时间，迅速对全球贸易产生了_____的影响。

依次填入画横线部分最恰当的一项是：

A.比肩　不可估量　　　　　B.媲美　旷日持久

C.争雄　超乎预期　　　　　D.匹敌　源源不断

解析：

❑ 重点：第一空需体现"比得上"，使用"比肩""媲美""匹敌"均可；第二空搭配"影响",使用"不可估量"(强调影响大)最恰当。

☐ 答案:A。

☐ 易错点:误选 B("旷日持久"与"迅速"矛盾)。

3. 定义判断——主客体

题目(P25):

劳动争议是指在劳动者和劳动力使用者之间因劳动权利与义务发生分歧而引起的争议。根据上述定义,下列属于劳动争议的是:

A. 职工小周因工作调动的问题与当地劳动部门发生争执

B. 某企业职工小张和小李因工作上意见不合而产生矛盾

C. 两个单位之间因职工小刘的借调问题而产生矛盾

D. 职工老王因工伤未能获得保险赔偿而与工厂争执

解析:

☐ 重点:主客体需为"劳动者"与"劳动力使用者"(如职工与工厂)。

☐ 答案:D(老王与工厂符合定义)。

☐ 易错点:误选 A(劳动部门是管理方,非"劳动力使用者")。

4. 类比推理——语义关系

题目(P26):

羔羊跪乳:乌鸦反哺

A. 昙花一现:惊鸿一瞥   B. 魂不附体:失魂落魄

C. 锋芒毕露:锐不可当   D. 朽木难雕:孺子可教

解析:

☐ 重点:题干为近义关系,均指"感恩父母"。

☐ 答案:B(均形容"惊慌",近义关系)。

☐ 易错点:误选 D(反义关系,与题干逻辑相反)。

二、逻辑判断——加强论证

题目(P33):

针对地球冰川的研究发现,当冰川之下的火山开始喷发后,会快速产生蒸汽流,爆炸式穿透冰层,释放灰烬进入高空,并且产生沸石、硫化物和黏土等物质。目前人们发现,在火星表面的一些圆形平顶山丘中也探测到这些矿物质，并且广泛而大量地存在。因此，人们推测火星早期是覆盖着冰原的，那里曾有过较多的火山活动。要得到上述结论，需要补充的前提是：

A. 近日火星侦察影像频谱仪发现，火星南极存在火山

B. 火星地质活动不活跃，地表地貌大部分形成于远古较活跃的时期

C. 沸石、硫化物和黏土这三类物质是仅在冰川下的火山活动后才会产生的独特物质

D. 在火星平顶山丘的岩石中发现了某种远古细菌，说明这里很可能曾经有水源

解析：

☐ 重点：建立"矿物质"与"冰川下火山活动"的联系（搭桥）。

☐ 答案：C（明确矿物质仅由冰川下火山活动产生）。

☐ 易错点：误选 A（"现有火山"与"早期冰原"无关）。

三、学习建议

1. 针对性刷题

☐ 言语理解：每天 15 道片段阅读 +10 道逻辑填空，标注转折 / 因果词、主题词。

☐ 判断推理：每天 20 道图形推理（分考点专项训练）+10 道定义 / 类比题。

2. 错题复盘

☐ 整理高频错误（如笔画数漏数、逻辑填空搭配不当），总结陷阱特征。

3. 限时训练

☐ 模拟考试节奏，言语理解 35 分钟、判断推理 35 分钟，提高答题速度。

3.3.2　使用夸克解析教辅的注意事项

（1）资源处理与兼容性

用户在扫描纸质资料时，须确保画面清晰无遮挡，避免阴影或倾斜导致 OCR 识别错误；PDF 文件需关闭水印检测模式，防止干扰核心内容提取。在解析如物理电路图等复杂题型时，建议同步启用"图文解析"与"视频讲解"功能，通过分屏模式对比不同解法，并检查公式、图表格式是否完整，避免导

出后排版错乱。

（2）解析结果验证与修正

AI 生成的答案可能存在逻辑漏洞，例如，政治主观题可能存在表述偏差，需对照教材或教师解析二次确认。若发现错误，用户可以通过"问题反馈"功能提交截图与详细描述，帮助模型优化。同时，用户需要定期清理过时的解析记录，如旧版教材题型，防止新旧知识点混淆，避免因缓存堆积导致解析响应迟缓。

（3）功能使用边界与权限

系统仅支持解析已授权的教辅资源，如购买的模拟卷，禁止上传未公开试题或侵犯版权的内容。同时，用户的个人笔记需标注"私密"标签，防止隐私泄露。

3.3.3　使用夸克解析教辅的进阶技巧

使用夸克解析教辅的进阶技巧如图 3-14 所示。

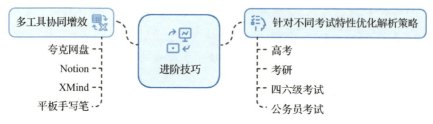

图 3-14　使用夸克解析教辅的进阶技巧

（1）多工具协同增效

用户可利用夸克网盘实现资料分类与多端同步，将解析内容导出至 Notion 或 XMind 等工具中构建知识库，并结合平板手写笔等硬件设备提升标注效率。

（2）针对不同考试特性优化解析策略

针对高考的策略是深度拆解压轴题，并结合"考点溯源表"关联教材。针对考研的策略是分步讲解数学与专业课，并利用"错题归因表"分析高频错误；针对四六级考试的策略是强化听力与阅读解析，通过"AI 批改"功能优化作文语法；针对公务员考试的策略是聚焦行测逻辑题与申论框架，快速匹配题型。

4

使用夸克整理资料

在信息爆炸与知识快速迭代的时代，如何将碎片化信息转化为系统化认知，成为学习者面临的痛点需求。传统资料整理模式存在资源搜集与筛选低效、课堂笔记记录机械、错题管理归纳粗糙等瓶颈，难以适应学习者在深度学习环节对知识加工与内化的需求。

夸克以智能化工具链重构学习资料整理体系，构建了从信息搜集到知识内化的完整闭环，具备以下优势。

在资源获取环节，夸克通过以自然语言处理为驱动的智能搜索引擎，精准理解用户需求并过滤无效信息；依托跨平台整合技术打破资源壁垒，实现学术库、公开课、电子图书等多源内容的一站式聚合；借助个性化推荐系统，为学习者生成定制化学习路径，从源头解决资源分散与质量参差的痛点。

在知识记录层面，夸克智能笔记系统突破手写局限，通过 98% 准确率的语音转写、结构化摘要生成及多模态内容整合，将学习者的课堂精力从机械记录释放到深度思考。在错题管理层面，通过智能归因分析与多维分类体系，将传统"抄题本"升级为具备错误预防功能的智能学习助手，实现从纠错到知识漏洞修复的进阶。

4.1　学海精准导航，智慧淘金

找学习资料是学习过程的起点，是围绕特定目标从海量信息中精准定位、筛选并整合所需内容的系统性行为。它不仅包括对教材、论文、课程视频等显性资源的检索，更涉及对信息质量、适配度、知识关联性的深度判断。优质学习资料的获取，本质上是为知识建构搭建"原材料库"，其效率与精准度直接影响后续的理解、吸收与应用效果。在碎片化信息爆炸的时代，科学的资料搜集能力已成为深度学习的核心基础。

传统学习资料搜集面临多重困境：一是资源分散化导致学习者需在网页、APP、数据库等多平台间反复切换，耗时耗力；二是质量模糊化使低价值内容混杂其中，权威性与适用性难以快速甄别，常陷入"信息过载却知识匮乏"的困境；三是管理无序化让 PDF、音频、网页等多格式内容缺乏统一组织，跨领域资源难以形成知识关联，最终沦为零散信息的堆砌。这些问题不仅加剧了认知负担，还阻碍了系统化知识体系的构建，使学习停留在"浅层收集"而非"深层加工"。

夸克通过智能化技术全方位赋能学习资料搜集，依托自然语言处理精准地理解用户搜索意图，支持"filetype:pdf 机器学习 + 入门"等高级语法过滤内容，同步整合知网、Springer 等学术库与 Coursera、网易公开课等平台资源，实现了多源内容的一站式聚合。夸克基于用户浏览、收藏等历史数据构建个性化知识图谱，主动推荐与当前学习内容关联的进阶资料，如在学习 Python 时自动推送数据结构、算法教程，形成符合认知规律的阶梯式学习路径。夸克还能通过标签化收藏、主题式资料集创建及智能分类功能，将 PDF、视频、网页等多格式内容转化为可检索、可复用的结构化知识库，让学习者彻底摆脱多平台切换、信息质量甄别及无序管理的低效困境，从被动筛选海量内容升级为享受系统主动匹配的精准资源服务，大幅提升了资料搜集效率与知识建构质量。

4.1.1　使用夸克获取学习资料的操作指南

我们以"大学生寻找机器学习的学习资料"为例，为用户展示如何利用夸克获取高质量学习资料的第一种用法。

第一步：打开夸克首页，点击搜索框，使用高级搜索语法，输入"filetype:pdf 机器学习"以限定文件类型。高级搜索语法如图 4-1 所示。

图 4-1　高级搜索语法

第二步：夸克会整理出相应的资料，并且可以直接点击链接进行查看，也可以将相关文档保存到夸克网盘中。

夸克的输出结果如下：

推荐的机器学习 PDF 资源（部分含下载链接）

1. 经典教材

（1）《机器学习》（西瓜书）

特点：中文教材典范，覆盖从基础到进阶的算法。

（2）*Deep Learning with Python*, 2nd Edition

特点：Keras 框架实战指南，含 PyTorch 扩展内容。

2. 实战教程

（1）《Python 机器学习：基础、算法与实战》

内容：涵盖 Numpy、Pandas、Scikit-learn 等库，附代码案例。

（2）《机器学习实战》（中文版）

特点：结合 KNN、SVM、聚类等算法，附 MATLAB 源码。

3. 前沿研究

（1）"On Training Robust PDF Malware Classifiers"

❑ 内容：PDF 文件安全检测的机器学习模型优化。

❑ 下载：arXiv。

（2）"AutoGluon-Tabular"

❑ 特点：自动机器学习框架，支持表格数据预测。

❑ 下载：AutoGluon 官网。

4. 注意事项

（1）版权合规

部分资源可能受版权保护，建议通过合法渠道获取（如购买正版或访问开放获取平台）。

（2）文件质量验证

使用 PDF 阅读器检查内容完整性，优先选择标注"高清可复制"的版本。

我们仍以"大学生寻找机器学习的学习资料"为例，为用户展示如何利用夸克获取高质量学习资料的第二种用法。

第一步：打开夸克首页，选择"更多"，并点击"学术搜索"，如图 4-2 所示。

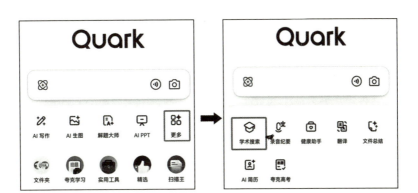

图 4-2　学术搜索

第二步：在学术搜索中，添加筛选条件，如图 4-3 所示，如时间范围、时效、收录等。输入相关条件，如中文库、近 3 年内、北大核心。

第三步：夸克会为用户梳理出相关的参考文献，如图 4-4 所示。

图 4-3　筛选条件

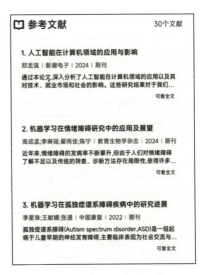

图 4-4　相关的参考文献

4.1.2　使用夸克获取学习资料的注意事项

（1）注重内容权威性验证，避免依赖单一信源

使用夸克搜索学术资料或专业内容时，需注意结合多平台，交叉验证信息权

威性。尽管夸克整合了知网、Springer 等学术库，但部分网络资源可能存在观点偏差或数据过时的问题。因此，建议对教材、论文等关键资料，优先通过官方数据库核对原文；对课程视频、经验分享类内容，注意查看如高校认证账号、权威机构专栏等发布者资质，避免将非专业解读作为核心学习素材，尤其在理工、医学等对准确性要求高的领域，另外，还需特别注意公式、理论表述的规范性。

（2）建立系统化标签体系，防止资料分类混乱

针对 K12 和四六级学习场景，建议按"学习阶段 + 学科 + 模块"分层标注。例如，小学生在整理数学计算资料时，可设置"三年级→计算能力→竖式运算→错题汇总"四级标签；四六级考生可将阅读资料标注为"CET-6 →阅读模块→段落匹配→同义替换词库"，避免笼统地标记为"英语学习"导致后期检索困难。用户可以定期按考试大纲更新标签，确保资料集与学习目标动态匹配，提升复习针对性。

（3）定期备份核心资料，防止数据丢失

建议按"学期 + 学科"定期备份，例如，按照"2025 年春季→小学语文→字词辨析"进行备份，避免因账号异常导致学年错题丢失。在考前 1 个月将四六级考生的"备考笔记库"导出为 PDF 存档，同时标注备考阶段。对于中考、高考等长期备考资料，可结合夸克云存储与本地硬盘双重备份，确保升学衔接时资料完整迁移。

4.1.3 使用夸克获取学习资料的进阶技巧

使用夸克获取学习资料的进阶技巧如图 4-5 所示。

多模态处理
多模态数据的 AI 深加工

工具协作
将夸克与其他工具整合

跨学科知识
构建跨学科知识网络图谱

图 4-5　使用夸克获取学习资料的进阶技巧

（1）将夸克与其他工具整合

将夸克与 Notion、Obsidian 等笔记工具深度联动，打造"搜索–整理–应用"闭环：通过夸克智能收藏的资料（如 K12 知识点解析、四六级真题解析等），可一键导出为 Markdown 格式，并同步至 Notion 搭建学科知识库；利用夸克的思维导图生成功能提炼核心框架，如考研专业课知识图谱等内容，导入XMind 进行二次编辑，补充个人批注与易错点。例如，针对 CPA、法考等职业资格考试，可以将夸克提取的法规条文、案例分析与 Anki 记忆卡结合，自动生成"知识点 + 错题"的定制化记忆库，实现多工具优势互补，提升知识复用效率。

（2）构建跨学科知识网络图谱

利用夸克突破单一考试边界：新高考选科学生可搜索"物理 + 经济"交叉资料，创建"学科融合案例库"，夸克自动推荐与"物理建模在经济学中的应用"相关的论文与视频；报考"大数据管理与应用"专业的考生，通过夸克整合"数学统计 +Python 编程 + 商业分析"多领域资料，标注各板块关联度（如"线性代数→机器学习算法→商业数据分析模型"），提前储备跨学科思维，适配高校复合型人才的培养需求。

（3）AI 深加工多模态数据

针对教资面试、雅思口语等输出型考试，用户可以将备课教案、口语录音通过夸克语音转写生成文本，利用智能摘要提取逻辑漏洞，如教资试讲中的知识点衔接问题等，并同步调用 AI 语法纠错功能优化表达。对医学规培、工程考证等实操类内容，用户可以将设备操作视频截图导入夸克 OCR 识别，夸克会自动生成"步骤解析和风险点标注"的图文笔记。

4.2　知识萃取革命，按需重组

课堂笔记是学习者在知识接收过程中对核心内容的即时捕捉与深度加工，本质是将教师讲授、板书演示、师生互动等动态信息转化为可复用的结构化知识载体。它不仅是对知识点、公式、案例的碎片化记录，还包含对逻辑框架的梳理、重难点的标注及个人思考的批注。优质课堂笔记是知识内化的"脚手架"，既能在课后复习时快速定位关键内容，又能通过二次整理形成个性化知识体系，尤其在高校专业课、资格证培训等信息密度高的场景中，优质课堂笔记是连接课堂输入与自主学习的核心纽带。

传统课堂笔记模式存在三重效率瓶颈：

❑ 传统课堂笔记的记录滞后性导致手写速度难以匹配授课节奏，常因追求完整记录而漏听关键讲解，陷入"机械抄写→理解断层"的恶性循环。

❑ 传统课堂笔记的形式单一化使板书照片、PPT 截图、语音讲解等多模态内容难以整合，容易出现笔记沦为文字、图片的零散堆砌等现象，缺乏逻辑串联。

❑ 传统课堂笔记的整理低效性表现为课后需耗费大量时间重抄、补全，且因笔记格式不统一，存在公式潦草、重点模糊等问题，复习时难以快速定位核心信息。有数据显示，学生平均花费 25%～30% 的课堂时间用于记录，却仅有不足 40% 的内容能在复习中有效复用，知识转化效率亟待提升。

夸克通过智能化技术实现了课堂笔记从记录方式到知识加工的全面升级，其 98% 准确率的实时语音转写功能，能够同步捕捉授课内容并自动标注时间戳，解决手写速度滞后问题。同时，夸克支持板书照片、PPT 截图、手写公式等多模态内容的一键导入，能够借助 AI 图像识别提取关键信息，并与转写文本智能关联，形成包含文字、图像、语音的立体知识卡片，打破传统笔记的单一形式局限。另外，夸克能够通过自然语言处理对笔记内容进行深度加工，自动生成结构化摘要，提炼核心概念、逻辑框架与案例应用，使学习者可通过关键词检索秒级定位所需内容，将课后整理时间压缩 70% 以上，实现"记录即整理"的高效模式，让课堂笔记成为可动态检索、持续迭代的知识库，真正实现深度学习的体系化建构与高效复用。

4.2.1 使用夸克做学习笔记的操作指南

我们以"初三年级学生进行历史课堂学习"为例，进行实操。

第一步：打开夸克首页，在首页点击"更多"，选择"录音纪要"，如图 4-6 所示。

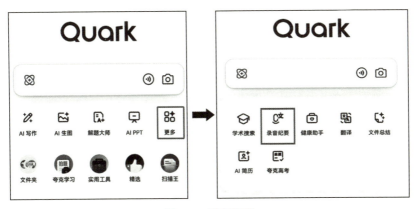

图 4-6　录音纪要

　　第二步：通过实时语音转写功能选择录音纪要，如图 4-7 所示。

　　第三步：根据后续需要的功能进行选择，例如智能摘要等。实时语音转写功能选项如图 4-8 所示。

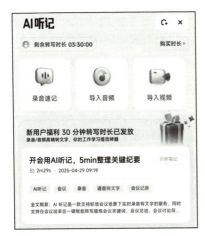

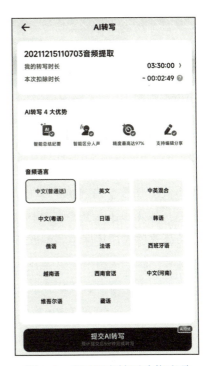

图 4-7　通过实时语音转写功能选　　　　图 4-8　实时语音转写功能选项
　　　　　择录音纪要

第四步：夸克会为用户整理好课堂笔记。

夸克的输出结果如下：

初三年级历史课课堂笔记

一、课题：第二次世界大战后的世界变化

（一）冷战与两极格局

1. 冷战背景

❑ 二战后，美苏两国的国家战略对立，社会制度和意识形态差异尖锐。

❑ 美国成为资本主义世界霸主，苏联实力增强，国际地位提高。

❑ 双方都视对方为主要威胁，积极扩展势力范围。

2. 冷战开始与发展

❑ 开始标志：1947 年杜鲁门主义出台，标志着美苏战时同盟关系正式破裂，冷战开始。

❑ 经济对抗：美国推行马歇尔计划，援助西欧恢复经济，稳定资本主义制度；苏联成立经济互助委员会，与东欧各国加强经济合作。

❑ 军事对峙：1949 年北约成立，1955 年华约成立，两极格局正式形成。

（二）战后资本主义的新变化

1. 经济发展

❑ 美国：20 世纪 50 年代至 20 世纪 60 年代，经济持续发展，呈现繁荣景象；20 世纪 70 年代，受石油危机影响，经济出现滞胀；20 世纪 80 年代后，通过调整政策，经济逐渐好转。

❑ 西欧：战后各国利用美国援助，采用先进科技成果，制定恰当经济政策，经济迅速恢复发展。1967 年欧共体成立，1993 年欧盟成立，欧洲一体化进程加快，经济实力增强。

❑ 日本：战后美国单独占领日本，推行非军事化和民主化改革；朝鲜战争爆发后，美国开始扶持日本，日本利用有利的外部环境和自身努力，经济高速发展，20 世纪 70 年代，成为资本主义世界第二经济大国。

2. 社会变化

❑ 福利国家的建立：为了缓和社会矛盾，主要资本主义国家纷纷建立社会保障制度，完善社会福利。

❑第三产业的发展：随着科学技术的进步和社会生产力的发展，第三产业在国民经济中的比重不断上升，成为重要的经济增长点。

（三）社会主义的发展与挫折

1. 苏联的发展与改革

❑赫鲁晓夫改革：1953 年赫鲁晓夫上台后，针对斯大林模式的弊端进行改革，如批判个人崇拜、发动垦荒运动、发展农业等，但改革没有从根本上突破斯大林模式。

❑勃列日涅夫改革：重点发展重工业，军事工业发展迅速，但轻工业和农业发展缓慢，改革仍未摆脱斯大林模式的束缚。

❑戈尔巴乔夫改革：1985 年戈尔巴乔夫上台后，先进行经济改革，后转向政治改革，提出"人道的、民主的社会主义"，导致苏联思想混乱，民族矛盾加剧，最终苏联解体。

2. 东欧社会主义国家的改革

❑匈牙利改革：1956 年，匈牙利事件后，开始进行改革，调整经济政策，发扬社会主义民主，取得了一定成效，但最终因苏联的干涉而失败。

❑东欧剧变：20 世纪 80 年代末，东欧各国的社会制度发生了根本性变化，社会主义制度被资本主义制度取代。

（四）亚非拉国家的新发展

1. 亚洲民族独立运动

❑印度独立：1947 年英国实行"蒙巴顿方案"，印度和巴基斯坦分别独立。

❑韩国、新加坡经济发展：战后两国利用发达国家转移劳动密集型产业的机会，适时调整经济发展战略，经济迅速发展，成为新兴工业化国家。

2. 非洲民族独立浪潮

❑1960 年被称为"非洲年"，这一年非洲有 17 个国家获得独立。

❑1990 年纳米比亚独立，标志着所有非洲国家都摆脱了殖民主义的枷锁。

3. 拉丁美洲民族解放运动

❑古巴革命：1959 年古巴通过革命推翻美国扶持的傀儡政权，建立革命政府，走上社会主义道路。

❑巴拿马运河主权的收回：经过长期斗争，1999 年巴拿马收回巴拿马运河的全部主权。

二、重点问题解析

（一）冷战对世界的影响

☐ 消极影响：导致国际局势紧张，局部战争不断，如朝鲜战争、越南战争等；两大军事集团对峙，严重威胁世界和平。

☐ 积极影响：在一定程度上避免了新的世界大战的爆发；促进了美苏两国的科技发展；推动了第三世界的崛起。

（二）苏联解体的原因

☐ 根本原因：斯大林模式的弊端长期得不到解决，导致苏联经济发展缓慢，社会矛盾尖锐。

☐ 直接原因：戈尔巴乔夫改革的失败，特别是政治改革导致思想混乱和民族分裂。

☐ 外部原因：西方资本主义国家的压力和渗透。

三、课堂小结

第二次世界大战后，世界格局发生了重大变化，冷战导致了两极格局形成，美苏争霸影响了世界的发展。同时，资本主义国家和社会主义国家都进行了不同程度的改革，亚非拉国家纷纷独立并发展起来。我们要从历史中吸取教训，珍惜和平，推动世界的共同发展。

四、课后作业

☐ 整理冷战的主要表现和影响。

☐ 分析苏联解体对世界格局的影响。

4.2.2 使用夸克做学习笔记的注意事项

（1）语音转文字的场景优化

在教室、会议室等嘈杂场景中，用户可佩戴耳机录音，减少背景干扰对转写准确性的影响。转写完成后，需快速通读文本，修正因同音词、专业术语识别错误导致的内容偏差，例如"函数定义域"可能被误写为"函数定义于"。目前，虽然夸克支持主流语言，但对小语种或地方方言的识别效果有限，建议用户在跨国课堂或方言教学中，配合人工标注或第三方翻译工具。

（2）手写笔记与 OCR 识别的适配性管理

保持字迹工整，避免连笔或过度简化，尤其在记录数学公式、化学方程式时，可使用夸克的相机功能，以提升识别准确率。在扫描纸质笔记时，应确保光线充足、角度垂直，避免阴影或折痕干扰识别结果。对于多栏文本、图表混排等复杂排版，建议分区域扫描或使用智能裁剪工具优化。

（3）导出格式的兼容性测试

导出前需预览 PDF 效果，检查是否存在表格和图片错位、公式显示不完全等问题。若发现异常，可尝试调整导出设置中的页面布局选项。另外，用户如需分享笔记，可将 PDF 设置为只读模式，防止他人擅自修改内容。

4.2.3　使用夸克做学习笔记的进阶技巧

使用夸克做学习笔记的进阶技巧如图 4-9 所示。

图 4-9　使用夸克做学习笔记的进阶技巧

（1）跨平台知识管理

使用夸克和 Notion 构建个人知识库。夸克的 OCR 识别和 Markdown 导出功能可与 Notion 无缝衔接。将扫描的课堂笔记通过智能裁剪去除冗余边框后，导出为 Markdown 格式，直接拖拽至 Notion 的文档库模块，它会自动识别标题层级与列表结构。结合 Notion 的数据库功能，可创建"学科→章节→知识点"三级分类体系，支持按关键词、标签、日期多维检索。例如，用户可以将高等数学笔记按"极限→导数→积分"层级归类，配合公式块插入 LaTeX 表达式，形成结构化知识网络。

（2）文献管理进阶

使用夸克和 Zotero 实现学术笔记自动化。在考研或科研场景中，使用夸克扫描王的书籍扫描模式拍摄纸质文献，导出为 PDF 后上传至 Zotero。通过 Zotero 的自动元数据检索功能补充文献信息，再利用夸克的全文翻译插件对英文摘要进行实时翻译。对于文献中的关键数据，用户可通过夸克的表格识别功能提取并生成 Excel 文件，结合 Zotero 的笔记关联功能实现数据与原文的双向索引，大幅提升文献综述效率。

（3）思维导图生成

利用夸克生成思维导图。对于夸克语音转写的文档，用户可以用夸克的文件总结功能生成思维导图。先进入文件总结功能，再点击思维导图生成功能，即可清晰掌握文档脉络。

4.3 错因深度解码，强化突破

错题本是学习者在学习过程中系统性地记录错误题目的工具，其核心价值在于通过"错误归因→知识重构→强化练习"的闭环，帮助学习者精准定位薄弱环节，实现知识体系的查漏补缺。传统错题本以纸质笔记为载体，要求学习者手动誊写题目、标注错误原因并整理解题思路，其核心逻辑是通过重复暴露问题来加深记忆。这种方法在基础教育阶段被广泛应用，尤其适用于数学、物理等需要大量题型训练的学科。例如，学生在完成作业或考试后，将做错的题目按学科、章节分类记录，并附上计算失误、概念混淆、审题偏差等错误类型，形成个性化的学习档案。错题本不仅是复习的核心资料，更是培养自主学习能力的重要工具，通过持续记录与分析，学习者能逐步掌握知识盲区，提升应试技巧。

传统错题本在实践中存在效率与质量的失衡、静态记录与动态学习的脱节、个体经验与群体智慧的割裂这三类问题短板。首先，手动誊写错题耗时费力，学生完成一道几何题的绘图至少需要花费 10 分钟，严重影响学习效率；其次，纸质错题本缺乏数据追踪能力，学生无法量化错误类型分布或知识点掌握曲线，导致复习策略只能依赖主观判断；最后，传统错题本难以实现跨时空的经验共享，学生无法快速获取同类题型的解题思路或规避常见错误的方法。例如，学生在使用传统错题本整理错题时，若遇到复杂的函数图像题，仅能通过文字描述错误原因，但无法直观对比正确与错误解法的差异。更重要的是，纸质错题本易丢失、难更新，随着学习进度的推进，早期记录的错题可能因知识点迭代而失去参考价值，造成学习资源的浪费。

夸克错题本通过 AI 技术和云端生态的双重赋能，具有智能采集、深度分析、场景融合这三方面核心优势。

第一，夸克支持多模态错题录入，通过 OCR 技术实现拍照秒级识别，自动提取题目、解析与答案，解决传统誊写的效率痛点。

第二，夸克基于错题数据构建知识图谱，可以生成 Markdown 格式的"错误类型热力图""高频考点雷达图"等可视化报告，帮助学习者精准定位薄弱环节。例如，学生在录入 10 道物理力学错题后，系统会推荐 3 道同类题型的强化练习，并标注"建议复习牛顿第二定律"。

第三，夸克错题本打破了物理载体限制，支持多端同步与离线打印，学生可将错题集导出为 PDF 或 Word 文档，适配课堂笔记、家庭作业等多元场景。

更值得关注的是，夸克通过 AI 解题大师功能，实现错题的"深度解析→思维拓展→举一反三"，例如，针对一道几何证明题，系统会将其知识点拆解为"辅助线添加技巧""相似三角形判定"等子知识点，并推荐相关例题与视频讲解。这种智能化重构不仅提升了错题本的工具属性，还将其转化为动态生长的学习生态。

4.3.1　使用夸克记错题的操作指南

第一步：打开夸克首页，在首页选择"夸克学习"，如图 4-10 所示。

第二步：在夸克学习界面，选择年级，再选择错题本入口，如图 4-11 所示。

第三步：在错题本界面，选择拍照录入，

图 4-10　夸克学习入口

即可录入错题，错题本功能如图 4-12 所示。

图 4-11　错题本入口

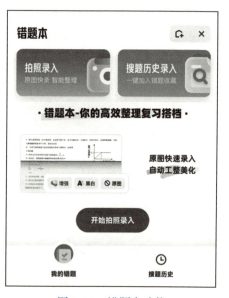

图 4-12　错题本功能

　　第四步：录入错题之后，可以选择这个题目的重要性，在笔记一栏记录自己错误的原因，在归类一栏选择错误来源，给错误类型打标签。错题本错题录入功能如图 4-13 所示。

　　第五步：在错题本界面，可以选择错题进行复习，若错题已经掌握，可点击"确认掌握"按钮。确认掌握功能如图 4-14 所示。

　　第六步：在错题本界面，可以清晰地看到已经录入的错题数量、已经掌握的错题数量、错题知识点的主要分布等，让学习者对自己的学习情况一目了然。错题情况总览如图 4-15 所示。

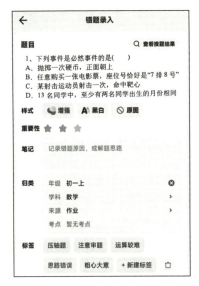

图 4-13　错题本错题录入功能

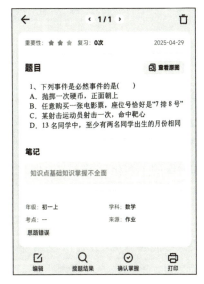

图 4-14　确认掌握功能

图 4-15　错题情况总览

4.3.2 使用夸克记错题的注意事项

(1) 规范录入信息格式

用户在使用夸克错题本录入题目时，务必保持文字清晰、完整。若采用拍照录入，需确保光线充足、角度端正，避免出现模糊、倾斜、遮挡等问题，防止 OCR 识别错误。对于公式、图形等特殊内容，可配合文字备注以辅助说明。同时，用户需详细标注错题所属学科、章节及错误原因，便于 AI 进行精准分类和后续的个性化学习方案的生成。

(2) 核实题目完整性

用户在录入错题时，需检查题目条件、问题及选项是否完整。若存在题目残缺，可能导致 AI 分析出现偏差，给出错误答案或无法准确判断知识点。对于简答题、论述题等主观题，除记录题目外，用户还应完整录入参考答案及自身作答内容，以便全面分析错误原因。

(3) 自主核查答案解析

虽然夸克能提供答案和解析，但用户不可完全依赖夸克的答案解析功能。对于复杂或关键知识点的错题，建议用户结合教材、其他权威资料或请教老师等方式，对答案进行二次核查，确保答案的准确性和解析的合理性，避免因 AI 误判接受错误的学习知识，影响学习效果。

4.3.3 使用夸克记错题的进阶技巧

使用夸克记错题的进阶技巧如图 4-16 所示。

图 4-16 使用夸克记错题的进阶技巧

（1）强化训练

面对高频错误知识点，夸克能快速检索并提供 3～5 道同类变式题，并通过变换题干条件、调整设问角度，帮助学习者加深理解。同时，夸克还会推送微课视频，以生动直观的方式讲解核心概念，帮助学习者攻克学习难点，提升知识运用能力。

（2）周期性提醒

学习者可以借助夸克绘制基于艾宾浩斯遗忘曲线的复习周期表，如 3 天、7 天或自定义间隔。并按照表格定期回顾错题，强化记忆。这能有效降低学习者因时间推移而遗忘知识的概率，让学习效果更持久。

（3）长期管理

经过一段时间的学习后，学习者可以借助夸克按月或季度对错题的错误类型进行统计分析。通过观察不同阶段错误分布的变化趋势，学习者能清晰地发现自身学习模式中的缺陷，如某类题型反复出错、特定时间段学习效率低下等情况，从而有针对性地调整学习策略。

5

使用夸克进行课堂学习

在数字化教育浪潮席卷而来的当下，从课堂课件重点的精准梳理，到网课学习的高效开展，再到学习效果的科学检测，夸克深度渗透了教学的全流程。它打破了传统学习模式的局限，既为教师提供智能教学工具，让课件制作、学情分析更高效，也为学生打造个性化学习平台，实现知识的自主建构与能力提升。无论是应对日常学习、各类考试还是学科竞赛，夸克都能凭借其独特优势，赋予师生新的能量，推动教育从经验驱动迈向数据与智能驱动的新时代，开启教育变革的全新篇章。

5.1 课件精华解构，精准重塑

整理课堂课件是针对教学大纲要求，围绕教学目标，将文字、图像、音频、视频等素材，按教学活动逻辑与界面设计规则，整合为有序课程软件的过程。课堂课件不仅要精准地呈现教学内容，还要融入合理的教学策略，像搭建知识大厦，把零散材料进行巧妙组合，辅助教师高效传递知识，助力学生清晰理解吸收，课堂课件是教学准备与知识留存的关键载体。

在传统方式下，教师多依赖个人经验与手动操作。在素材搜集时，免费资源的内容通常很匮乏、归类混乱、版本陈旧且充斥广告，筛选耗时费力。在制作 PPT 时，受软件功能与操作水平限制，教师想做出精美、交互性强的课件难度大、耗时长。同时，传统课件难以灵活重组、共享修改，缺乏对学生个性化需求的考量，学生在多数情况下只能被动接受，难以参与互动，导致课件使用效率低，易束之高阁。

夸克深度赋能课堂课件的整理过程。它凭借 AI 搜索功能，精准理解需求，快速汇聚全网优质素材，省去找资料的时间。AI 总结功能不仅支持导入长时课程视频，自动生成全文摘要、思维导图、分段总结，还能一键提取精美课件，图文并茂地展现要点，学生能自主梳理知识结构。夸克的海量模板可适配不同教学场景，经过简单编辑就能使用。另外，夸克支持多端同步，方便师生随时查阅、修改，让课件成为动态、开放且贴合教学实际的学习资源，极大提升了课件整理效率与质量。

5.1.1　使用夸克进行课件整理的操作指南

3.2 节已经详细介绍了如何使用夸克网盘下载网课的课件，本小节会为用户介绍如何使用夸克整理课堂课件。

第一步：打开夸克首页，点击"更多"并选择"文件总结"，如图 5-1 所示。

第二步：进入文件总结后，点击"上传文件"，选择夸克网盘如图 5-2 所示。

第三步：选择视频文件，可以选择已经上传至网盘的文件，我们选择需要整理的课件如图 5-3 所示。

图 5-1　文件总结

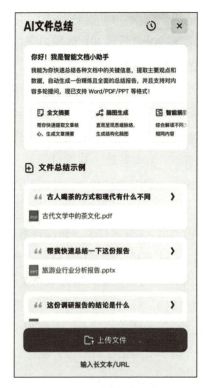

图 5-2　选择夸克网盘

图 5-3　选择需要整理的课件

第四步：点击上传，夸克会自动总结出该课件的重点。

夸克的输出结果如下：

这是一篇关于西方经济学考研科目的分析文章，主要介绍了西方经济学的基本概念、研究对象、理论体系以及考试相关内容。以下是对这些核心内容的简要概述：

1. 西方经济学的基本概念

❑ 经济学的定义：研究稀缺资源配置与利用的科学，涉及生产什么、如何生产、为谁生产等基本问题。

❑ 稀缺性：指相对于人类欲望的无限性，经济物品或资源的相对有限性。

❑ 经济主体：包括消费者、生产者和市场。

2. 微观经济学与宏观经济学

❑ 微观经济学：研究个体经济单位的行为，如家庭、企业和市场，重点是价格理论。

❑ 宏观经济学：研究整体经济的运行和政府的经济政策，中心理论是国民收入决定理论。

❑ 两者关系：微观经济学关注资源配置，宏观经济学关注资源利用；研究方法分别为个量分析和总量分析。

3. 现代西方经济学的演变

❑ 重商主义：流行于 15—17 世纪，强调财富来自流通领域，国家应干预经济。

❑ 古典经济学：以亚当·斯密和大卫·李嘉图为代表，主张自由竞争和市场自发调节。

❑ 新古典经济学：边际革命的产物，强调边际效用和均衡价格论。

❑ 凯恩斯革命：提出国家干预经济以解决有效需求不足，标志着宏观经济学产生。

❑ 新古典综合派：萨缪尔森将微观和宏观理论结合，形成现代经济学主流体系。

4. 经济学的基本假设与研究方法

❑ 经济人假设：经济主体是理性的，追求自身利益最大化。

❑ 研究方法：包括规范分析、实证分析、均衡分析、局部均衡分析和一般均衡分析。

5.需求与供给理论

❑ 需求：消费者在一定时期内愿意且能够购买的商品数量，受价格、收入、相关商品价格等因素影响。

❑ 供给：生产者在一定时期内愿意且能够提供的商品数量，受价格、成本、技术水平等因素影响。

❑ 均衡价格：市场需求量和供给量相等时的价格，由供求关系决定。

6.弹性理论

❑ 需求的价格弹性：需求量对价格变动的反应程度，分为弧弹性和点弹性。

❑ 供给的价格弹性：供给量对价格变动的反应程度，分为弧弹性和点弹性。

❑ 需求的交叉价格弹性：一种商品需求量对另一种商品价格变动的反应程度。

❑ 需求的收入弹性：需求量对收入变动的反应程度。

7.考试内容与题型

❑ 考试内容：包括西方经济学的基本概念、微观经济学、宏观经济学、需求与供给理论、弹性理论等。

❑ 题型：选择题、判断题、名词解释、简答题、计算题、论述题。

8.推荐教材

《西方经济学（上、下）》，高鸿业，第8版，中国人民大学出版社。

《西方经济学》，马克思主义理论研究和建设工程重点教材，第二版。

《经济学原理：微观经济学分册》，曼昆，第8版，北京大学出版社。

《微观经济学》，罗伯特·平狄克，第9版，中国人民大学出版社。

《微观经济学：现代观点》，哈尔·R范里安，第9版，格致出版社。

第五步：在对话框点击生成思维导图，夸克会自动生成思维导图，如图5-4所示。

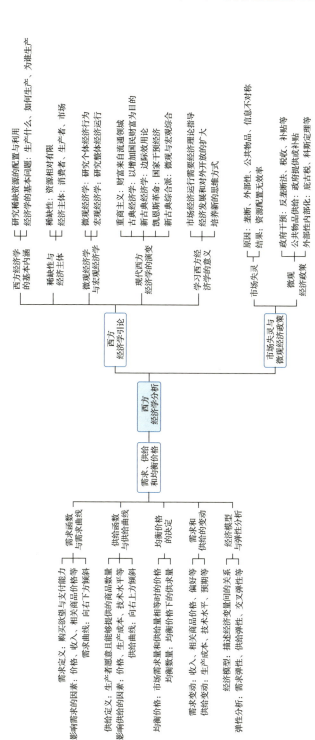

图 5-4　夸克自动生成思维导图

5.1.2　使用夸克进行课件整理的注意事项

合理运用拍照扫描，补充板书图表。对于复杂的板书、图表，手动绘制可能耗时费力。夸克的拍照扫描功能可以快速获取高清图像，并插入笔记中，比如数理化课程里的公式推导图、地理课的地图等。不过拍照时要注意光线充足，确保图像清晰，扫描后及时查看内容是否完整，对扫描结果不佳的图像要重新拍摄，同时将图片与文字笔记合理排版，以便理解。

及时回顾笔记，方便趁热打铁。课后应尽快打开夸克笔记，对照教材和记忆，补充课堂上因时间紧张而遗漏或模糊的内容，如语文课上对诗词赏析的要点，可能在上课时只记录了大概，需在课后详细完善。在回顾时，要集中注意力，认真思考每个知识点，确保笔记完整准确，这样能加深对知识的理解和记忆。

定期整理归纳，梳理知识脉络。在每周或每章节的学习结束后，对夸克笔记进行系统整理。通过将分散的知识点串联起来，绘制思维导图或知识框架图以辅助理解，如在生物课上学完细胞的相关章节后，整理细胞结构、功能、分裂等知识点的关系，把握知识整体结构，发现知识间的联系和规律。

分享交流笔记，拓宽学习视野。夸克支持笔记分享，可与其他人交流。分享自己的笔记能获得他人反馈，学习他人笔记可发现不同思路和重点，如在小组合作学习时，互相分享笔记，共同完善。同时，分享前需要检查笔记内容，确保内容准确、清晰且有价值，在交流时虚心接受建议，不断改进笔记。

5.1.3　使用夸克进行课件整理的进阶技巧

使用夸克进行课件整理的进阶技巧如图 5-5 所示。

巧用夸克搜题，为笔记补充解析。针对笔记里的难题、重点题目，使用夸克的搜题功能获取详细解答与思路分析。将这些内容补充到笔记中，如化学实验题的解题思路、生物遗传题的推导过程等。AI 搜题不仅能给出答案，还能围绕题目进行知识点拓展，丰富笔记内容，助力理解题目背后的知识逻辑。

善用语音速记，跟上讲课节奏。课堂上，老师的讲课速度快，手写笔记易遗漏内容。使用夸克的语音速记功能，能快速将老师的讲解转化为文字，不错过任何重要信息。例如，在文科课堂上，语音速记可一键记录老师对文章的长篇解读，可以在课后再整理。但要注意提前熟悉夸克语音速记操作，确保设备麦克风正常，且在安静环境下使用，避免杂音影响识别准确性。

1 AI 搜题
使用 AI 获取详细解答

2 知识拓展
围绕题目拓展知识点

3 语音速记
快速记录课堂讲解

4 笔记整理
整理和完善笔记

图 5-5 使用夸克进行课件整理的进阶技巧

5.2 课程资源繁杂，整合增效

学习网课内容是通过互联网平台，以视频、音频、图文等形式，获取知识和技能的过程。学习者足不出户就能接触到丰富多样的课程资源，涵盖学科知识、兴趣培养、职业技能等多个领域。学习者利用碎片化时间，自主安排学习进度，打破了时间和空间的限制，实现随时随地学习。

传统学习网课内容存在诸多劣势。其一，学习资源分散，学习者需在多个平台搜索课程，耗费大量时间精力；其二，缺乏个性化学习指导，统一的课程进度难以满足不同学生的学习节奏和需求；其三，互动性差，学生遇到问题无法及时得到解答，学习效果大打折扣；其四，缺乏学习效果追踪，难以准确评估学习成果，调整学习策略。

夸克进行学习网课内容的优势显著。它整合了海量优质网课资源，一站式满足学习需求，无须四处查找。借助智能算法，根据学生的学习情况和特点，定制专属学习计划，实现精准学习。同时，强大的互动功能支持实时答疑，学生可随时与老师、同学交流。此外，夸克可以智能追踪学习进度，生成详细的学习报告，帮助学生了解学习成果，及时优化学习方案。

5.2.1 使用夸克进行网课学习的操作指南

3.2 节已经详细介绍了如何使用夸克网盘进行课程学习录播，那么在这里会为用户介绍如何使用夸克学习在线视频课程。

第一步：打开夸克首页，点击"夸克学习"，再点击"同步课程"，夸克学习工具如图 5-6 所示。

第二步：在界面中选择相关课程，网课资源如图 5-7 所示。

图 5-6　夸克学习工具

图 5-7　网课资源

第三步：选择合适的课程，开始在线学习。在线学习网课如图 5-8 所示。

5.2.2 使用夸克进行网课学习的注意事项

（1）关注课程更新

网课内容可能随时间推移、学科发展而更新。在学习前，查看课程的最新更新时间，若课程较旧，其涵盖的知识或许存在滞后性，无法反映学科前沿动态或最新考试要求。对于知识迭代快的领域，例如计算机编程，更要留意课程时效性，以免学到过时内容。

（2）筛选课程质量

夸克上的网课资源众多，质量不一。在挑选网课时，查看课程评价、评分以及授课教师资质。优先选择评分高、好评多，且教师具有丰富教学经验或专业背景的课程。例如，在学习编程语言课程时，应选择有多年企业开发经验且在知名高校授课的教师的课程，这样，学习效果更有保障。

（3）合理使用倍速

在利用夸克浏览器的倍速功能观看网课时，要依据自身学习能力和课程内容难度选择合适的倍速。对于简单的复习类课程，可尝试 1.5 倍速甚至 2 倍速，以提高学习效率。但对于新知识讲解、复杂理论推导的课程，如高等数学的证明部分，过快的倍速可能导致跟不上节奏，遗漏关键信息，建议以正常速度或 1.25 倍速观看。

图 5-8　在线学习网课

5.2.3　使用夸克进行网课学习的进阶技巧

（1）助力职业资格考试

针对教师资格证、会计资格证等职业考试，夸克能提供考试大纲、备考经验分享。配合粉笔职教、对啊课堂等专业备考 App，在夸克获取的重点知识将在这些 App 的刷题、模拟考试功能中巩固。例如，在学习备考教师资格证的教育知识与能力科目时，可以依据夸克总结的重点，在粉笔职教刷题以强化记忆。

（2）赋能语言类考试

在备考雅思、托福等语言类考试时，利用夸克搜索相关考试资讯、真题解析及学习技巧。同时，结合英语流利说、扇贝单词等 App，通过夸克获取的学习方法，在这些 App 上针对性地练习口语、词汇等。例如，参考夸克给出的雅思口语话题思路，在英语流利说中进行模拟对话训练。

（3）结合笔记软件

在夸克上学习网课时，搭配印象笔记、OneNote 等笔记软件使用。利用夸克强大的搜索功能获取知识点，将重要内容快速粘贴到笔记软件中，并按学科、章节分类整理。例如，在学习历史网课时，把夸克上梳理的历史事件脉络粘贴到笔记软件，同时添加自己的理解与疑问，便于复习与回顾，构建完整的知识体系。

5.3 学习成效隐匿，检测显真

课堂学习效果检测是教师在教学过程中，针对当堂或近期课堂所授知识与技能，运用提问、随堂测验、小组任务展示等方式，对学生的学习情况进行即时评估。通过观察学生的课堂参与度、答题准确率、知识运用熟练度等，快速掌握学生对课堂内容的理解程度，及时发现教学过程中存在的问题，为后续调整课堂节奏、优化教学方法提供依据，确保教学目标的有效达成。

传统课堂学习效果检测存在明显不足。其一，检测手段有限，多依赖口头提问和简单的书面练习，难以精准衡量学生的知识掌握深度与综合应用能力；其二，反馈滞后，教师批改作业、试卷耗时较长，学生无法第一时间知晓学习漏洞，导致知识缺陷不能及时弥补；其三，缺乏个性化分析，统一的检测标准忽视了学生的个体差异，难以满足不同层次学生的学习需求，影响教学的针对性和有效性。

夸克开展课堂学习效果检测极具优势。它可根据课堂教学内容，快速生成多样化的随堂检测题目，涵盖选择、填空、案例分析等多种题型，适配不同知识类型的检测。借助 AI 技术，夸克能实现答题实时批改，生成可视化分析报告，清晰地呈现班级整体学习情况与学生个体薄弱点。同时，依据检测结果，夸克还能为学生智能推荐个性化巩固练习，为教师提供分层教学建议，有效提升课堂教学质量与学习效率。

5.3.1　使用夸克检测学习效果的操作指南

第一步：打开夸克首页，点击"夸克文件"，上传课堂课件，如图 5-9 所示。

图 5-9　上传课堂课件

第二步：在对话框输入以下提示词，如图 5-10 所示。

图 5-10　输入提示词

第三步：夸克会为用户生成相关练习题。

夸克的输出结果如下：

根据提供的文档内容，以下是一些基于文档内容的练习题：

一、选择题

1. 微观经济学主要研究哪些主体？

A. 消费者行为　　B. 生产者行为　　　C. 市场　　　　　　D. 以上都是

2. 下列哪项不属于微观经济学的章节体系？

A. 需求和供给　　　　　　　　　B. 消费者效用论

C. 生产函数与成本论　　　　　　D. 国际贸易理论

3. 微观经济学的考试题型不包括以下哪项？

A. 选择题　　　　B. 论述题　　　　C. 实验题　　　　D. 名词解释

二、判断题

1. 微观经济学主要研究消费者行为、生产者行为以及市场之间的关系。

2. 高鸿业的《西方经济学》教材逻辑体系更符合大众理解。

3. 微观经济学不涉及市场失灵和福利分析。

三、简答题

1. 简述微观经济学的研究对象。

2. 微观经济学的基本问题有哪些？

3. 请列举微观经济学的考试题型。

四、计算题

1. 某商品的需求函数为 $QD = 2400 - 400P$，求当 $P = 5$ 时的需求价格点弹性。

2. 某商品的供给函数为 $QS = -2000 + 1000P$，求当 $P = 3$ 时的供给价格点弹性。

五、论述题

1. 论述完全竞争市场与不完全竞争市场的区别。

2. 论述市场失灵的原因及其对经济的影响。

六、案例分析题

1. 分析"谷贱伤农"现象的原因及其经济学原理。

2. 分析政府实施最高限价和最低限价的经济影响。

这些练习题涵盖了文档中的主要知识点，包括微观经济学的研究对象、章节体系、考试题型、基本概念和计算题等。通过这些题目，可以帮助学生更好地理解和掌握微观经济学的核心内容。

第四步：用户在进行答题后，可以将答案上传夸克，夸克会迅速对题目进行判阅，用户也可以不断地向夸克提问相关的题目问题。

5.3.2 使用夸克检测学习效果的注意事项

（1）明确功能边界

夸克的课堂学习检测功能主要依托题库资源和 AI 算法实现，其核心价值在于辅助诊断学习薄弱点，而非完全替代教师的教学评估。例如，在数学公式推导类题目中，夸克能快速提供解题步骤，但对逻辑思维过程的深度解析仍需教师引导。

（2）培养独立思考能力

过度依赖夸克，容易弱化学生自身的独立思考与解题能力。因此，在进行课堂学习检测时，应先自主思考、尝试解题，实在遇到阻碍再借助夸克。利用其答案解析，复盘解题思路，分析自身思维漏洞，而非单纯地抄答案。将自主思考与工具辅助相结合，真正提升学习效果与知识掌握程度。

5.3.3 使用夸克检测学习效果的进阶技巧

（1）助力学科竞赛专项突破

针对数学、物理等学科竞赛，夸克强大的题库与解题资源可以提供响应助力。例如，筛选竞赛真题以进行检测；利用夸克解析功能学习高难度题型的解题技巧；结合竞赛辅导视频，分析命题规律；定期进行模拟检测；通过错题总结归纳竞赛考点，提升竞赛备战效率，竞赛准备漏斗如图 5-11 所示。

（2）进行个性化训练

AI 会模拟教师，分步骤讲解逻辑推理题（如数学证明、物理实验设计），并标注关键考点。用户可通过追问 AI "为什么选择此解法" 或 "是否有其他思路"，触发更深入的思维引导。针对相关问题，可以在搜索框输入相关内容，使夸克生成相关的个性化训练试题。

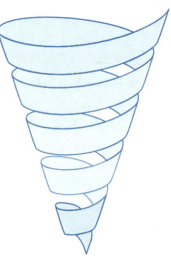

筛选真题
选择相关且具有挑战性的试题

学习解题技巧
使用夸克解析来理解解题方法

观看辅导视频
观看视频以补充学习

进行模拟检测
模拟竞赛环境以进行练习

总结错题
分析错误以识别弱点

图 5-11　竞赛准备漏斗

第6章 | CHAPTER

使用夸克辅导学习

在当今数字化学习的时代，高效、智能的学习工具对于提升学习效果至关重要。夸克作为一款功能强大的学习利器，为广大学习者提供了全方位、多元化的学习支持。本章将深入介绍如何使用夸克进行学习，帮助你充分挖掘其各项功能的潜力。

从拍照搜题到智能解题，从一键作业批改到英语作文自动批改，夸克凭借先进的技术，能随时随地为你解答疑难，秒出全解过程，高效解决作业困扰，让语法问题一扫而光。同时，它还是学习范文与积累写作素材的神器，能助力你提升写作能力。此外，AI 实时翻译功能让学英语、查单词变得更加轻松。接下来，我们将详细介绍各项功能的操作指南、注意事项以及进阶技巧，让你在学习道路上借助夸克轻松进步。

6.1　拍照搜题，随时随地解答疑难

做题是学习中的重要环节，不仅是对知识的巩固，还是对思维能力的锻炼。在解题过程中，需要根据题意选择合适的方法，运用公式和定理，通过逻辑推理解决问题。不断做题有助于提高解题技巧、应变能力和综合能力。然而，许多学生在遇到难题时常感到困惑，尤其是一些复杂题目，传统的教辅资料往往不能提供有效的帮助。

大多数传统的教辅资料只给出答案，缺少详细的解答过程，导致学生无法理解解题思路。部分教辅资料甚至存在错误或不准确的解答，误导学生掌握错误的知识点。更为严重的是，这些资料的内容往往是固定的，无法根据学生的不同需求进行调整，导致学习效果不佳。

夸克的拍照搜题功能提供了全新的解题方式。只需拍下题目，即可快速获得精准的解答和详细的解题过程。这种方式不仅提高了效率，还帮助学生理解了每个步骤的推理，避免仅记住答案而忽略过程的情况。此外，夸克还提供多种解法，帮助学生从不同角度理解问题，培养灵活运用知识的能力。通过这种智能辅助，学生能够高效、全面地提升解题能力。

6.1.1　使用夸克拍照搜题的操作指南

第一步：确定题目，我们以一道英语题目为例，原题如下。

With the help of my teacher, I（　　　）much progress in English since last year.

A. am making　　　B. will make　　　C. was making　　　D. have made

第二步：打开夸克首页，在首页选择"学习"模块，如图 6-1 所示。

第三步：在夸克学习的首页，选择"拍照搜题"功能，夸克学习首页如图 6-2 所示。

图 6-1　学习模块

图 6-2　夸克学习首页

第四步：将手机摄像头对准题目，夸克的相机给出了拍整页、拍单题、拍教辅、录错题 4 个选项。在拍单题中，可以选择极速拍题和深度解题，其中深度解题适用于难度大、逻辑复杂的题目。对于大多数题目，选择默认的极速拍题即可，如图 6-3 所示。

第五步：夸克会给出题目参考答案，如图 6-4 所示。

图 6-3　极速拍题

> **⦿ 答案**
> *am making*正在取得，用于现在进行时；*will make*会取得，用于一般将来时；*was making*过去正在取得，用于过去进行时；*have made*，用于现在完成时。根据 *since last year*(自从去年)可知，需要用现在完成时，表示从过去某个时间点(去年)开始，一直持续到现在的动作或状态。*have made*表示已经取得，符合题意。其他选项的时态不符合题意。故选：*D*。

图 6-4　夸克给出的参考答案

6.1.2　使用夸克拍照搜题的注意事项

虽然夸克的拍照搜题功能可以有效地提升学生解题的效率和准确度，但在使用过程中，仍然需要注意一些细节，避免出现错误的解答。

❑ 确保拍摄的图片是清晰且无遮挡的。模糊、有遮挡或低质量的图片会影响图像识别的准确性，导致解答错误或不完整。特别是对于复杂的公式和较长的题目，需要保证文字和数字清晰可见。

❑ 在拍照时，请确保题目完整呈现，尤其是对于包含已知条件、图表或其他附加信息的题目，否则可能会出现部分信息省略导致解答不准确的情况。

❑ 对于某些多步骤、多条件的题目，如果夸克未能准确识别或理解题目，那么建议尝试分解题目要求。例如，将题目的第一问、第二问分别拍摄，或是拍完后截取题目的一部分，并通过相册提交给夸克。

❑ 虽然夸克提供了详细的解题过程，但用户在使用时仍须仔细检查每一步的推理和计算，确保理解了解题答案的背后逻辑。尤其是对于每一步的公式应用、计算步骤，都应做到理解、领会，而不仅仅是简单地照搬答案。

❑ 在面对有多个解法的题目时，夸克可能会提供不同的解法路径，建议用户根据自己的理解选择最合适的解法，同时也可以学习其他解法的思路和技巧，丰富解题方法库。

遵循以上注意事项，我们可以更好地利用夸克的拍照搜题功能，它不仅能够提高解题效率，还能有效地促进思维能力的提升。记住，AI 是学习的辅助工具，最重要的还是要培养自主解题的能力，做到"知其然，知其所以然"。

6.1.3 使用夸克拍照搜题的进阶技巧

使用夸克拍照搜题有六大进阶技巧，如图 6-5 所示。

图 6-5 使用夸克拍照搜题的六大进阶技巧

（1）拍摄错题

不要只在遇到不会做的题时才拍照，可以在做错题、易混题时也拍一张，进而建立个人拍照错题库，该错题库用来保存 AI 的详细解答过程，便于日后回顾、强化记忆。同时，每次回看时，可以对比自己的原始思路与 AI 提供的标准思路，找出差距。

（2）分析解答步骤

夸克的拍照搜题功能给出的答案通常配有详解，更加进阶的用法是逐步核对，即把解题过程拆成步骤，逐一思考每一步"为什么这么做"，不是跳过推理、只看结论，而是训练自己跟上 AI 的逻辑节奏。建议每看完一道 AI 解答，便尝试复述整个过程，并总结"到底用了哪些知识点""有没有更快的解法"。

（3）识别题型

拍照搜题不只是为了解当前这一题，还可以做题型观察。多拍几道类似的题目，观察 AI 处理不同题型变化的方式，就会发现题目中的哪些套路是共通的、哪些误区是反复触碰的。同时，建议对于同一知识点，每天学习几道变形题目，记录 AI 解法中的共同逻辑，总结解题模板。

（4）独立解决问题

在进阶阶段，用户要学会"用 AI 验证思路"，而不是"用 AI 代替思路"。用户可以先独立完成一道题，再用拍照搜题核对，进而对比自己的解法和 AI 的解法的区别，比如自己的解法是否更简洁、是否有思维误区等，这样能更有效地提升分析与判断能力。因此，建议用户自行设置"先做后拍"规则，避免过度依赖 AI，保持主动学习状态。

（5）比较解答方法

夸克常会提供不同的解题思路，在使用过程中，不要只看第一个解法，而应比较多个解法，挑选最容易理解、最适合自己的解法，并将其作为未来类似题目的首选解法。因此，建议对一道题尝试总结"最短路径解法""最稳妥解法""另类思路解法"，并分析各自的适用场景。

（6）定期回顾

建议每隔一段时间，如每隔一周或半个月，将在这期间拍照搜题的题目重新、独立地做一遍。这既是对 AI 学习结果的检验，也是查漏补缺，进一步内化解题方法。因此，建议制作拍照回顾计划，比如设置"错题回刷日"，在这一天重新完成拍过的难题。

拍照搜题不是终点，而是起点。真正的高手，会用它打开思维、精进方法、沉淀经验，最终形成属于自己的解题体系。

6.2 智能解题，秒出全解过程

对大多数学生来说，做题远不只是写下正确答案那么简单，而是一次对思维、知识与方法的综合训练。从审题、选择方法，到逻辑推导和结果验证，每一步都在锻炼逻辑能力、归纳能力与解题能力。正如老师们常说的："题做多了，思路就开了。"

然而在现实中，很多学生常遇到这样的困扰：一道题，认真思考却做不出来，看参考答案却只见结果不见过程，甚至有的答案本身就有误。这不仅无法帮助学生掌握解题方法，还可能让他们养成错误习惯。更重要的是，传统教辅内容是固定的，无法因材施教。学得快的学生可能觉得枯燥，学得慢的学生又觉得很吃力，容易陷入"题不会做、答案看不懂、思路跟不上"的困境。

夸克的解题功能提供了一种高效、灵活的学习方式。它不仅能给出答案，更能详细地讲解解题思路、分析每一步的逻辑与知识点。对于复杂题目，AI 还会提供多种解法，帮助学生对比理解、灵活运用。这就像有一位私人老师，随时陪伴在侧，真正做到因材施教，帮助每个学生建立清晰的解题路径，提升学习效率与思维能力。

6.2.1　使用夸克智能解题的操作指南

第一步：确定题目，我们以一道复杂的数学大题为例，如图 6-6 所示。

> 在平面直角坐标系 xOy 中，已知抛物线 $y=ax^2-2a^2x(a \neq 0)$。
> （1）当 $a=1$ 时，求抛物线的顶点坐标；
> （2）已知 $M(x_1,\ y_1)$ 和 $N(x_2,\ y_2)$ 是抛物线上的两点　若对于 $x_1=3a$，$3 \leq x_2 \leq 4$，都有 $y_1 < y_2$，求 a 的取值范围。

图 6-6　数学大题示例

第二步：在"夸克学习"首页，选择"AI 解题大师"功能，并将手机摄像头对准题目，夸克在识别题目后，会进行深度思考，深度思考解题如图 6-7 所示。

第三步：夸克会给出题目答案，如图 6-8 所示。

6.2.2　使用夸克智能解题的注意事项

夸克的拍照解题功能能快速给出完整的解题过程，为了帮助学生更好地理解与掌握知识，以下是需要关注的几个要点。

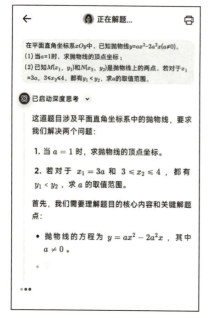

图 6-7　深度思考解题

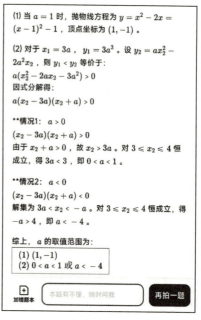

图 6-8　夸克给出的题目答案

（1）拆解大题，逐步攻克

很多数学、物理类的大题通常包括多个子问题，每个子问题都可能有不同的解题策略。在使用夸克解答这些大题时，可以将大题拆解为多个小题，再进行逐个分析和解答。拍照时，可以将题目中的每个部分分开处理，逐步获得每个子问题的解答，而不是一味地求解整个题目的最终答案。通过拆解大题，可以清晰地看到每个小问题的解决思路，避免在面对复杂题目时感到迷茫。同时，将题目分解后，夸克处理单个小题时的信息量更少，思维负担也会减轻，从而提高解题效率。另外，当题目涉及多个知识点时，拆解题目可以更有针对性地复习每个部分的解题技巧，避免遗漏某些关键步骤。例如，在解一道含有多重推理或需要多步计算的物理大题时，可以首先解答第一部分问题，再继续解答第二部分问题，逐步运用前一步的结论。在使用 AI 时，不妨在系统解答每一部分后暂停，检查解题过程的每个步骤，确保每个小问题都得到了清晰、正确的解答。

（2）关注 AI 给出的解题步骤

虽然 AI 能迅速提供完整的解答过程，但要养成一个习惯：不要只看结果，还要分析每个解题步骤的逻辑。AI 的解题过程不仅是最终答案的展示，还包含关键知识点和推理的阐释。如果只关注答案而忽略了推理过程，那么可能会错失理解该题型背后知识点的机会。

（3）适当调整解法

在解题时，AI 可能会提供一种标准的解法，但题目的解法有时并不是唯一的，我们应学会思考是否有其他更快捷或更适合自己理解的解法。在解答过程中，不断尝试不同的方法，看看哪些方法更适合自己、更能加深对知识的理解。

（4）留意易错步骤和陷阱

AI 的解答过程虽然是正确的，但对于一些复杂或多步骤的题目，它可能会漏掉一些细节。因此，在看到 AI 的解题步骤后，要特别留意自己容易犯的错误。AI 虽然可以提醒某些可能被忽略的小细节，如单位换算、符号错误等问题，但最终的细致检查仍需依靠学生的自我审查。

（5）加强对公式和定理的理解

很多难题的解决依赖公式和定理的运用，因此在使用 AI 时，要避免仅仅记住公式的应用，而忽视对公式背后原理的理解，要理解每个公式为何在该步骤使用及其如何帮助解题等。

（6）持续复习和反思

AI 提供的解题步骤可以作为学习的参考，但对于每一道难题，应在完成解答后，进行一次总结和反思：自己做得如何？哪些地方可以改进？ AI 的解答是否有遗漏或优化空间？这种反思将帮助学生加深对解题技巧的掌握，并在以后的解题过程中避免重复犯错。

6.2.3　使用夸克智能解题的进阶技巧

在初高中的数学与物理考试试卷中，最后一道题——压轴题常被称为"神题"或"杀分题"。它们不仅考查知识广度，更挑战逻辑思维与创新能力。借助夸克，可以将"看懂题"升级为"学会解"，再进阶到"掌握思维模型"。以下五大进阶技巧可以帮助学生在使用 AI 解题时更高效地突破重难点，如图 6-9 所示。

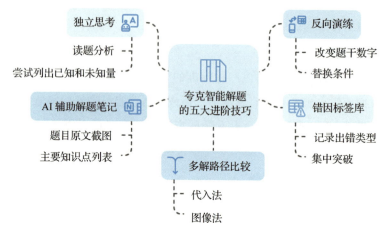

图 6-9　夸克智能解题的五大进阶技巧

（1）先独立思考，再用 AI 验证思路

很多学生使用拍照解题功能一秒输出答案，但解题能力却没有提升，核心原因在于"直接套解法"而非"建立自己的思路"。正确的做法是，先强迫自己读题、分析、尝试列出已知和未知量，哪怕只写出第一步，然后用 AI 获取完整的解题过程，逐步核对"自己的起点是否正确""中间的推理是否完整""是否遗漏了某个关键条件"等内容。这种方式不仅保留了"主动思考"的学习环节，还通过 AI 实现了即时纠错与反馈，是提高建模与审题能力的有效手段。

（2）将 AI 解法"反向演练"成新题

AI 之所以强大，原因不仅在于提供了标准解答，更在于提供了可复用的解题逻辑模板。在看懂题后，可以尝试反向设计类似题目，如改变题干数字、替换条件、简化或加深设问层次，再交由 AI 解题，以验证新题是否逻辑通顺、是否还能得出原来的思路。这种"反向演练法"有两个好处，一是加深了对原题结构的理解，二是逐步建立起自己的"题型编辑力"，可以为将来应对创新题和新题型打下基础。

（3）建立错因标签库，反复击破易错点

AI 提供了解法，但错题才是真正的"进步触发器"。在解压轴题的过程

中，很多学生会卡在某个公式、某个量纲判断、某个函数特性，屡试屡错。这时，建议建立个人的错因标签库，即在每次出错时，记录出错类型，如"公式选错""函数单调性判断错误""单位换算失误"等，并通过 AI 再次查找该类型的题，集中突破。例如，如果学生在一道高考物理压轴题中，混淆了电场力和重力，那么可以用 AI 搜索"电场力与重力的综合题"，刷一批变式题，并逐一分析。这种"针对性刷题+错因对照"远比盲目做题效果好。

（4）逐题建立 AI 辅助解题笔记

很多学生习惯用 AI 解完题后就关闭界面，错失了最宝贵的内容——完整、结构化的解题过程。因此，建议每解完一道压轴题，就整理出一页 AI 辅助解题笔记，包含以下内容：题目原文截图；主要知识点列表；关键步骤标记；AI 讲解中最精彩或意想不到的解法；个人反思，包括错在哪里、哪里学到了新技巧等。这样做的好处在于，能够将 AI 解题的即时效用转化为长期知识沉淀，当这些笔记积累到一定量之后，就是个人压轴题专属题库，是在期末、竞赛和高考前最有价值的复盘资料。

（5）学会比较多解路径，建立多维思维模型

AI 工具的强大之处不仅在于能秒出一个解，还在于能给出多种解法。在面对压轴题时，不同老师、不同教辅可能会提供不同的解题思路，此时，AI 的多解能力可以成为"思维比较器"。例如，对于一道函数压轴题，AI 可能同时提供代入法、图像法、定义域分类法三种不同的解法。你可以将三种解法并排分析，如分析哪个最快、哪个最通用、哪个最容易出错等。这类思维对比训练极为宝贵，它不仅能提升你对知识的掌控力，还能帮你建立针对复杂题型的多维思维系统。

通过以上五大进阶技巧的系统训练，AI 解题就不再是简单地搜答案，而是成为深度掌握题型、提升综合能力、突破众多难题的超级助手。因此，请记住 AI 是工具，思维是核心。善用 AI，才能对于压轴题稳操胜券。

6.3　一键批改作业，高效解决作业困扰

写作业不仅是巩固知识的手段，也是学习过程中的关键环节。批改作业能

够帮助发现问题，调整教学计划，是学习闭环中不可缺少的一部分。然而，在传统的批改方式下，教师须面对大量作业，尤其是语文、英语和数学的主观题，不仅耗时，还容易出错或漏改。有时，学生无法及时获得反馈，错题也没有得到有效巩固和提升。而学生自改作业的方式虽然节省时间，但存在不对过程、答案过于简略，甚至机械抄答案等问题，这会影响学习效果。

为了解决这些问题，夸克推出了一键作业批改功能。通过拍摄清晰的作业照片，可以快速识别题目内容并进行批改。在几秒钟内，可以看到清晰的结果页面，标出对错，且 AI 会判断答题内容是否完整、推理是否合理，特别是在数学和语文主观题中，它会结合答案特征进行判断。AI 还能识别图形、符号、表格等细节，避免了在传统批改方式中忽略的细节。

这项功能适合学生自查作业，也可以在考试复习时提高效率。通过一键拍照与快速批改，节省了大量时间，学生可以集中精力在错因分析和方法总结上，而不是烦琐地对照答案和修改错误。对教师来说，这项功能也能帮助他们更快地了解学生的学习状况，发现共性问题，从而优化教学方法。

6.3.1　使用夸克一键批改作业的操作指南

第一步：自行完成作业任务，我们以 7 道小学数学计算题为例，如图 6-10 所示。

第二步：在夸克首页，点击搜索框右侧的相机按钮，如图 6-11 所示。

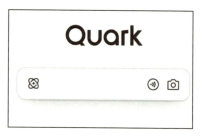

第一题：12+7 = 19
第二题：5×6 = 35
第三题：18÷3 = 6
第四题：14-9 = 4
第五题：9×8 = 72
第六题：25÷5 = 6
第七题：7+15 = 22

图 6-10　小学数学计算题示例　　　　图 6-11　搜索框

第三步：在其中选择批改。这里有全科批改和口算批改两个选项。一般选择全科批改即可，如图 6-12 所示。

第四步：夸克会给出作业的批改结果，如图 6-13 所示。

　　图 6-12　选择全科批改　　　　图 6-13　夸克给出的作业批改结果

6.3.2　使用夸克一键批改作业的注意事项

使用 AI 批改作业虽然能大大提高效率，但也有一些注意事项需要考虑。

第一，可能存在因识别错误或解题思路的多样性而产生的误判。因此，学生或教师在使用 AI 批改时，需对批改结果进行复核。不要过度依赖 AI 批改，忽视主动思考和理解错误的机会。AI 批改功能只提供了反馈的工具，学生应在 AI 的帮助下总结和改进学习思路，而不是依赖它来代替学习过程中的自我反思。

第二，AI 批改工具应作为课堂教学的辅助工具，而不是完全替代品。教师可以根据 AI 批改的结果，为学生提供更具针对性的辅导，弥补 AI 批改中可能出现的遗漏。AI 批改的数据可以帮助教师了解学生的共性问题，进而调整课堂内容和教学方法，使教学更加个性化和有针对性。

6.4　英语作文自动批改，语法问题一扫光

写英语作文不仅可以提升英语表达能力，还能巩固词汇、语法和句式的应用。特别是在小升初和初中英语考试中，作文几乎是必考项目，能否写好作文直接影响成绩。然而，英语作文的批改要求较高，教师的精力有限，难以为每个学生提供详细的反馈。英语作文不像选择题有标准答案，而是更加注重灵活表达，这就对批改提出了更高的要求。

在批改英语作文时，教师不仅要检查语法是否正确，还要判断句式是否地道，表达是否流畅。这个过程既需要扎实的语言功底，又需要耐心和大量的时间。由于作文通常是开放性题目，因此在批改时无法一目了然地判断对错，往往需要逐句分析。在批改大量作业的压力下，教师可能会忽略一些小错误，如时态错误或拼写问题。如果这些错误未得到及时指出，那么学生可能会反复地犯同样的错误。同时，手动批改还需要用红笔标记错误并写出建议，这种方式不仅劳动强度大，而且对教师的精力要求高。此外，学生在收到批改后的作文时，往往只看到红圈和对错，缺乏对错误原因的深刻理解，导致"改了等于没改"，下次仍然容易犯相同的错误。

为了解决这些问题，夸克推出了 AI 批改工具，只需将写好的作文输入或拍照上传，AI 即可在几秒钟内完成全文批改。AI 可以自动检查作文中的语法错误，如时态错误、拼写错误、句式结构不完整等问题，还会分析标点、词语搭配和句子冗余等细节问题。在输出的批改结果中，AI 不仅会标明错误，还会解释错误原因，提出改正建议。例如，AI 会发现" He go to school every day"中的动词错误，并提示" go 应为 goes（第三人称单数）"，从而帮助学生理解错误并避免再次犯错。

对于准备英语考试的学生来说，AI 批改提供了即时反馈，帮助学生在写作后立刻纠正错误，提高写作效率和学习主动性。对于教师来说，AI 批改可以起到智能助教的作用，减轻批改工作的负担。教师可以借助 AI 批改结果进行二次判断，并把更多精力放在学生的内容思路、结构逻辑等更高层次的写作指导上。

6.4.1 使用夸克批改英语作文的操作指南

第一步：准备待批改的英语作文，我们以下面这篇作文为例。

Last weekend, I very busy. On Saturday morning, I get up at 7 o'clock. Then I go to the supermarket with my mother buy some vegetables. After that, I start to do my homework, but I feel very boring, so I stop to watch TV.

On Sunday, I planned to visit my grandparents, but because the weather was rain, I had to stay at home. I play computer games all day. Although I know it's not good for my eyes, but I couldn't stop.

Looking back on this weekend, I think I didn't use my time very good. I should have do more meaningful things.

第二步：在夸克首页的搜索框中输入提示词，提示词范例如图 6-14 所示。

请帮我批改这篇英语作文
Last weekend, I very busy. On Saturday morning, I get up at 7 o'clock. Then I go to the supermarket with my mother buy some vegetables. After that, I start to do my homework, but I feel very boring, so I stop to watch TV.
On Sunday, I planned to visit my grandparents, but because the weather was rain, I had to stay at home. I play computer games all day. Although I know it's not good for my eyes, but I couldn't stop.
Looking back on this weekend, I think I didn't use my time very good. I should have do more meaningful things.

深度搜索

图 6-14　提示词范例

第三步：夸克会给出批改结果，如图 6-15 所示。

AI写作

以下是根据你的要求对这篇英语作文进行的批改:

Last Weekend

Last weekend, I **was** very busy. On Saturday morning, I **got** up at 7 o'clock. Then I **went** to the supermarket with my mother **to** buy some vegetables. After that, I started to do my homework, but I felt very **bored**, so I stopped **and watched** TV.

On Sunday, I planned to visit my grandparents, but because the weather **was rainy**, I had to stay at home. I **played** computer games all day. Although I know it's not good for my eyes, **I couldn't** stop.

Looking back on this weekend, I think I didn't use my time very **well**. I should have **done** more meaningful things.

图 6-15　夸克给出的批改结果

夸克给出的相关批改说明如下：

1. 时态一致性问题

原文全篇使用过去时，但多处动词未正确地使用过去式（如"get up"应为"got up"，"play"应为"played"）。已统一修正。

2. 语法结构问题

"I very busy."需添加系动词，改为"I was very busy."。

"with my mother buy"逻辑不通，应改为"with my mother to buy"，表示目的。

在"feel boring"中，boring 修饰事物，改为"bored"（人感到无聊）。

"stop to watch TV"意为停下当前的事去做另一件事，但原文想表达放弃作业去看电视，改为"stopped doing my homework and watched TV"。

3. 逻辑连贯性调整

"planned to visit"改为"had planned"更符合过去完成时的语境。

"because the weather was rain"中，rain 是名词，需改为"because it was raining"或"the weather was rainy"。

最后一段"I couldn't stop."与上文重复，改为"I couldn't help playing."更自然。

4. 用词优化建议

在"use my time very good"中，good 是形容词，修饰动词 use 需用副词 well。

"should have do"改为"should have done"，符合虚拟语气结构。

5. 整体建议

增加细节描写（如买了什么蔬菜、作业具体内容等），使文章更生动。结尾可加入反思后的改进计划，提升立意（如计划下周多参加户外活动等）。注意标点符号（如时间用"7:00"更规范、冒号缺失可能影响理解）。

希望以上批改对你有帮助！

6.4.2　使用夸克批改英语作文的注意事项

（1）明确年级和英语水平

在提交作文时，可以明确告知夸克自己当前所属的年级，以及对个人英语水平的自我评估。比如，你是英语基础较弱还是已经具备一定的词汇量和语法知识。此外，如果能提供具体的英语能力评估，比如词汇量、语法掌握程度等信息，将有效地帮助夸克调整批改的难度和重点。比如，小学阶段的学生可能更注重基础语法和词汇运用，而初中和高中的学生可能需要更多关注作文结构、表达的逻辑性以及复杂句式的使用。

（2）作文要求和重点检查项

不同的作文有不同的要求。如果提交的作文是考试题目或课堂作业，那么可能会有特定的评分标准或目标。在这种情况下，需要明确告诉夸克作文的要求，比如是否要突出某个主题、是否要求使用复杂句式、是否需要一些学术词汇等信息，这样夸克可以根据这些要求来批改，并提供改进建议。比如，有些学生可能想提升语法的准确性，而另一些学生可能想在作文中展现更丰富的词汇和更多样化的句式结构。在这种情况下，夸克会重点关注作文的结构合理性、语法规范性和表达清晰性。

（3）练习类型和目标

如果有特定的写作目标，那么需要明确告知夸克具体需求，比如，提升句式多样性、增加语法准确性，或者在文章中运用更多的地道词汇等。夸克可以根据这些目标提供有针对性的批改和反馈。如果希望通过作文练习提高某一方面的能力，比如，时态使用的准确性、定语从句的运用、复杂句型的练习等，那么夸克会在批改时特别关注这些方面，并给出具体的修改建议。这样，学生不仅能改正作文中的错误，还能学到如何在以后的写作中避免类似问题。

（4）反馈风格

每个学生对反馈的需求和偏好不同。有些学生喜欢逐句讲解，借此理解每一个错误的原因，而另一些学生可能喜欢简洁的概括性建议。为了确保反馈对学生自身最有帮助，用户可以告诉夸克偏好的反馈方式。比如，是希望夸克指出错误并提供解释，还是更倾向于看到作文的整体评价并获得改善的方向。此外，如果希望在逻辑性、词汇丰富性等方面获得更详细的建议，也需要特别说明，这样夸克会提供个性化的需求调整。

（5）额外练习和材料

如果用户希望获得更多的英语写作练习题、特定的作文题目或者用于提升写作水平的材料，那么夸克可以提供适合用户当前水平的作文题目或者辅助练习。这能帮助用户在实际写作中进一步掌握技能，提升作文的流利度和准确性。

6.5 学习范文与写作素材积累神器

在语文学习中，写作一直是让许多学生既期待又头疼的任务。尽管学生希望写出语言优美、内容丰富的作文，但动笔时却常常发现词不达意、思路混乱，不知道从哪儿开始写，也不知道该如何让内容更生动有趣。因此，要提高写作水平，积累素材和学习范文是关键。一方面，没有好的素材很难写出深刻且有文采的作文；另一方面，学习范文能帮助了解不同文体的写法、好句子的使用方式及文章结构，从中汲取灵感，提升写作能力。

然而，传统学习方式的写作训练效率较低。教师的写作讲解时间有限，在课堂上只能粗略分析一到两篇范文，缺少逐句指导。比如，虽然许多教师每周都布置作文，但很少有足够的时间进行深入的语言和构思分析，学生写完后也没有时间进行有效的交流和点评。同时，市面上的作文教辅资料包含的一些经典范文常常内容老旧且重复，在面对不断变化的考试要求时，教辅范文与考试题目不匹配，学生难以灵活应用。此外，传统素材积累方式需要学生花大量时间手抄摘录，内容零散且难以整理，学生在需要时也难以有效使用这些素材。

为了提高写作效率，夸克提供了全新的解决方案。它拥有作文范文库和写作素材推荐系统，帮助学生高效积累素材、学习优秀范文、拓宽表达思路。学生只需在搜索栏中输入作文主题或关键词，如"我的家乡"或"成长的烦恼"，AI 就会快速推荐大量优质范文，包括经典高分作文、名家片段等优秀内容。

6.5.1 使用夸克作文的操作指南

第一步：打开夸克，在搜索框中输入"夸克作文"，即可打开夸克作文栏目。在夸克作文中，可以选择年级，夸克会个性化地推荐相关的范文及素材。夸克作文有如下几个主要模块：学范文、选素材、高考真题、单元作文、收藏夹、主编每日推荐。夸克作文首页如图 6-16 所示。

第二步：打开"学范文"模块，可以看到夸克作文的文章范例。在下方可以对作文库的范围进行选择，包括年级、字数、文体。其中，年级包括小学、一年级、二年级、三年级、四年级、五年级、六年级，初中、七年级、八年级、九年级、中考，高中、高一、高二、高三、高考。字数从 100 字至 1200 字以上不等。文体包括记叙文、议论文、说明文、应用文、读 / 观后感、演讲稿、申请书、日 / 周记、书信、叙事、诗歌、状物、散文、写景、想象、游记等。学范文界面如图 6-17 所示。

图 6-16　夸克作文首页

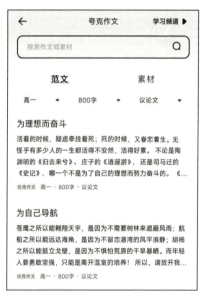

图 6-17　学范文界面

第三步：打开"选素材"模块，可以在搜索框中搜索相关素材。在所有类型中，可以分类检索哲理故事、名言警句、历史典故、优美段落、名人故事、时事新闻。在所有主题中，可以按照主题类别检索相关素材，包括传统文化与节日、成长 / 成功、美德、学习、时间、战争与和平、环境与自然、情感、友谊、爱国、诚信、理想、机遇与挑战、励志、亲情、青春、感恩、家乡、人物、英雄等素材。选素材界面如图 6-18 所示。

第四步：打开"高考真题"模块，可以检索各个省份的历年高考真题。点击对应内容，夸克会给出题目答案。作文高考真题界面如图 6-19 所示。

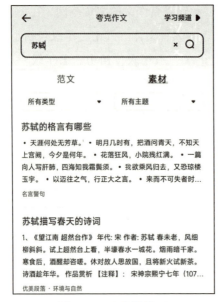

图 6-18　选素材界面

图 6-19　作文高考真题界面

　　第五步：打开"单元作文"模块，可以检索各个版本教材的各单元作文，并附有精选范文和精选素材。单元作文界面如图 6-20 所示。

图 6-20　单元作文界面

6.5.2　使用夸克作文的进阶技巧

使用夸克作文的进阶技巧如图 6-21 所示。

收集相关
素材和范文

学习范文的
组织和表达

模拟考试场景
以提高技能

使用关键词和
主题来激发想法

使用反馈
来改进写作

图 6-21　使用夸克作文的进阶技巧

（1）收集相关素材和范文

夸克作文可以提供大量的素材和范文。学习者可以根据作文主题，寻找相关的句子、段落和表达方式。例如，查找关于"成长""友情"或"梦想"等常见作文题材的范文和素材。尤其是高考作文常见的主题，通过夸克作文提前积累素材，可以在考试时迅速获取写作灵感。因此，建议尝试每天阅读一篇范文，并标记其中的优美词句或表达方式，逐步积累和内化。在写作时，尽量将这些积累的内容融入文章中，使写作更加有深度和层次。

（2）学习范文的组织和表达

夸克作文不仅提供素材，还帮助分析范文的结构和表达方式。通过学习范文的写作结构，比如引言、主体段落和结尾的布局，学习者可以更清楚地了解如何组织自己的文章。对于不同类型的作文，夸克作文还会提供不同的写作技巧和常用句型，这能帮助学习者灵活应对各种题材。比如，在撰写议论文时，可以参考范文是如何在引言中引出话题和构建论证的，并模仿这种结构来提高写作的条理性。

（3）模拟考试场景以提高技能

夸克作文中的高考作文题目库可以帮助学习者有效提升高考作文水平。学习者可以通过夸克作文进行模拟练习，写完后对照范文或作文评分标准来自我评估作文水平。同时，夸克作文还可以给出写作建议，帮助改进写作技巧。因此，建议定期练习高考作文题目，并设定时间限制，模拟真实考试情境。写作完成后，查看夸克作文提供的范文或评分标准，找出不足。

（4）使用关键词和主题来激发想法

针对开放式题目的思路难以展开等情况，学习者可以利用夸克作文中的题目推荐功能，输入一些关键词或作文主题，夸克会推荐相关题目，帮助启发思路。此外，夸克作文还可以根据需求推荐一些相关范文，帮助更好地构思文章。因此，建议在面临写作瓶颈时，使用夸克作文的题目推荐和灵感生成功能，尝试从不同的角度来审视题目，帮助打开写作思路。

（5）使用反馈来改进写作

针对作文修改的场景，夸克的作文批改功能可以帮助检查语法错误、拼写错误、句式错误等问题。通过批改反馈，可以了解在写作中常犯的错误，避免再次出现。因此，建议在每写完一篇作文后，先用夸克作文批改工具进行自我检查，纠正错误和不自然的表述。通过不断修正，逐步提高写作水平。

6.6 AI 实时翻译，学英语、查单词更轻松

在英语学习中，翻译、查词和理解文章是常遇到的挑战。传统学习方式在查词和翻译方面存在不少弊端。许多学习者会翻阅纸质词典或使用网络词典，但查找效率低下。当遇到长句或整段文章时，传统工具往往只能查找单个单词，理解起来十分吃力。在翻译方面，许多学习者依赖课外工具书或翻译网站，翻译结果常常不准确，语序混乱，甚至出现词不达意的情况，影响了学习者对文章的理解。对于初中生、小学生而言，缺乏足够的语法知识很容易产生误解。在背单词时也面临另一个问题——容易记住单词的意思，却记不住如何使用。

针对这些问题，夸克提供了智能化的解决方案，帮助高效查词、翻译文章，提升英语学习效率。通过夸克，可以实时翻译和智能查词。只需复制、粘贴、拍照或输入要翻译的内容，夸克会快速给出精准的翻译结果，保证句子结构通顺、语法清晰，避免乱序或用词不当。对于准备英语考试的学习者，可以使用夸克辅助翻译和句子拆解，有效节省查词时间，加深对语法结构的掌握，提升考试解题能力。

6.6.1　使用夸克实时翻译的操作指南

第一步：确定要翻译的内容，我们以一篇短文为例，原文如下。

For high school students, time is a precious resource. Balancing study, extracurricular activities, and personal life can be challenging. Effective time management is the key to success. First, create a daily schedule. Set specific time slots for different tasks, including breaks. This helps avoid procrastination and ensures that all important things are covered. Second, prioritize your work. Identify urgent and important tasks and complete them first. Good time management not only improves academic performance but also reduces stress. When everything is organized, you'll find more time for hobbies and relaxation. Remember, mastering time management is a skill that will benefit you throughout your life.

第二步：在夸克首页，点击右侧的相机按钮。

第三步：在其中选择"翻译"，如图 6-22 所示。

图 6-22　翻译

第四步：将手机摄像头对准待翻译文字，夸克会进行文本翻译，如图 6-23 所示。

第五步：文章被翻译为中文，夸克翻译结果如图 6-24 所示。

图 6-23　夸克进行文本翻译

图 6-24　夸克翻译结果

6.6.2　使用夸克实时翻译的注意事项

（1）检查翻译准确性

在面对复杂句子或长难句时，机器翻译可能会出现语法错误或词义混淆。因此，对于翻译结果需要仔细核对，并结合语境来理解。

（2）分段翻译

对于较长的段落或句子，最好将其拆分成短句进行翻译。这可以帮助翻译引擎更准确地处理复杂的语法结构，避免翻译不通顺或错漏。

（3）注意文化差异

翻译不仅是语言的转换，还涉及文化差异。有些特定的语言表达，如成语、俚语等，机器可能无法精准翻译。在这种情况下，基于不同的文化差异进行适当调整尤为重要。

（4）与自己的理解对比

翻译完后，通过阅读和自我校对，检查翻译的通顺度和语法的正确性。将机器翻译的内容与自己的理解做对比，查看是否存在语法或逻辑上的问题。

6.6.3　使用夸克实时翻译的进阶技巧

使用夸克实时翻译的进阶技巧如图 6-25 所示。

（1）反向翻译

学习者可以利用夸克将翻译结果反向翻译为原语言，如将中文翻译为英文，从而帮助检查翻译是否准确，并发现翻译中的潜在问题。如果机器翻译有不对的地方，那么反向翻译会揭示出来。这种方式能够帮助学习者更清楚地了解句子的语法结构和准确表达。

（2）分步翻译

对于复杂的长句或段落，可以采用分步翻译的方式。先翻译一部分，再逐步进行下一部分。通过这种方式，可以避免长句的复杂语法导致翻译错误，从而确保能准确传达每一部分的意思。

（3）强化语法分析

在使用夸克进行翻译时，不仅要关注单词的意思，还要关注句子的语法结构。例如，注意句子的时态、语态、主谓一致、从句等要点，帮助学习者在理解句子的同时，加深对语法规则的掌握。

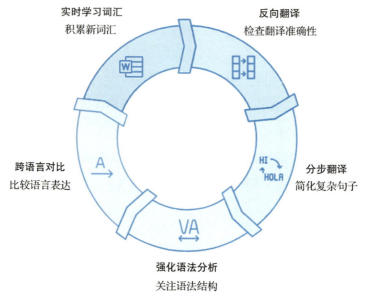

图 6-25　使用夸克实时翻译的进阶技巧

（4）跨语言对比

使用夸克的翻译功能来对比不同语言的表达方式。比如，在将英语句子翻译为中文后，看看中文翻译与英文原句在结构和词汇上的不同。这不仅能帮助更好地理解两种语言的差异，还能提升跨语言的思维能力。

（5）实时学习词汇

在翻译过程中，遇到不熟悉的单词或表达时，可以使用夸克立即记录并查阅其用法。同时，夸克能帮助学习者记住常见的词汇和表达方式，从而逐步增加词汇量，提升阅读和写作能力。

7

使用夸克备考

在教育革新的浪潮中，备考方式的迭代升级成为提升学习效率的关键。夸克凭借其强大的智能技术，深度融入教育领域，为学习者打造了一套系统且高效的备考方案。无论是真题题库的精准整理、模拟试卷的智能生成，还是专题突破训练的个性化实施，夸克都展现出独特的优势。它打破传统备考模式的局限，以大数据和 AI 算法为支撑，不仅能快速聚合海量优质资源，还能依据学习者的需求和特点提供定制化的学习路径。夸克全方位赋能备考过程，帮助学习者精准把握考试脉络，突破学习瓶颈，让每一分努力都能转化为实实在在的进步，在激烈的竞争中脱颖而出。

7.1　真题系统梳理，命题要点尽掌握

真题题库是专为学习者打造的珍贵资源宝库，它系统收录了各类考试的历年真题，涵盖中高考、四六级、职业资格考试等。这些真题按照学科、考试年份、题型等维度精细分类，同时附上详细的答案解析、考点标注与难度评级。其核心价值在于，通过呈现真实考试题目，帮助学习者熟悉考试题型、命题规律和知识考查重点，成为提升学习效率、检验学习成果的重要工具。

传统真题题库在使用过程中存在明显弊端：一是传统真题题库在收集上依赖人工线下搜集，耗费大量的时间和精力，且难以覆盖全部真题；二是传统真题题库整理分类的标准模糊，检索不便，查找特定真题犹如大海捞针；三是内容更新缓慢，新的考试真题无法及时补充；四是题库缺乏互动性与智能分析功能，无法根据学习者的实际情况提供个性化学习建议，导致学习者难以精准提升。

夸克凭借其强大的大数据与智能搜索技术，快速且全面地收集各类真题，确保资源的完整性。一方面，夸克的智能分类与精准检索功能，能够让学习者瞬间定位所需题目。另外，夸克的实时更新机制，能第一时间纳入最新考试真题，保持题库的时效性。另一方面，夸克可对学习者的答题情况进行深度分析，并针对薄弱环节的智能推送强化练习，还能关联拓展相关知识点，助力学习者实现高效、个性化的学习提升。

7.1.1 使用夸克整理真题的操作指南

现在以整理"考研真题""考公真题"为例，为大家展示应该如何使用夸克对考试真题进行整理和学习。

第一步：确定需求，明确你所需求的真题类型、科目。

第二步：打开夸克，点击夸克文档，选择"大学资料"，如图 7-1 所示。

第三步：在出现的界面中选择"考研专区"，如图 7-2 所示。

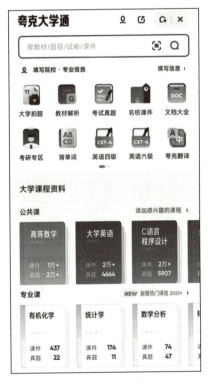

图 7-1　夸克文档库　　　　　　　　图 7-2　夸克大学通

第四步：选择"公考真题"，就可以看到夸克为用户整理的各地公考真题，并且可以将这些真题保存或下载，如图 7-3 所示。

图 7-3　夸克真题筛选

7.1.2　使用夸克整理真题的注意事项

（1）精准设置搜索关键词

在夸克搜索真题时，务必精准设定关键词。比如搜索"2024 年高考数学全国乙卷真题"，明确考试年份、科目与适用地区等信息，避免宽泛用词。比如，只搜索"高考数学真题"，结果会涵盖多年多地真题，不仅筛选耗时，还易误选。

（2）核对真题来源的可靠性

在使用夸克搜索获取真题后，要留意来源信息，优先选择官方教育机构、知名出版社或权威考试平台发布的真题。比如教师资格证考试真题，可从教育部考试中心官网处确认；若来源不明，可能会干扰进一步学习。

（3）善用筛选功能分类真题

夸克提供丰富筛选条件来进行真题整理，用户可按照考试类型、年份、学科等分类。比如，在备考考研英语时，可将历年真题按年份排列，再细分阅读、写作等题型。利用夸克筛选功能可让杂乱无章的真题各归其位，方便后续复习检索。

（4）注意更新真题版本

因为考试内容、题型随时间而变化，所以真题也需实时更新。用户借助夸克定期搜索最新真题，覆盖新考点、新题型。以公务员考试为例，随着每年考纲微调，真题相对变化，若一直用旧真题，复习重点可能有所偏差，所以及时更新真题版本，紧跟考试动态十分重要。

（5）结合答案解析理解真题

在整理真题时，配套答案解析不可或缺。夸克部分真题自带详细解析，仔细研读，理解解题思路和涉及知识点。遇到复杂题目时，可通过拆题的方法，将大题拆解为若干个小题，并结合答案解析、课本、错题本等，彻底理解题目。

7.1.3　使用夸克整理真题的进阶技巧

使用夸克真题备考的进阶技巧如图 7-4 所示。

图 7-4　使用夸克真题备考的进阶技巧

（1）联合在线课程拓展知识

夸克搜索到丰富的真题后，可匹配相关在线课程资源。比如中考真题，可以借助夸克找到对应知识点的优质网课，老师会将真题练习与系统课程学习相结合，深入讲解背后理论，加深对知识点的理解，拓宽知识点的深度与广度。

（2）赋能竞赛考试提升水平

针对数学、物理等学科竞赛，夸克真题题库能提供大量历年竞赛真题。通过分析竞赛真题命题风格、难度层次，结合夸克的智能分析，明确竞赛考查重点，制订专项训练计划，提升思维能力与解题技巧，助力在竞赛中取得优异成绩。

（3）与错题本结合强化复习

利用夸克的智能错题整理功能，将真题题库中做错的题目一键加入错题本。夸克能自动标注错题来源，分析错误原因。复习时，对照错题本，结合原真题的详细解析与考点关联，针对薄弱点强化练习，避免重复犯错，让真题练习的效果最大化。

7.2 智能选题组卷，考试能力全面提升

形成模拟试卷是指依照特定考试的大纲、题型分布、难度层次等要求，从大量的题目资源中筛选并组合出一套用于考前模拟测试的试题集合。这一过程需要精准匹配知识点，保证试卷既能全面覆盖考试范围，又能合理设置不同难度梯度的题目，以此让考生在模拟考试环境中提前熟悉考试形式，检测自身知识的掌握程度，从而更好地为正式考试做准备。

传统形成模拟试卷主要依赖教师手动操作。教师需从纸质或电子题库中逐题挑选，再排版整合。这一方式耗时费力，尤其在面对频繁的模拟测试需求时，教师精力难以支撑。而且，受教师个人经验与视野的限制，题目筛选可能存在局限性，难以全面且均衡地覆盖所有考点，针对性欠佳。同时，传统组卷难以针对每个学生的知识薄弱点进行个性化定制，无法满足不同学生的差异化学习需求。

利用夸克形成模拟试卷，优势显著。夸克依托强大的 AI 技术与海量题库，能依据考试要求迅速完成组卷，极大地提升效率。其智能算法可深入分析学生过往学习数据，精准定位知识薄弱点，进而生成高度个性化的模拟试卷，增强复习针对性。而且，夸克还能做到对题目难度、知识点分布等进行科学规划，保证试卷质量，助力学生更高效地备考。

7.2.1　使用夸克进行选题组卷的操作指南

夸克 App 的模拟试卷功能是基于用户的长期使用所积累沉淀而来的。在用户经过答题训练、错题积累后，可通过组卷功能生成适合自己的模拟试卷。

第一步：确定需求，假设你是一位正在准备考取北京航空航天大学机械工程系硕士的本科生。

第二步：打开夸克 App，直接在对话框中输入你需要的试卷类型，如图 7-5 所示。

图 7-5　夸克首页的对话框

第三步：在搜索结果中选择你需要的试卷，如图 7-6 所示。

图 7-6　夸克搜索页面

第四步：将这些试卷下载并上传至夸克 AI，并输入以下提示词，如图 7-7 所示。

第五步：稍等片刻后，夸克就会生成相关的模拟题。

夸克 AI 的输出结果如下：

根据提供的资料，可以生成一些模拟题，涵盖理论力学、机械原理、机械设计和自动控制原理等方面。以下是一些示例题目：

图 7-7　上传至夸克 AI

一、理论力学部分

1. 选择题

已知某质点的运动方程为 $S = a + bt$（S 的单位为米，t 的单位为秒，a、b 为常数），则点的轨迹（　　　）。

A. 不能确定　　　B. 越来越小　　　C. 越来越大　　　D. 等于 0

2. 判断题

质点作曲线运动时，若质点的切向速度为正，则质点作加速运动。

（　　　）正确（　　　）错误

二、机械原理部分

1. 选择题

在一对正常齿制的渐开线标准直齿圆柱齿轮传动中，已知齿轮 1 的齿数为 20，齿轮 2 的齿数为 40，模数为 4mm，压力角为 20°。若要使两齿轮正确啮合，则中心距应为：

A. 80mm　　　B. 120mm　　　C. 160mm　　　D. 200mm

2. 计算题

凸轮为一偏心圆盘，半径为 50mm，偏心距为 20mm，小滚子半径为 10mm。求当凸轮转过 90° 时，直动从动件的位移和此时机构的压力角。

三、机械设计部分

1. 选择题

在带传动中，弹性滑动是不可避免的，它会引起：

A. 带传动比不稳定　　　　　　　B. 皮带磨损、发热

C. 从动轮转速变快　　　　　　　　D. 带传动失效

2. 分析题

分析 V 带传动中，带上受到哪些应力的作用？最大应力产生在带的什么位置？

四、自动控制原理部分

1. 选择题

已知某单位负反馈系统的开环传递函数为 $G(s) = \dfrac{K}{s(0.5s+1)(s+1)}$，其中 $K > 0$，欲使该系统的开环幅相频率特性曲线通过 $(-1, j_0)$ 点，问 K 应取何值？

A. 1　　　　　　　B. 2　　　　　　　C. 3　　　　　　　D. 4

2. 计算题

已知某控制系统的动态结构图如下所示，试求系统的传递函数 $\dfrac{C(s)}{R(s)}$。

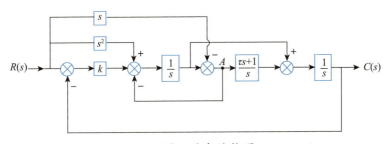

图　动态结构图

7.2.2　使用夸克进行选题组卷的注意事项

（1）明确组卷需求

在使用夸克生成模拟试卷前，务必清晰界定考试大纲、目标受众、考试时间等关键信息。如果是针对校内单元测试，要紧扣该单元知识点；如果是针对大型升学考试模拟，要全面覆盖考纲范围。明确组卷需求能引导夸克精准筛选题目，避免试卷出现考点偏差、题型不符等情况，确保生成的试卷切实符合使用目的。

（2）检查题库适用性

夸克虽拥有海量题库，但不同学科、不同地区的考试要求存在差异。比如某些地区教材版本独特，中高考题型有地方特色。使用时需确认夸克题库是否涵盖所需版本教材知识点、题型是否契合当地考试风格等情况，否则可能出现题目与实际考试脱节，影响学生备考效果。

（3）合理调整难度

夸克智能算法会依据设定生成试卷难度，但有时可能与预期有出入。若用于基础巩固练习，则难度应适中偏易；若为选拔性模拟，则需提高难度层次。要留意生成试卷中难题、中等题、简单题的比例，可通过手动增减题目或重新设置难度系数，让试卷难度贴合学生水平与考试定位。

（4）关注题目时效性

政治等学科存在知识更新快的特点，在生成涉及此类知识的试卷时，要确保夸克提供题目的时效性。例如过时的科技成果表述、过期的政策法规题目等，会存在误导学生的情况。

（5）审核题目准确性

夸克可能出现题目有误的情况，由此存在干扰学生学习等风险。因此，在生成试卷后，教师或家长需快速浏览一遍题目，对存疑题目仔细核实，必要时可借助其他权威资料，保证试卷题目的质量。

（6）优化试卷排版

夸克生成的试卷默认排版可能存在不够美观或不符合使用习惯等问题，比如页面边距不合理、字体字号不统一、图表显示异常等情况，可能会影响学生答题体验。因此，在使用时要根据实际需求调整页面布局，统一字体格式，确保图表清晰完整，方便学生阅读作答。

7.2.3　使用夸克进行选题组卷的进阶技巧

使用夸克进行选题组卷的进阶技巧如图 7-8 所示。

（1）动态调整模拟题难度

利用夸克给出的错题难度和重要性分级，根据历史正确率自动调整题目难度。例如，若某学生函数题正确率显著提升，用户应逐步减少基础题组卷占比，多练习难题、易错题。

图 7-8　使用夸克进行选题组卷的进阶技巧

（2）融入 AI 学习助手

借助夸克与 AI 学习助手相互配合，在学生完成模拟试卷后，AI 学习助手可对错题进行智能解析，并详细讲解解题思路、关联知识点及类似题型等知识内容。通过这种方式，学生能举一反三，加深对知识的理解与运用，形成自主学习闭环。

（3）应用于竞赛辅导

对于学科竞赛，可使用夸克生成高难度、创新性的模拟试卷。同时，结合竞赛的特殊要求与前沿考点，筛选具有挑战性的题目，锻炼学生思维能力与解题技巧。此外，借助夸克的搜索功能，为学生提供竞赛相关的拓展资料、历年真题解析，助力学生在竞赛中脱颖而出。

7.3　专题突破训练，高频考点全掌握

专题突破训练是一种聚焦特定学科知识板块或技能领域的针对性强化学习方式。它打破传统按章节、单元学习的框架，将分散的知识点整合为系统专题。专题突破训练通过集中大量同类题型练习，搭配深度解析与归纳总结，帮助学习者攻克知识难点，强化薄弱环节，实现对某一专题知识的透彻理解与灵活运用，提升综合学习能力。

传统专题突破训练主要依赖教师经验与纸质资料，教师需手动筛选题目、整理资料，耗时耗力且难以保证题目精准度与时效性；同时，纸质资料更新

慢，题型单一，无法满足多样化学习需求。

借助夸克开展专题突破训练，能快速生成覆盖各专题的优质训练题，精准匹配考试大纲与考点变化，确保题目新颖、科学。通过分析学生学习数据，可为每个学生定制专属训练方案，针对薄弱点推送个性化题目，并提供智能解析与同类题型拓展，实现"一人一策"。此外，夸克的学习进度跟踪与效果评估功能可实时反馈学习成果，助力学生高效突破学习瓶颈。

7.3.1　使用夸克进行专题突破训练的操作指南

第一步：积累错题本、积累搜题历史，如图 7-9 所示。

第二步：夸克会基于错题本和搜题历史自动总结题目涉及的考点以及该考点的重要性，即是否为高频考点，如图 7-10 所示。

图 7-9　夸克错题本录入　　　　图 7-10　夸克考点识别

第三步：在错题本中选题组卷，根据夸克总结的重要考点进行专题突破训练，如图 7-11 所示。

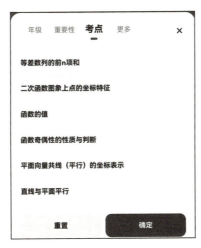

图 7-11　夸克按考点组卷

7.3.2　使用夸克进行专题突破训练的注意事项

（1）明确训练目标

在使用夸克进行专题突破训练前，要清晰确定自己的训练目标，从而让夸克更精准地筛选题目和提供学习资源。若目标模糊，可能导致训练内容杂乱，无法有效提升。例如，若只是笼统地说提升数学能力，夸克可能无法针对性地提供最适合的数列训练题目。

（2）定期更新专题

学科知识不断更新，考试的重点也会有所变化。因此要定期在夸克上更新专题训练内容。比如关注学科的新理论、新题型等，及时调整训练专题。以语文为例，随着新的文学作品和文化热点的出现，文言文阅读和现代文阅读的专题训练内容也应相应更新，确保训练内容紧跟时代步伐。

（3）结合教材内容

夸克的专题训练应与教材内容紧密结合。虽然夸克提供了丰富的题目和学习资源，但教材是学习的基础。在进行专题突破训练时，要对照教材知识点，理解题目所涉及的原理和概念。例如在学习物理的电磁学专题时，结合教材中关于电场、磁场的基本概念和公式，能更好地理解夸克上相关题目的解题思路。

（4）重视错题分析

完成夸克的专题训练后，要认真分析错题。不仅仅是知道错在哪里，更要深入理解错误的原因。夸克提供的智能解析能帮助分析错题，但自己也要主动思考。比如通过对数学中几何证明题错误的定位分析，才能有针对性地改进。

7.3.3 使用夸克进行专题突破训练的进阶技巧

使用夸克进行专题突破训练的进阶技巧如图 7-12 所示。

图 7-12　使用夸克进行专题突破训练的进阶技巧

（1）控制训练时间

过长时间的训练可能导致疲劳，影响学习效果；过短时间则无法达到训练的深度。一般来说，每次训练以 1～2 小时为宜，可根据专题的难易程度和个人状态适当调整。例如对于较难的专题，可采用分阶段训练方式，每次训练时间控制在 40～60 分钟，中间适当休息，以保持学习的专注度。

（2）合理设置难度

根据自身实际水平，在夸克上合理设置专题训练的难度，既不要一味追求高难度，以免因频繁受挫而打击学习积极性；又不要选择过易的题目，达不到训练效果。比如针对基础薄弱的学生，可先从基础难度的题目入手，逐步提升；针对基础较好的学生，则可挑战一些中高难度的拓展题。通过合理调整难度，确保训练既能起到挑战作用，又在可承受范围内。

8

夸克智能训练工具

在数字化学习浪潮中，传统训练工具存在机械重复、反馈滞后与个性化缺失等问题，制约学生学习的高效性。夸克以 AI 技术为核心驱动力，构建覆盖语言学习、数学运算、文化记忆等多元场景的智能训练体系，将孤立的技能训练转化为融合数据驱动、实时交互与场景沉浸的立体化学习生态。

本章聚焦"工具即导师"的核心理念，深度解析夸克如何通过智能算法突破传统训练的效能边界：在英语口语领域，借助 AI 智能体构建全真对话场景，实现从发音纠偏到商务谈判的阶梯式能力提升；在数学口算领域，通过动态题库与错题追踪精准攻克薄弱环节；在词汇记忆模块，根据艾宾浩斯遗忘曲线和互联网上的海量资料，将孤立背词转化为"语境理解 – 场景应用 – 长效记忆"的闭环链路；而在古诗词学习中，通过文本解构与智能跟读，做到从理解到记忆再到熟稔。

8.1　口语训练，轻松提升表达能力

英语口语练习是提升英语口头表达能力的重要途径。它涵盖基础发音、语调训练、流利表达、日常交流与专业沟通等多方面内容。英语口语的练习方式多样，包括模仿原声、对话交流、演讲朗诵等。通过不断练习，学习者能够增强语感，熟悉英语语言习惯，提高在不同场景下准确流畅表达的能力，为跨文化交流和个人发展奠定坚实基础。

传统英语口语练习存在一些弊端。首先，资源有限，练习材料往往陈旧单一，难以满足多样化需求。其次，缺乏实时反馈，学习者难以知晓自己发音、表达的错误。再者，练习场景受局限，多是在固定教室或书本对话中，缺乏真实语境。此外，传统口语练习中由于伙伴或老师的数量有限，交流机会少，难以进行大量实践，导致学习者口语提升效果不显著。

使用夸克进行智能体英语口语练习优势明显。夸克拥有海量且实时更新的学习资源，能满足不同水平和需求的学习者。其智能反馈系统不但可以实时纠正发音、语法错误，让学习者及时改进；还能模拟各种真实交流场景，让学习者仿佛置身国外。学习者可随时与智能体互动，进行不限时的口语练习，极大地增加了练习机会，使学习更高效、更有趣。

8.1.1　使用夸克进行口语训练的操作指南

现在以"练习商务英语"为例，展开功能实操。

第一步：打开夸克 App，在首页选择"夸克学习"，并选择其中的学习智能体，比如选择智能体 Emma，如图 8-1 所示。

第二步：打开学习智能体 Emma，可以看到 Emma 的职场导师身份，并给出了开场白" Hi, I'm Emma. I'm working as an accountant in the UK.I love my job because it's full of challenges and accomplishments.What's your job? Do you like it？"，如图 8-2 所示。

图 8-1　夸克学习

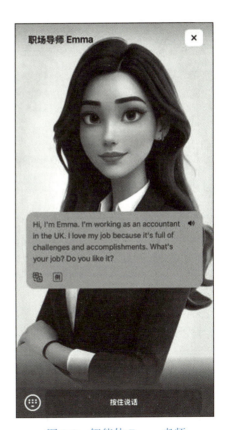

图 8-2　智能体 Emma 老师

第三步：点击"按住说话"，进行英文沟通，智能体会不断根据输入的内容，向用户提出新的问题，并不断加强英语水平，如图 8-3 所示。

第四步：在进行语言输入后，还可以单击语句右下角"纠"，查看发言是否有发音不准或者语法错误等问题，如图 8-4 所示。

图 8-3　进行英语练习

图 8-4　英语语言纠错

8.1.2　使用夸克进行口语训练的注意事项

（1）确保网络环境稳定，避免实时反馈延迟

夸克智能体的语音识别、场景模拟等功能高度依赖网络通信。建议用户在使用时优先选择 WiFi 环境，若出现网络波动导致对话卡顿，如系统提示"请重试"或反馈延迟超过 3 秒等现象，可尝试切换网络或重启应用。对于虚拟面试等需实时互动的场景，建议用户提前测试网络的稳定性，避免因信号中断影响练习连贯性。

（2）优化发音训练策略，规避 AI 识别盲区

尽管夸克的语音识别技术可精准捕捉 85% 以上的发音问题，但对于方言等非标准口音或模糊连读，其识别可能存在误差。因此，建议用户发音时保持语速适中，尽量保持 120～150 词 / 分钟，避免因过快导致音节粘连；同时，建议优先练习标准英音（RP）或美音（GA），避免用中式发音习惯影响系统判断。

（3）辩证看待纠错反馈，避免机械性依赖

夸克的智能纠错功能覆盖语法、用词、逻辑三层问题，但系统可能存在误判符合中文思维但不符合英语习惯的表达，如将"open the light"标记为错误，却未提示更地道的"turn on the light"。因此，建议学习者对纠错结果进行二次验证，可通过"夸克百科"或"牛津词典"确认更加地道的用法。

8.1.3　使用夸克进行口语训练的进阶技巧

（1）夸克智能体教英语

夸克智能体会为用户提供 5 个英语智能体进行口语练习，包括职场英语训练、商务场景训练、K12 英语训练、日常交流训练等不同场景，用户可以根据自身的不同需求进行选择。夸克的学术搜索 +AI 写作可提升学术口语能力。例如，用户输入"量子计算在医疗领域的应用"，夸克会检索相关论文并生成摘要，用户通过"语音转文字"功能将摘要转化为口语陈述，系统自动检测学术词汇使用是否正确。此外，夸克的"AI 写作"功能可将论文结论转化为口语回答模板，用户可以利用"角色扮演"功能模拟学术答辩场景，如图 8-5 所示。

学术搜索 + AI 写作　　　　　　　　　　　　英语智能体
提升学术口语能力　　　　　　　　　　　提供不同场景的口语训练

图 8-5　夸克智能体学习英语

（2）夸克构建私有化题库

对于有特殊需求的学习者，利用英语听写的导入功能，支持形成个人定制化、私有化的词库，比如法律、医疗等专业领域的用户可导入术语库进行定向训练。学习者通过跟读可以锻炼听力和发音技巧，从而有效提升自己的专业化英语水平。

8.2 口算打磨，精准提升运算速度

口算练习是一种通过心算直接得出计算结果的训练方式，旨在培养学生对数字的敏感度和快速运算能力。它以 100 以内的加减法、表内乘除法等基础运算为核心，要求学生脱离纸笔或计算器，仅凭大脑思维完成计算过程。这种训练不仅是笔算、估算的基础，更能锻炼注意力、记忆力和逻辑思维能力。

传统口算练习主要依赖纸质习题册或教师口头出题，存在三大核心痛点：

❑ 形式单一导致兴趣缺失。学生长期面对机械重复的算式，易产生倦怠心理。例如，在连续练习 100 道两位数加法题后，可能促使学生将数学与枯燥画等号。

❑ 反馈滞后难以纠错。教师或家长批改作业后，学生往往无法及时理解错误根源，错题反复出现。

❑ 个性化不足，效率低下。传统方法难以根据学生水平来动态调整难度，基础薄弱者可能因题目过难而丧失信心，学有余力者则因内容简单而浪费时间。此外，缺乏数据追踪也是传统口算练习的一大短板，教师往往难以量化评估学生进步，家长更无法进行针对性辅导。这些问题导致学生的口算练习陷入"高投入、低产出"的困境。

夸克通过 AI 技术重构口算练习模式，具有以下优势：

❑ 智能出题与实时反馈。基于学生答题数据，系统能自动生成个性化习题，例如，对连续出错的"进位加法"题型，夸克会针对性推送强化训练，并在答题后立即显示答案和解析，帮助学生秒级纠错。

❑ 游戏化设计激发兴趣。通过"限时竞赛"等趣味功能，将枯燥的计算转化为互动游戏。

❑ 数据驱动的精准提升。夸克错题本自动归集错误题型，生成知识图谱，直观展示学生的薄弱环节。家长和教师可通过"练习报告"实时查看正确率、耗时趋势等数据，制订更科学的辅导计划。夸克的 AI 技术不

仅提升了口算练习的效率，更让数学学习从"被动应付"变为"主动探索"。

8.2.1　使用夸克提升口算能力的操作指南

现在以"三年级·下的学生练习数学算数"为例，展开功能实操。

第一步：打开夸克 App，在首页选择"夸克学习"，就可以看到它的全部功能，选择口算练习，如图 8-6 所示。

第二步：在夸克口算练习页面中，选择"三年级·下"，选择"除数是一位数的口算除法"，如图 8-7 所示。

图 8-6　夸克学习工具包

图 8-7　夸克口算练习

第三步：此时用户就可以进行练习了，如图 8-8 所示。

第四步：在答完相关题目后，用户可以将答题情况直接分享到朋友圈或微信群，如图 8-9 所示。

图 8-8　进行口算练习

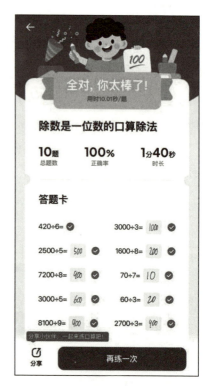

图 8-9　分享成果

8.2.2　使用夸克提升口算能力的注意事项

（1）结合线下练习与自主思考

夸克作为辅助工具，不能完全替代传统口算训练。建议学生每周安排 2～3 次线下练习，培养心算习惯。例如，家长可通过"夸克打印"功能将错题本题目导出打印，让学生在无干扰环境下重新作答。此外，对于"$24 \times 56 + 78 \div 3$"等复杂题目，应引导学生先自主分析运算顺序，再使用夸克验证。

（2）手写输入需规范清晰，提升设备识别准确率

手写不规范可能导致夸克的 OCR 识别错误，如"8"因连笔被误判为"3"，"÷"因潦草被识别为"一"。因此，建议每个数字书写清晰，避免连笔，区分易混淆字符。

（3）明确用户群体定位，仅限小学生使用

需要注意的是，夸克口算练习功能专为 6～12 岁小学生设计，对于中学生和高中生可能导致学习效果偏离。从题目难度来看，内容多聚焦 20 以内的加减法、表内乘除法等基础运算，与中学阶段的代数方程、函数运算等需求不匹配，高年级学生长期练习容易因内容过浅而浪费时间，或因缺乏挑战性而产生懈怠心理。

8.2.3　使用夸克提升口算能力的进阶技巧

（1）结合智能训练工具形成学习闭环

口算练习应与"错题本""知识点总结"等功能联动。例如，将高频错误题导入错题本，通过"AI 批改"生成同类变式题强化训练，同时利用"学习报告"分析薄弱环节，形成系统化提升路径，如图 8-10 所示。

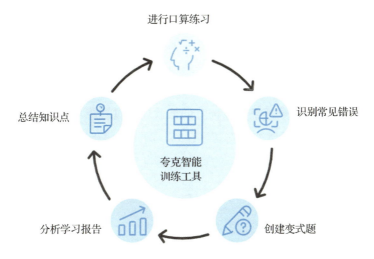

进行口算练习

总结知识点

夸克智能
训练工具

识别常见错误

分析学习报告

创建变式题

图 8-10　结合智能训练工具形成学习闭环

（2）巧用拍照搜题和 AI 讲题功能

对于一些较难的口算题或口算技巧性题目，可使用拍照搜题功能获取详细的解题思路和步骤。仔细研究解析过程，学习其中的口算技巧和方法，例如如何运用凑整法、分解法等进行快速口算。同时，利用"AI 讲题助手"进行互动学习，通过提问关于口算题的相关问题，如"这道题有没有更简便的口算方法"等，进一步拓展口算思维，掌握多种解题策略。

8.3　单词记忆，快速攻克词汇难关

背单词是通过系统学习掌握词汇的音、形、义及用法的认知过程，是语言学习的基础环节。其核心目标不仅是记住单词的拼写和中文释义，更要理解词汇在语境中的应用，最终实现"听得懂、读得懂、写得出、说得出"的多维能力。常见形式包括背诵单词书、使用记忆卡片、刷词汇 App 等，覆盖从基础高频词到专业领域术语。

传统背单词模式存在的三大核心痛点，容易导致学习效率低下与记忆断层。其一，机械重复引发疲劳，学生依赖单词书按字母排序死记硬背，易陷入"前记后忘"的循环，且脱离语境导致"认识单词却不会用"。其二，遗忘规律把握不足。由于缺乏科学复习规划，学生仅凭主观判断何时重复记忆，而艾宾浩斯遗忘曲线显示，新单词在 20 分钟后遗忘率达 42%，传统方法难以及时捕捉记忆临界点。其三，应用场景缺失。学生往往孤立记忆单词释义，导致"背了不会用，用时想不起"。

夸克依托 AI 与大数据重构单词背诵体验。通过智能规划抗遗忘，系统能够基于用户的答题数据动态生成复习计划，例如，对于正确率低于 70% 的单词，系统会按"1 天 /3 天 /7 天"的黄金间隔自动推送复现，精准匹配艾宾浩斯记忆曲线。

8.3.1　使用夸克记忆单词的操作指南

现在以"背考研英语单词"为例，展开功能实操。

第一步：打开夸克 App，在首页选择"夸克学习"，就可以看到全部功能，在其中选择"背单词"，如图 8-11 所示。

第二步：在背单词页面中，选择"精选考研必背 3000 词"，如图 8-12 所示。

图 8-11　夸克学习工具包

图 8-12　夸克背单词

第三步：制订学习计划，可以设置每天学习多少数量的新词和复习词，如图 8-13 所示。

第四步：开始学习后，我们就可以背诵单词了，如图 8-14 所示。

第五步：完成每天的学习后，可以看到相关的进度，并且可以点击马上复习和生词本进行复习。

8.3.2　使用夸克记忆单词的注意事项

词库更新与缓存清理，避免版本兼容问题。夸克背单词的词库会定期更新，旧版本词库可能缺失最新词汇或解析错误。因此，用户需通过应用商店或通过"夸克设置 – 关于"步骤，进行 App 更新检查，确保版本在 6.2.1 及以上。

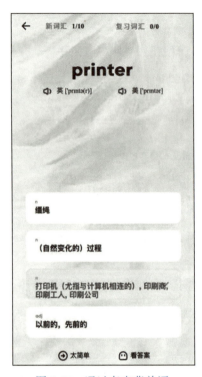

图 8-13　制订学习计划　　　　图 8-14　通过夸克背单词

　　复习计划科学调整，对抗记忆衰减。夸克的 AI 复习算法依托于艾宾浩斯曲线构建，但需结合个人记忆效率动态调整。

8.3.3　使用夸克记忆单词的进阶技巧

　　夸克词汇学习周期如图 8-15 所示。

（1）夸克背单词需与实际应用场景结合

　　用户可以每日选取 3～5 个新词，在日常口语练习中造句，如用 perseverance 完成造句 "Perseverance is the key to overcoming difficulties"；将 complement/compliment 等 "高频错题词" 手写在记忆卡片上，利用等车、排队等碎片时间来复习，强化肌肉记忆。

（2）将夸克背单词与 Anki 等记忆工具深度整合

　　实现 "碎片化学习＋系统复习" 的双向赋能，例如，将夸克生词本的高频错题或重点词汇导入 Anki 的"超级记忆卡"，利用其艾宾浩斯算法自动规划复习周期。同时，夸克的"AI 情景对话"功能可生成包含目标词汇的对话场景，结合微软 Teamspeak 等语音识别工具进行跟读训练，系统自动标记发音问题，形成"背词 – 应用 – 纠错"的完整链路。

纠错
识别并纠正发音问题

选择新词
每天选择 3～5 个新词

实际应用
在日常口语练习中使用这些词

语音练习
使用语音识别工具进行跟读

夸克词汇学习

记忆卡片
创建高频错题词的记忆卡片

AI 情景对话
使用 AI 生成对话场景

碎片化复习
利用碎片时间复习卡片

整合 Anki
将词汇导入 Anki 进行系统复习

图 8-15　夸克词汇学习周期

8.4　诗词背诵，扎实筑牢文化根基

诗词背诵是通过记忆与理解相结合的方式，将经典诗词的文本内容、情感意境及文化内涵内化为个人知识储备的学习过程。它不仅要求准确记忆诗词的字音、字形与格律，更强调对诗意的感悟、诗人情感的体会以及历史文化背景的认知。从《诗经》的四言雅韵到唐诗宋词的平仄流芳，背诵过程既是语言知识的积累，又是审美能力与文化素养的提升。学习者需在反复诵读中感受文字韵律，在分析解读中把握作品精髓，最终实现经典文化的代际传承与个人人文底蕴的积淀。

传统古诗词学习依赖机械重复的记忆模式，学习者常陷入"背了忘、忘了背"的低效循环中。这种方式往往割裂诗词的文本语境与文化背景，单纯强调字音字形的记忆，忽视了诗人创作时的情感脉络与时代背景，导致学习者难以形成深层理解。此外，传统背诵资源单一，主要依赖课本与注释，缺乏多样化的学习工具辅助，难以满足不同学习者的个性化需求。在课堂场景中，教师难以兼顾每个学生的记忆节奏，互动形式局限于简单的问答与默写，容易让学习者产生枯燥感，甚至对诗词学习产生抵触心理，无法真正体会古典文学的魅力。

夸克为传统背诵难题提供了创新解决方案。其核心优势在于通过文本解析与大数据整合，将诗词拆解为字音、意象、典故等多维知识模块，结合动态图谱呈现创作背景与情感逻辑，帮助学习者建立立体化的记忆框架。同时，夸克支持智能语音跟读与发音纠错，通过模拟诗词朗诵的平仄韵律，让学习者在沉浸式体验中强化记忆。针对不同学习阶段，系统可自动生成个性化背诵计划，精准推送易错词句练习，并通过游戏化互动设计提升学习趣味性。更重要的是，夸克打破了资源壁垒，整合了诗词赏析、影视化解读、历史场景还原等多元内容，让背诵过程从机械记忆转化为文化探索，真正实现"理解式记忆"与"兴趣化学习"的深度融合。

8.4.1 使用夸克背诵诗词的操作指南

现在以"背小学古诗"为例，展开功能实操。

第一步：打开夸克 App，在首页选择"夸克学习"→"必备古诗词"，如图 8-16 所示。

第二步：在必备古诗词界面中，选择相应的诗词就可以进行学习了，如图 8-17 所示。

第三步：点击《长歌行》，可以看到

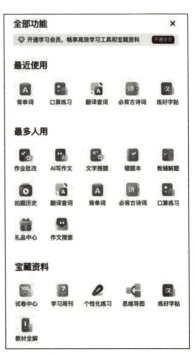

图 8-16　夸克学习工具包

长歌行的视频讲解，同时也可以看到关于长歌行的译文、注释、背景和作者介绍，如图 8-18 所示。

图 8-17　夸克小学必备古诗词

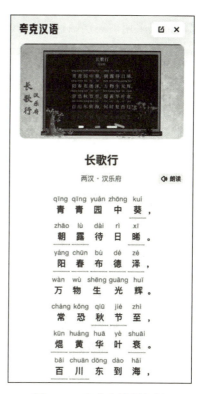

图 8-18　夸克古诗词解析

8.4.2　使用夸克背诵诗词的注意事项

（1）智能语音跟读需注重场景适配与反复练习

夸克的智能语音跟读功能通过模拟诗词朗诵的平仄韵律，能有效帮助学习者强化记忆。但使用时需注意以下细节。首先，选择安静环境进行跟读，避免背景噪声干扰系统对发音的精准识别；其次，跟读时需同步观察屏幕上的文字高亮提示，重点关注易错字词的发音，并通过暂停功能逐句纠正。例如，在背诵《将进酒》时，"将（qiāng）进酒"的发音需结合语音示范反复练习。此外，建议每天至少进行 1 次跟读训练，每次时长控制在 10～15 分钟，避免因疲劳导致发音变形。

（2）资源选择需兼顾系统性与针对性

夸克整合了诗词赏析、影视化解读等多元内容，但信息过载可能削弱学习效果。建议采用"三层筛选法"。首先，根据教材版本或考试大纲筛选必背诗词清单，如人教版六年级需重点掌握《石灰吟》《竹石》；其次，针对每首诗词，优先学习译文和注释，再选择性地观看延伸内容；最后，利用"智能标签"功能将诗词按题材、朝代分类，便于后续复习。

8.4.3 使用夸克背诵诗词的进阶技巧

（1）与夸克搜题结合，总结高考古诗词难点

利用夸克的 AI 搜题功能，如"高考古诗词高频考点""考研文学理论解析"，能够快速定位核心内容。针对高考重点关注的杜甫《登高》、苏轼《赤壁赋》等篇目，可通过夸克进行详细学习，结合关键词记忆法来强化记忆。另外，夸克的"AI 总结"功能还可将长文解析浓缩为思维导图，帮助建立知识体系。

（2）夸克字帖练习与古诗词背诵结合

利用夸克的字帖练习功能，可以将中小学古诗词作为字帖进行打印，方便学生进行誊写练习，实现练字和古诗词背诵同步进行，如图 8-19 所示。

图 8-19　进阶用法

|第9章| CHAPTER

使用夸克辅助科研和论文写作

　　想要做好毕业论文的选题构思、文献综述、数据处理、内容撰写并不轻松。传统科研模式不仅耗时耗力，还容易因信息获取不足、分析工具单一而陷入瓶颈。夸克凭借先进的 AI 技术，为大学生开展微科研、撰写毕业论文提供了全新解决方案，成为科研路上的智慧伙伴。但请务必注意，夸克只是工具，无法代替人类从事创造性工作。无论是开展科学研究，还是撰写毕业论文，我们都应杜绝学术不端行为，注重学术诚信。

　　夸克深度整合学术资源，打通科研全流程。它能从海量文献中快速提炼核心观点，帮助学生高效完成文献总结；运用智能算法辅助选题，依据专业方向与研究兴趣生成可行性建议；在实验设计与数据分析环节，通过数据模型构建与可视化呈现，让复杂数据一目了然。此外，夸克还能协助撰写论文摘要，优化研究报告逻辑，甚至一键生成内容翔实、版式精美的答辩 PPT，极大地提升科研效率与论文质量。

　　本章将全面系统地介绍如何借助夸克开展微科研，助力大学生突破毕业论文难关。我们将从实际操作出发，详细展示夸克在科研各环节的功能与应用，为学生提供清晰、实用的科研指导，助力学术成长。

9.1　智能赋能学术，快速疏通研究脉络

　　在学术研究领域，论文作为知识创新与成果传播的核心载体，承载着研究者对特定问题的深度探索与分析。从传统意义上看，一篇规范的论文研究往往需要经历提出问题、文献调研、方法设计、实验验证、数据处理以及结论撰写等多个环节，且每个环节都对研究者的专业素养、时间精力与资源获取能力提出了较高要求。例如，在选题阶段，研究者需要在海量的学术文献中精准定位有价值的研究空白；在数据处理环节，常常要借助专业的统计软件或编程工具进行复杂分析，这对于缺乏技术背景的人而言，无疑是一道难以跨越的门槛。这种研究模式不仅耗时，而且由于资源与能力的限制，将许多潜在的研究者拒之门外。

　　在 AI 技术蓬勃发展的今天，以夸克为代表的智能工具正悄然改写研究的"游戏规则"，让学术研究的大门向更广泛的群体敞开。夸克凭借强大的技术优势，针对传统研究的痛点进行了全方位突破。在文献调研方面，通过智能

算法，能够在瞬间分析海量学术资源，不仅快速定位核心文献，还能自动提取关键观点，生成文献综述摘要，帮助研究者高效把握领域动态。在论文撰写阶段，夸克可以辅助搭建论文大纲，还能根据研究者输入的关键词和思路生成初稿，并通过语法检查、学术术语推荐等功能，帮助提升论文的专业性和规范性。

夸克助力学术研究从"少数人的专属"转变为"大众可参与"的活动。通过技术赋能，将原本高难度的研究操作转化为简单的人机交互，让学生、职场人士乃至普通爱好者，都能将自己的创意转化为实际的研究成果。

9.1.1　使用夸克开展学术研究的操作指南

第一步：打开夸克 App，在首页选择"更多"模块，如图 9-1 所示。

第二步：选择"学术搜索"功能，如图 9-2 所示。

图 9-1　夸克首页　　　　　　　图 9-2　选择"学术搜索"功能

第三步：点击"学术搜索"后，会显示学术文献的检索范围，如图 9-3 所示。

第四步：确认好学术文献检索范围后，输入模糊的研究方向或关键词，如"机器人运动控制"，如图 9-4 所示。

第五步：稍等片刻，夸克就会生成以机器人运动控制为核心，涉及核心概念、分析思路、算法设计等维度的分析答案，从而实现对"机器人运动控制"

的整体概览和深度了解。

图 9-3　确认学术搜索的检索范围

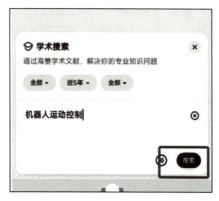

图 9-4　输入研究方向或关键词

夸克 AI 的输出结果如下：

机器人运动控制是实现机器人自主运动的核心技术，涉及轨迹规划、算法设计、传感器融合及实际应用等多个层面。以下从核心概念、分析思路、算法设计、应用案例及创新方向等方面展开说明：

一、核心概念解析

机器人运动控制：通过算法规划机器人运动轨迹，结合传感器反馈实现闭环控制，确保其按预期路径移动并完成任务。需考虑能耗、稳定性、实时性等因素。

二、分析思路及方法

1. 分析思路

从运动学模型出发，结合轨迹规划算法，再通过传感器数据优化控制参数，最终实现机器人运动的精确控制。

2. 分析方法

采用模型驱动设计、多传感器融合、优化算法（如遗传算法、蚁群算法）等技术，结合仿真验证与硬件实现。

三、运动控制算法设计

1. S 型加减速算法

❑ 特点：柔性控制算法，通过三阶多项式实现速度平滑变化，减少加速度跳变，适用于复杂轨迹规划。

❑优势：相比梯形曲线，S型算法在加减速阶段的加速度约束更严格，适用于高精度运动控制。

❑实现：需结合滑动滤波器或查表法，但需注意滤波器引入的延时问题。

2. 遗传算法与蚁群算法

❑适用场景：复杂环境下的路径规划，如多障碍物、动态环境等。

❑优势：蚁群算法通过信息素浓度优化路径，遗传算法并行搜索最优解，两者结合可提升规划效率。

❑案例：在仓库搬运机器人中，蚁群算法可快速生成多条候选路径，结合传感器数据筛选最优方案。

3. 基于模型的软硬件协同设计

❑流程：通过模型设计（如 Simulink）验证算法，自动生成 C 代码并嵌入硬件，缩短开发周期。

❑案例：柔性 S 型算法通过模型参数自适应调整，实现多轴运动控制。

四、典型应用场景及案例

1. 工业机器人轨迹规划

❑案例：三自由度搬运机器人通过"门"字形轨迹规划，利用修正梯形算法生成平滑路径，减少关节振动。

❑实现：通过运动学逆解优化关节角度，结合 SolidWorks 仿真验证轨迹可行性。

2. 移动机器人路径规划

❑案例：扫地机器人采用 A* 算法进行全局规划，结合 DWA（动态窗口法）实现局部避障，通过多传感器融合提升定位精度。

❑数据支持：改进 JPS（跳点搜索）算法通过危险度评估优化路径，平均搜索速度提升 58.9%，路径长度缩短 2.7%。

五、创新方向与研究建议

1. 多传感器融合技术

❑优势：激光雷达、超声波、红外传感器数据互补，提升环境感知能力。

❑应用：在复杂环境中，多传感器融合可降低单一传感器的局限性，如超声波传感器在干扰环境下仍保持稳定。

2. 路径规划与控制算法优化

❑ 方向：结合强化学习与传统算法，实现自适应轨迹规划。

❑ 数据支持：B 样条曲线结合遗传算法可缩短工业机器人运行时间，轨迹跟踪精度提升 30%。

3. 低能耗控制策略

❑ 案例：两栖复合机器人采用梯形曲线规划，支撑相与摆动相时间分配优化，降低能耗。

❑ 方法：通过加速度约束和时间判别法减少冲击振动，提升运动稳定性。

六、总结

机器人运动控制需综合算法设计、传感器数据、实际案例及创新技术，未来研究可聚焦于多传感器融合、自适应算法及能效优化。通过模型驱动设计与硬件协同，可显著提升机器人运动精度与适用场景。

9.1.2 使用夸克开展学术研究的注意事项

夸克以其高效、便捷的特性，降低了研究活动的入门门槛，激发了更广泛人群参与学术探索的兴趣。在一定程度上，这一工具促进了"人人做研究"的可能性。然而，从严谨学术实践的角度观察，当前基于夸克进行研究辅助的应用仍存在一些局限性。

（1）理解深度不足

夸克主要基于已有文本与信息进行内容生成，擅长提炼总结，但对于理论体系的深度把握与复杂逻辑的严密推演仍存在一定局限性。因此，用户在借助 AI 提升效率的同时，仍需保持主动钻研与深入分析的意识，以保证研究成果具备应有的深度和逻辑严密性。

（2）原创性支持有限

夸克能够根据输入要求进行合理整合与再表达，但真正意义上的学术创新，如理论突破、新方法提出或独特视角建构，仍主要依赖研究者自身的独立思考与探索。为此，在使用 AI 辅助的过程中，应有意识地在原有基础上进一步深化思考，努力挖掘独特问题意识与研究路径，以确保研究成果在学术价值上具备一定的独创性与前沿性。

（3）批判性思维弱化

批判性思维作为学术研究的基本能力，要求研究者能够不断检视已有观点、识别潜在问题，并提出建设性反思。因此，在使用 AI 时，应保持对生成内容的批判性态度，善于甄别、质疑并加以完善，以形成更加严谨和成熟的学术表达。

（4）复杂方法掌握受限

虽然夸克能够为常规资料整理与展示提供帮助，但对于需要复杂方法论支撑的研究，如实验设计、统计分析、推理建模等领域，目前 AI 的辅助功能尚难以完全满足高阶需求。尤其对于缺乏专业背景的使用者而言，单纯依赖 AI 生成内容可能难以深入掌握严谨的研究方法体系。因此，在使用 AI 过程中，应将其视为辅助工具，同时注重加强自身的方法训练与技术积累，不断提升对研究规范与方法论深度的掌握能力。

（5）学术规范意识欠缺

虽然 AI 在内容生成中可以基本遵循一定的格式与规范，但对于引用要求、数据出处、伦理合规等更高层次的学术规范，目前仍需使用者主动审查与补充。因此，使用夸克生成内容时，应强化对学术规范的认识，确保研究成果在内容与形式上均符合规范要求。

9.1.3　使用夸克开展学术研究的进阶技巧

（1）智能学习与研究指导

夸克与在线教育平台结合，研究者可以在进行研究时获得相关领域的课程和讲座推荐，AI 能够根据研究者的学习进度与研究需求，智能推送相关的学习资源，如图 9-5 所示。

（2）云存储类 App 联动备份

虽然夸克本身有网盘功能，但与其他云盘 App 联动可以进一步拓展存储和分享的灵活性。通过将夸克中重要的学术资料备份到百度网盘等其他云盘中，可以防止数据丢失。同时，利用不同云盘的分享功能将文件分享给不同的学术伙伴，根据不同云盘的特点和权限设置，实现更精准的文件共享和协作。

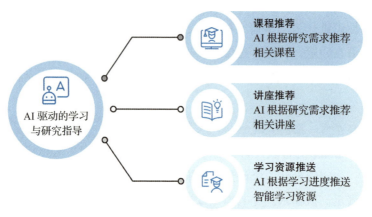

图 9-5　增强研究的 AI 驱动学习

9.2　聚焦灵感构思，轻松敲定优质选题

在过去，学生确定论文选题主要依靠传统方式。研究者要花费大量的时间在图书馆翻阅纸质书籍和期刊上，大海捞针般寻找可能感兴趣的研究方向。接着，需要对收集到的资料进行人工筛选和分析，尝试从众多信息中提炼出有价值的选题。这个过程往往耗时耗力，而且由于个人知识和视野的局限性，很容易遗漏重要信息，导致选题缺乏新意或者可行性不足。此外，在传统方式下，学生很难快速了解当前学术领域的研究热点和趋势，难以把握研究的前沿动态，使得选题可能与时代脱节，缺乏现实意义。

夸克的出现，为学生解决论文选题难题带来了全新的思路和方法，在敲定选题过程中发挥了强大的赋能作用。当学生头脑中仅有一个模糊的灵感时，只需在夸克 App 的搜索框中输入相关关键词或简单描述，便能依托其强大的大数据分析和智能算法，迅速从海量学术资源中筛选出与之相关的研究方向和热点话题。例如，学生对"人工智能在教育领域的应用"感兴趣，夸克不仅会展示当前该领域的热门研究方向，如智能辅导系统、个性化学习路径规划等，还会提供相关的研究现状、已有的研究成果以及尚未解决的问题，帮助学生全面了解该领域的全貌。

9.2.1　使用夸克辅助论文选题的操作指南

在论文写作初期，如何从模糊的研究灵感出发，逐步确定具体且具有可行性的选题方向，是学术写作中尤为关键的一环。夸克通过智能生成与信息整合功能，能够为写作者提供有效支持，帮助迅速理清思路，形成具有研究价值的选题。其基本操作步骤可归纳为以下几个方面。

第一步：初步激发灵感。写作者可以通过夸克对某一领域或感兴趣的主题进行关键词搜索，这里可以参考 9.1.1 节的功能实操内容，实现对感兴趣内容的整体研究，初步激发对某一方向的关注与思考。这一阶段重在拓宽视野，不急于确定具体问题，而是以广泛探索为目标。

第二步：聚焦研究领域。在收集到大量灵感后，借助夸克的"接着问"功能，进一步缩小主题范围。例如，以 9.1.1 节的"机器人运动控制"为例，点击"接着问"，如图 9-6 所示。

第三步：根据兴趣和资源条件，锁定具体领域后输入以下内容，如图 9-7 所示。

第四步：稍等片刻，夸克就会给出相应的内容。

夸克 AI 的输出结果如下：

以下是机器人运动控制领域内与轨迹规划、运动控制算法及感知系统融合相关的具体研究问题及方向，结合工业机器人、移动机器人等应用场景展开分析：

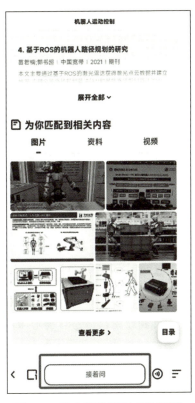

图 9-6　学术搜索界面"接着问"

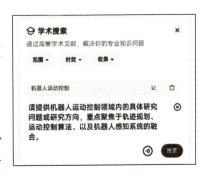

图 9-7　"接着问"输入内容

一、轨迹规划与运动控制算法

1. 时间最优轨迹规划

（1）问题：在保证运动学约束下，如何生成最短时间路径？

（2）方向：

❑ 六轴机器人：基于 D-H 参数法建立运动学模型，利用改进的粒子群算法优化轨迹参数，可缩短规划时间 53%。

❑ 多关节机器人：采用 3-5-3 分段多项式插值法，结合遗传算法（GA）优化轨迹，实现平滑连续运动。

❑ 特殊约束处理：引入 Jerk 约束（加速度连续性约束）优化 St Stewart 平台轨迹，结合 Quasi-Monte Carlo 算法提升实时性。

2. 多目标优化轨迹规划

（1）问题：如何平衡时间、能耗与脉动冲击？

（2）方向：

❑ 多目标 PSO 算法：在粒子群优化中引入时间、能量消耗和轨迹脉动目标，通过 Pareto 分布实现多目标优化。

❑ 神经网络融合：结合 RBF 神经网络与遗传算法，优化轨迹参数并减少计算量。

3. 实时在线轨迹规划

（1）问题：动态环境中如何快速更新轨迹？

（2）方向：

❑ 在线学习算法：利用 DWA 算法实时采样速度和角速度，结合视觉传感器数据更新路径。

❑ 模型预测控制：结合 IMU 和激光数据，通过滑动窗口法优化位姿估计，提升鲁棒性。

二、机器人感知系统融合

1. 多传感器数据融合

（1）问题：如何整合视觉、触觉、声音等多模态传感器数据，提升定位精度？

（2）方向：

❑ 多源 SLAM 系统：激光雷达与 IMU 数据融合，通过迭代最近点算法（ICP）优化位姿估计，减少累计误差。

❑ 模糊神经网络控制：结合红外、超声波传感器数据，设计四输入二输出的模糊网络，实现动态避障与导航。

2. 神经网络与强化学习

（1）问题：如何利用神经网络优化运动决策？

（2）方向：

❑ RBF 神经网络优化：通过遗传算法优化 RBF 网络权值，提升轨迹规划稳定性。

❑ 强化学习（IL）：基于行为克隆（BC）和约束优化，实现复杂任务的模仿学习。

三、未来趋势与挑战

❑ 多模态融合：视觉 – 触觉 – 听觉多传感器数据的实时融合，提升机器人环境感知能力。

❑ 实时优化算法：基于边缘计算的轻量化轨迹规划，满足工业机器人实时控制需求。

❑ 自适应控制：结合强化学习与神经网络，实现机器人参数的自适应调整。

第五步：初步拟定选题方向。基于聚焦后的领域，写作者可以利用夸克生成若干初步选题建议，同时结合自身兴趣、已有知识储备以及可获取的资源进行筛选和修正。在此过程中，可通过 AI 多轮提问，反复打磨选题表述，使之逐渐具体化、明确化，避免选题过大或过空的问题，并最终确认大致选题思路。

9.2.2　使用夸克辅助论文选题的注意事项

从灵感到选题的过程中，使用夸克虽然能够显著提高效率和帮助确定研究方向，但也并非完美无缺。在使用过程中，研究者应结合自身的学术兴趣和领域需求，保持批判性思维，适时补充相关专业知识，并充分发挥自主思考的能力。

（1）创新性可能受限

虽然夸克可以帮助识别研究趋势，但对于一些前沿和突破性的研究方向，可能还需要研究者结合自身的学术视野进行进一步的探索。研究者可以在 AI 生成的选题基础上，加入自己的创意和独到见解，从而确保选题具有一定的创新性。

（2）前沿动态敏感度不足

尽管夸克能够生成与当前文献相关的选题，但它可能存在一定的滞后性，无法实时反映学术领域中的最新研究成果。因此，研究者在使用 AI 时应保持对最新学术动态的关注，主动查阅新近的研究成果、学术会议和技术进展，以确保选题能够紧跟学科发展的脚步。

（3）学术视野的宽度受限

AI 生成的选题往往集中于一些较为热门的研究话题，可能忽视了某些领域的潜力和创新性。为了避免陷入局限，研究者在使用 AI 时应保持广阔的学术视野，主动探索更多领域的选题方向，以便发现潜在的研究机会。

9.2.3　使用夸克辅助论文选题的进阶技巧

（1）选题与学术资源的智能匹配

通过输入科学合理的提示词，夸克可以推荐与之相关的研究机构、专家、研究会议、学术基金等资源，帮助研究者更好地拓展研究路径。同时，还能提醒研究者哪些领域的资金申请和研究机会正在开放，帮助研究者获取更多的资源支持，如图 9-8 所示。

（2）选题思路与云笔记软件智能联动

夸克与云笔记软件（如印象笔记、有道云笔记）的结合，利用云笔记软件的标签和分类功能，对记录的选题灵感和思考进行整理。比如，创建"教育－人工智能应用""医疗－大数据分析"等分类标签，将相关的灵感笔记归入对应的类别，从而可以随时随地记录选题过程中的灵感和思考。

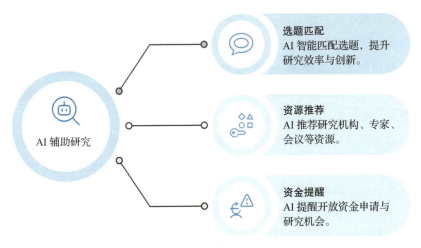

图 9-8　AI 辅助研究

9.3　智能总结文献，便捷锁定核心观点

文献总结作为学术研究的基石，旨在对特定领域内的研究成果进行系统梳理、提炼核心观点并揭示研究趋势。其核心价值在于帮助研究者快速把握学科前沿动态，避免重复劳动，为后续研究提供理论支撑与方法借鉴。高质量的文献总结不仅要求研究者具备文献筛选、信息整合、逻辑分析等专业能力，更需要投入大量的时间和精力，是学术研究中不可或缺的重要环节。

在传统研究模式下，文献总结的完成高度依赖研究者的手动操作与经验判断。首先，在文献检索阶段，研究者需在知网、Web of Science 等学术数据库中，通过反复调整关键词组合检索文献。这一过程不仅耗时耗力，且因检索策略的局限性而容易遗漏重要文献。其次，在文献阅读环节，研究者需逐篇阅读文献，手工提炼核心论点、研究方法与结论，并记录关键信息。随后，面对海量的文献笔记，还需进行烦琐的分类整合，最终形成文献综述。这种方式不仅效率低下，且易受主观因素影响，导致总结内容的完整性与客观性不足。尤其在跨学科交叉研究中，传统方法需要研究者同时精通多个领域的检索策略和专业知识，其局限性更为显著。

夸克的出现为文献总结工作带来了创新性突破。在文献检索环节，其智能检索功能可基于用户输入的研究主题，快速且精准地从海量文献中筛选出高相关性资源，还能按照被引频次、发表时间、期刊等级等多维度进行智能排序，显著提升检索效率与质量。在文献内容处理阶段，夸克支持 PDF、Word 等多种格式文献的一键上传，对文献进行语义解析，自动识别核心观点、研究方法与创新点，并生成结构化摘要。例如，面对一篇万字的学术论文，夸克可在数秒内提取关键信息，并以思维导图、对比表格等可视化形式呈现，直观展示不同文献间的关联与差异。此外，夸克还具备强大的聚类分析功能，能够将文献按研究方向、方法类型等维度自动分类，帮助研究者快速把握领域内的研究脉络。研究者还可通过交互式提问，要求夸克对特定研究结论进行溯源分析或对比论证，实现对文献的深度挖掘。

9.3.1 使用夸克辅助文献总结的操作指南

第一步：打开夸克 App，在首页选择"更多"模块，如图 9-9 所示。

第二步：选择"文件总结"功能，如图 9-10 所示。

图 9-9　夸克首页

图 9-10　选择"文件总结"功能

第三步：点击"文件总结"后，选择"上传文件"功能，如图 9-11 所示。

第四步：点击"上传文件"按钮后会显示上传途径，包含"我的手机"和"我的网盘"两种，这里选择"我的网盘"，如图 9-12 所示。

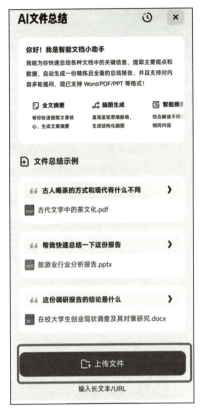

图 9-11　夸克文件总结界面

图 9-12　选择文档所在位置

第五步：选择具体文件，然后点击下方"确认上传"按钮，如图 9-13 所示。

第六步：等待片刻，夸克就会生成每篇论文的主题概览内容。

夸克 AI 的输出结果如下：

文件 1. 一种特殊路网环境下的多机器人运动协调算法研究与实现 .pdf

本文研究了一种特殊路网环境下多机器人运动协调算法，通过场景网格划分、路径间隔划分及包围盒法降低碰撞检测时间复杂度，并采用混合整数线性规划求解目标函数最优解。实验结果表明，该算法在考虑机器人运动学与动力学约束下，能有效减少碰撞检测耗时，提高多机器人任务完成效率。

文件 2. 基于改进遗传算法参数整定的足球机器人运动控制系统的仿人智能

控制 .pdf

本文讨论了足球机器人运动控制系统的改进方法，提出了一种基于改进遗传算法（IGA）参数整定的仿人智能控制（HSIC）算法。通过分析足球机器人运动控制系统的组成和电机数学模型，设计了多控制器多模态控制的 HSIC 算法，并利用 IGA 优化控制器参数。实验结果表明，与传统的 PID 控制器相比，IGA 参数整定的 HSIC 控制器在响应速度、超调量和稳定性方面具有更好的性能，显著提高了足球机器人的运动控制精度和比赛表现。

图 9-13　选择论文并确认上传

文件 3. 基于 Lyapunov 直接法的移动机器人运动控制研究 .pdf

本文研究了基于 Lyapunov 直接法的移动机器人运动控制方法。通过建立 Pioneer3DX 型轮式移动机器人的运动学模型，设计了基于 Lyapunov 直接法的控制器。仿真实验结果表明，该控制器能够有效跟踪期望轨迹，包括直线和圆轨迹，具有良好的调节能力和简化设计的特点，适用于实际工程应用。

文件 4. 面向复杂地形的四足机器人运动控制研究 .pdf

本文提出了一种结合环境编码器和策略解码器的深度强化学习方法，用于提高四足机器人在复杂地形中的运动能力。通过引入元强化学习思想，该方法在仿真实验中表现出色，特别是在月球表面的典型地形上。实验结果表明，该方法显著提高了四足机器人的运动性能，验证了深度强化学习在四足机器人运动控制领域的潜力。

文件 5. 基于分层控制学习框架的四足机器人运动控制 .pdf

本文提出了一种结合高层质心规划策略与低层腿部控制器的分层控制框架，用于四足机器人的运动控制。该框架通过强化学习训练高层策略，生成机器人的质心速度、步态信息和摆动腿的足端位置指令，并传递至低层控制器。低层控制器利用最优控制和逆运动学方法实现足端轨迹跟踪与质心速度跟踪。实验结果表明，该控制框架在四足机器人 Gol 上成功部署，展示了良好的运动性能和环境适应性。

9.3.2 使用夸克辅助文献总结的注意事项

在利用夸克进行文件总结时，需清醒认识其存在的多重局限性与学术伦理风险。从功能层面看，夸克在语义理解、创新性评估和学科话语适配方面均存在显著不足，易遗漏深层学术要素、误判研究价值并偏离学科规范；从学术规范层面看，夸克需建立严谨的保障机制，通过溯源追踪系统确保结论可验证，明确使用边界来防止学术不端，同时对高风险内容实施严格人工复核。唯有全面把控技术应用的边界与尺度，才能在享受 AI 便利的同时，维护学术研究的严谨性与真实性。

（1）夸克在语义理解上存在浅层性缺陷

由于夸克基于统计模式识别处理文本，因此缺乏对学术内容内在逻辑的深度理解。在总结文件时，容易遗漏深层学术要素，例如，在法学领域中，夸克难以精准把握学科特有的判例援引规则，导致无法完整呈现出法律论证的严谨逻辑。

（2）学科话语体系适配问题突出

不同学科有着独特的表达规范，夸克在处理文件时容易产生误判。例如，在人文社科领域，夸克可能混淆批判性分析与事实陈述，模糊学术观点与客观事实的界限。

（3）针对高风险、强专业性的学术内容，制定严格的人工复核标准

对于历史文献的年代判定，不能依赖 AI 基于算法的推测，需由专业的史学研究者结合文献版本、出土文物、历史背景等多维度信息进行综合研判；在跨文化研究领域，人工要着重复核本土化表述是否准确恰当，避免因 AI 对文化差异理解不足而产生的误读、误译现象，保障学术研究的严谨性和文化敏感性。

9.3.3 使用夸克辅助文献总结的进阶技巧

使用夸克辅助文献总结的进阶技巧如图 9-14 所示。

图 9-14 使用夸克辅助文献总结的进阶技巧

（1）结合学术搜索拓展

在获取文献总结后，利用夸克的学术搜索功能深入拓展知识。当总结中提及某个关键概念或研究方向，在学术搜索中输入相关内容，查询来自知网、维普、万方等权威数据机构的更多文献。比如在计算机科学领域，若文献总结涉及"人工智能算法优化"，通过学术搜索能获取不同学者在该方向的研究成果，全面了解领域研究现状，形成更系统的认知。

（2）总结内容灵活运用

把夸克生成的总结转化为实际应用材料，如将文献总结制作成 PPT 用于汇报，或整理成笔记方便复习回顾。在准备学术汇报时，借助夸克快速生成 PPT 大纲，再结合总结内容和自身见解完善 PPT 内容；在复习专业知识时，参考总结笔记来快速回顾重要知识点，提高学习和研究效率。

9.4 撰写论文报告，高效输出学术成果

论文摘要与研究报告是学术成果的核心呈现形式。论文摘要以精练的文字概括研究背景、目的、方法、主要发现及结论，是论文的"微型名片"；研究报告则以系统、结构化的方式完整阐述研究过程与成果，是学术交流与知识传播的重要载体。两者的撰写质量直接影响研究成果的可读性与影响力，要求研究者在逻辑梳理、信息提炼、学术规范表达等方面具备扎实能力。

在传统模式下，论文摘要与研究报告的撰写面临多重挑战。在撰写论文摘要时，研究者需从大量研究内容中手动筛选核心要点，反复斟酌语句结构与用词准确性，确保在有限字数内传达关键信息；在撰写研究报告时，研究者需耗费大量时间整合实验数据、文献综述、分析结论等多模块内容，且需遵循严格的学术格式规范。这一过程不仅对研究者的文字功底、逻辑思维能力要求较高，还需投入大量的时间和精力进行反复修改，尤其对学术经验不足的学生而言，易出现内容详略不当、逻辑层次混乱、语言表述不规范等问题。

夸克凭借智能化技术为论文摘要与研究报告撰写提供系统性解决方案。在摘要生成环节，夸克可快速扫描论文全文，识别研究问题、方法、核心结论等关键要素，将其提炼为逻辑清晰、重点突出的摘要文本，并支持多版本生成与关键词优化，帮助学生高效完成初稿撰写。针对研究报告，夸克能够自动整合实验数据、文献引用、分析结果等内容，依据学术规范生成标准化框架，如自动生成目录、规范参考文献格式、优化图表标注等。此外，夸克支持多轮交互修改，学生可根据需求调整内容侧重点与表述风格，并逐步完善研究报告，在降低写作门槛的同时，有效提升学术成果的专业性与规范性。

9.4.1 使用夸克辅助论文报告撰写的操作指南

第一步：打开夸克 App，在首页选择 "AI 写作" 模块，如图 9-15 所示。

第二步：在 AI 写作的界面中，选择 "论文" 功能，并基于写作需求勾选论文要求，如图 9-16 所示。

图 9-15 夸克首页

图 9-16 AI 写作界面

第三步：输入论文主题后，选择"创作"功能，如图 9-17 所示。

第四步：点击"创作"按钮后，会生成论文大纲，可选择右上角的"＋"对大纲内容进行优化调整，如图 9-18 所示。

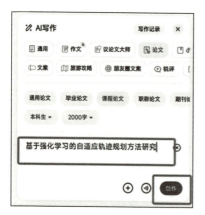

图 9-17　选择"创作"功能

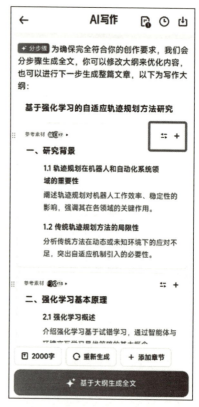

图 9-18　论文大纲界面

第五步：点击"基于大纲生成全文"按钮，稍等片刻，夸克就会生成论文内容。

夸克 AI 的输出结果如下：

基于强化学习的自适应轨迹规划方法研究

一、研究背景

（一）轨迹规划在机器人和自动化系统领域的重要性

轨迹规划是机器人和自动化系统领域的核心环节。它关乎机器人的工作效率，能让机器人在规定时间内精准完成任务；也影响稳定性，确保机器人在复杂环境中运动平稳。这在工业生产、服务、医疗等领域都发挥着关键作用，是机器人实现高效、安全作业的基础。

（二）传统轨迹规划方法的局限性

传统轨迹规划方法在动态或未知环境下存在明显的局限性。它往往难以应对环境变化，无法实时调整轨迹，且计算量大、效率低，难以满足复杂场景需求，引入自适应机制十分有必要。

二、强化学习的基本原理

（一）强化学习概述

强化学习是一种通过智能体与环境的交互来学习最优策略的机器学习方法。智能体依据环境状态采取行动，环境给予奖励或惩罚作为反馈。智能体不断试错，从反馈中调整策略，以实现长期累积奖励最大化，类似于人类在实践中不断学习和成长的过程。

（二）强化学习核心算法

强化学习有多种核心算法。Q-learning 算法通过学习动作 - 价值函数来指导决策，无需环境模型，能收敛到最优策略。策略梯度算法直接优化策略参数，可处理连续动作空间，对复杂环境适应性强，二者各有优势，在不同场景中发挥着重要作用。

（三）强化学习应用场景

在游戏领域，强化学习使 AI 在围棋、星际争霸等游戏中展现出超人类水平。在自动驾驶方面，强化学习可用于感知、决策等，通过学习复杂交通环境中的驾驶策略，提升车辆行驶安全与效率。在机器人控制领域，能让机器人学会复杂操作，如抓取、移动等，其应用广泛且前景广阔。

三、强化学习应用于自适应轨迹规划

（一）模型构建

在构建基于强化学习的自适应轨迹规划模型时，需先建立环境模型，如利用图神经网络提取交互式特征来描述自动驾驶环境。对于无人机等场景，要依据运动学方程搭建三维环境。模型可采用 TD3 等强化学习算法，通过网络结构输入当前状态，输出动作，使环境状态转移，实现轨迹规划。

（二）状态和动作的定义

在轨迹规划中，状态特征选择很关键，要能准确反映环境信息，如机器臂的位置、速度、加速度等。可通过传感器数据或神经网络提取。动作空间设计需考虑实际需求，对于机械臂，可能是关节角度的变化；对于移动机器人，可能是移动方向和速度。要确保动作空间既能满足任务要求，又能便于算法学习，如连续动作空间可用策略梯度算法处理。

（三）奖励函数的设定

奖励函数在强化学习中起引导作用，能让智能体朝着最优策略学习。若在轨迹规划中希望机器人快速到达目标且路径平滑，可设置到达目标奖励、路径长度惩罚和加速度变化惩罚等。常见的设定方法有基于距离、速度、碰撞等，根据不同的任务需求，灵活设计奖励函数，使智能体在训练中不断优化行为。

四、基于强化学习的自适应轨迹规划方法研究现状

（一）主要研究成果

目前，基于强化学习的自适应轨迹规划在算法上取得了诸多突破，如actor-critic 方法提升了学习效率。在理论上，强化学习与多种技术融合，为轨迹规划提供了新的理论框架，推动了相关领域的发展。

（二）成功应用案例

在工业自动化领域，强化学习使机器人能自主完成复杂装配任务，提高生产效率与质量。在自动驾驶中，基于强化学习的轨迹跟踪方法增强了系统的鲁棒性，让车辆能在复杂交通环境中平稳行驶，展现出良好的应用成效。

（三）存在的问题

高维状态空间处理是当前研究的难题，状态空间维度过高会导致"维度灾难"，使算法学习效率降低、收敛困难。在实时性方面，强化学习需要大量时间与数据训练，难以在实时性要求高的场景中快速做出决策。奖励函数设计也存在挑战，难以兼顾安全、稳定等多方面需求，且策略易陷入局部最优，影响整体性能。

五、研究思路

（一）改进算法

针对基于强化学习的自适应轨迹规划，可引入遗传算法等优化算法与强化

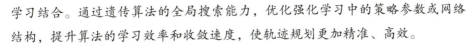

学习结合。通过遗传算法的全局搜索能力，优化强化学习中的策略参数或网络结构，提升算法的学习效率和收敛速度，使轨迹规划更加精准、高效。

（二）引入新的强化学习框架

深度强化学习能将深度学习与强化学习优势结合，为自适应轨迹规划带来新机遇。它利用深度神经网络提取环境特征，能处理高维状态空间。在自动驾驶等复杂场景中，深度强化学习可让智能体更好地理解环境，学习到更优的轨迹规划策略，增强系统的适应性和鲁棒性。

（三）与其他方法的融合

将强化学习与自适应控制理论融合，能充分发挥各自优势。自适应控制理论可应对系统参数变化，强化学习能处理复杂环境。通过融合，既能使轨迹规划适应动态环境变化，又能提高系统的稳定性和控制精度。

六、未来研究方向展望

（一）面临的挑战

未来基于强化学习的自适应轨迹规划，在算法性能上需提升样本效率与泛化能力，以应对高维状态空间和复杂环境。在环境适应性方面，要解决动态变化环境中的实时规划与多目标优化难题，同时面对数据安全与隐私保护等新挑战。

（二）发展机遇

深度学习与强化学习的深度融合为轨迹规划带来新机遇，能更好地处理复杂环境。云计算、边缘计算的发展可提升计算效率，满足实时性需求。多智能体协同规划技术的发展，也将推动其在更多领域的应用。

9.4.2　使用夸克辅助论文报告撰写的注意事项

夸克在帮助写作者提高效率和提供灵感方面具有明显优势，但在深度分析、创新性、学术规范性和复杂问题处理上仍有其局限。写作者需要有意识地在使用 AI 的同时，积极进行内容补充、修改和提升，确保论文的质量符合学术要求。

（1）批判性思维的挑战

夸克可以快速生成文章内容，但在批判性分析方面可能存在一定的局限性。AI 虽然能在一定程度上帮助构建框架，但它在提出创新见解、识别潜在问题和进行深度反思方面，往往缺乏主动性。因此，写作者需要对 AI 生成的内容进行审视，适时补充自己的思考，以确保论文的深度和学术严谨性。

（2）内容的规范性和一致性

夸克可以自动生成论文的结构和内容，但在语言风格、术语使用和段落的衔接上可能存在不一致的情况。这对于长篇论文来说尤为重要，尤其是在确保论文的整体流畅性和学术规范方面。写作者在使用 AI 时仍需要对生成的内容进行适当的调整，确保语言的统一性和逻辑的连贯性。

（3）处理复杂跨学科问题的挑战

对于涉及多个学科交叉的研究，夸克在整合不同学科的理论和方法时可能存在一定难度。因此，在进行跨学科的研究时，写作者需要确保 AI 生成的内容能够合理融合不同领域的知识，并适时补充专业分析。

9.4.3　使用夸克辅助论文报告撰写的进阶技巧

夸克可以与不同工具结合，从多个方面提高论文质量和效率，如图 9-19所示。

图 9-19　夸克与不同工具的结合

1）夸克与在线翻译工具的结合，能够显著提升跨语言论文撰写和翻译的效率，尤其是在处理国际学术投稿时。研究者通常需要将学术论文从一种语言翻译成另一种语言，以便更好地与国际学术界进行沟通。通过将夸克与 DeepL或其他翻译工具相结合，研究者可以在翻译过程中获得更多的智能化支持，提高论文质量。

2）夸克与办公工具的结合。使用夸克生成初步的研究框架后，将其导入 XMind 中制作思维导图，进而梳理论文的结构和逻辑关系，最后在 Word 等文档编辑工具中对论文生成的内容进行整合和精细修改，完成论文报告的撰写。通过多种工具的协同使用，发挥各自的优势，提高论文撰写的质量和效率。

9.5　搭建演示框架，有效助力答辩通关

论文答辩 PPT 是学生在论文答辩环节展示研究成果的重要工具，其核心在于以简洁、直观且逻辑清晰的方式，呈现研究背景、目的、方法、主要内容、成果结论等关键信息，帮助评委快速了解研究全貌，同时为答辩者提供清晰的展示框架，辅助其阐述观点，顺利完成答辩。一个优秀的答辩 PPT 能够突出研究亮点，增强表达效果，提升答辩的质量与成功率。

在传统方式下，学生制作答辩 PPT 面临诸多挑战。首先，在内容构思阶段，需要手动梳理论文庞杂的内容，从中筛选出适合展示的关键信息，并合理规划 PPT 的结构与逻辑顺序，这不仅要求学生具备较强的归纳总结和逻辑思维能力，还需耗费大量时间和精力。其次，在视觉设计方面，学生要自行选择配色方案、字体样式，设计页面布局，而多数学生缺乏专业的设计知识与经验，往往难以制作出美观、协调且符合学术风格的 PPT。此外，在制作过程中，还需不断调整文字、图表、图片等元素的格式，确保整体效果统一，整个过程烦琐且效率较低。

夸克的出现为学生制作答辩 PPT 带来了新的解决方案。在内容生成上，夸克可基于论文全文，通过智能算法快速提炼核心要点，自动生成逻辑清晰、重点突出的 PPT 大纲，涵盖研究背景、研究方法、研究成果等关键板块，极大地节省了学生梳理内容的时间。同时，夸克还能根据大纲生成对应的文字内容，并对语言进行优化，使其更加简洁明了、专业规范。在视觉设计方面，夸克内置丰富的学术风格模板，学生只需输入需求即可快速匹配合适的模板，模板中已预设好协调的配色方案、统一的字体样式和合理的页面布局。而且，夸克还能对 PPT 中的图表、图片进行智能排版与美化，使其更直观地呈现研究数据与成果。

9.5.1 使用夸克辅助制作答辩 PPT 的操作指南

第一步：打开夸克 App，在首页选择"AI PPT"模块，如图 9-20 所示。

第二步：在 AI PPT 的首页选择"更多"功能，对 PPT 的页数、语言、风格进行细化调整，如图 9-21 所示。

图 9-20 夸克首页

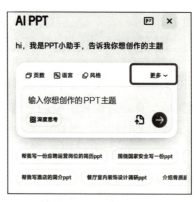

图 9-21 夸克 PPT 首页

这里以页数为"10-20 页"、语言为"中文"、风格为"科技 / 智能"、颜色为"蓝色"，进行 PPT 提纲风格确认，如图 9-22 所示。

第三步：确认文件风格后，选择上传文件功能 ⬆，如图 9-23 所示。

图 9-22 PPT 提纲风格

图 9-23 PPT 文件上传界面

第四步：点击上传文件后会显示上传方式，可选择"手机文件""网盘文件"和"输入文本生成"三个选项，如图 9-24 所示。

这里选择"网盘文件"，确认好论文文件后，点击"上传并生成 PPT"按钮，如图 9-25 所示。

图 9-24　选择文档所在位置

图 9-25　选择文档

第五步：自动跳转至 AI PPT 首页，点击并输入 PPT 主题，如"恶意社交机器人检测方法综述"，如图 9-26 所示。

第六步：夸克会根据论文内容生成答辩 PPT 提纲，此时确认无误后，可以点击"生成 PPT"按钮，如图 9-27 所示。

图 9-26　输入想创作的 PPT 主题

图 9-27　生成 PPT

第七步：一般情况下，夸克会自动匹配一个 PPT 模板，可以在此时更换 PPT 的主题，包括选择 PPT 的风格、场景和颜色，选择完成后，点击"应用"按钮，如图 9-28 所示。

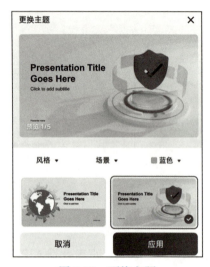

图 9-28　更换主题

第八步：稍等片刻，夸克就会生成最终答辩 PPT 提纲，可根据需求选择"导出 PPT 文件""导出 PDF 文件""导出长图"。图 9-29 所示是选择图片版式的提纲内容。

9.5.2　使用夸克辅助制作答辩 PPT 的注意事项

夸克的 AI PPT 功能以其便捷、高效的特点为部分学生提供初步支持，但在内容准确性、结构逻辑、视觉设计、复杂指令理解以及素材合规性等方面存在一定的局限性。若在答辩中直接使用未经调整的 AI 生成 PPT，可能会影响整体答辩表现。因此，充分认识并有针对性地弥补这些局限，是提升答辩质量的关键。

（1）生成内容较为宽泛粗糙

夸克 AI PPT 在根据用户提供的主题或关键词生成文本时，往往存在内容表述宽泛、细节描述粗略、逻辑推演不足的问题。因此，在使用夸克生成 PPT

初稿后，写作者必须进行仔细的内容审阅与校正，特别是对关键性论点、数据引用及专业术语的准确性进行逐条验证，确保输出内容不仅具备表面上的完整性，还具备严谨性和权威性。

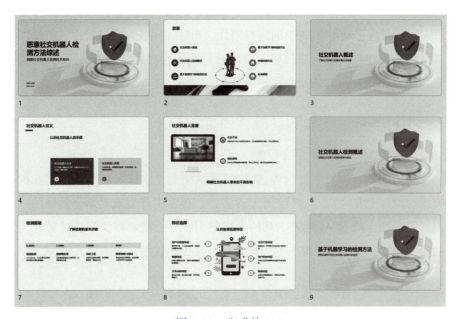

图 9-29　生成的 PPT

（2）视觉设计个性化不足

大多数自动生成的幻灯片在版式安排、色彩搭配及图文比例控制上较为通用，缺乏根据具体受众、演讲场景或品牌风格进行定制化调整的能力。因此，在完成初步生成后，建议用户根据实际需求对 PPT 进行二次美化，包括重新设计配色方案、统一字体风格、调整布局密度以及适当插入符合主题调性的高质量图片或图表，以提升整体视觉体验与专业呈现力。

（3）结构逻辑重点把握缺失

夸克 AI PPT 通常按照常见的演讲结构进行内容编排，虽然这种标准化模式能够在一般场景下保持一定的条理性，但在特定类型的演示需求中，则可能出现内容分布不均、重点把握失衡的问题。因此，在生成 PPT 后，写作者应结合具体演讲目标和受众特点，重新审视并优化内容结构，合理安排各部分篇幅比例，突出关键点，淡化次要信息，使整体叙事流畅且富有说服力。

（4）素材存在潜在侵权风险

夸克在生成 PPT 过程中可能调用的图片、图标及其他视觉元素，其来源有时难以完全明确或保障版权合法性，存在潜在的侵权风险。因此，在最终定稿阶段，写作者应主动对 PPT 中的所有图片、图标及模板元素进行逐一审核，确保素材来源正规且具备合法授权，必要时可替换为自有素材或购买正版资源，保障 PPT 在正式使用时的安全性与规范性。

9.5.3　使用夸克辅助制作答辩 PPT 的进阶技巧

（1）使用 AI 工具优化研究报告

夸克与即梦、混元、豆包等 AI 绘图工具结合，生成定制化图形。在撰写研究报告时，夸克可以与 AI 绘图工具结合，帮助用户生成定制化的插图、示意图或概念图。通过 AI 绘图工具的生成能力，夸克能够将文字描述转化为精美的视觉元素，从而提升报告的表现力和信息传递效率，如图 9-30 所示。

图 9-30　使用 AI 工具优化研究报告

（2）多轮生成与优化

不要期望一次生成的 PPT 就能达到完美状态，可以多次使用夸克的 AI PPT 功能，对 PPT 进行多轮生成和优化。例如，先根据初始大纲生成一版 PPT，然后仔细检查内容的准确性、逻辑性和完整性，对存在的问题进行记录和修改。接着，将修改后的大纲再次输入到系统中，生成新一版的 PPT，如此反复，使其更加符合答辩的要求。

10

查大学，查专业

在高考这场关乎万千学子命运的重要战役中，查大学、查专业的过程犹如在迷雾中艰难探索的过程。面对全国数千所高校、数百个专业，考生不仅要掌握学校的综合实力、专业特色，还要权衡录取概率、就业前景等因素，传统信息获取方式的局限性愈发凸显。夸克以 AI 为核心，为考生搭建起高效、精准的信息桥梁，成为高考备考与志愿填报阶段的得力助手。

10.1 解锁院校密码，明晰填报策略

查找大学堪称考生及其家长在高考志愿填报前夕最为关键的一环，其核心目的在于，通过系统且全面地了解各类高校的详细信息，为后续的志愿抉择筑牢根基。在这一复杂的过程中，考生和家长不仅要了解学校的基础信息，如建校历史、学校规模等，还要深入考量专业设置的具体情况，包括专业课程体系、培养方向等。此外，学校所处的地理位置、所选专业的就业前景、学校的校园文化等因素都需要纳入考虑范围。唯有全面且深入地了解大学的信息，考生才能精准地将自身的兴趣爱好、能力特长与未来长远的发展规划紧密结合，并做出科学合理的志愿决策，从而为自己未来的人生发展奠定基础。

传统的大学查询方式，主要依靠纸质资料，例如各类高考报考指南书籍、高校官网以及线下举办的咨询会。然而，这些方式存在着诸多难以忽视的劣势。就纸质资料而言，其更新周期往往较长，通常是一年甚至更久才会更新一次，这就使得资料很难及时涵盖最新出台的招生政策以及不断变化的专业动态。而高校官网虽然信息较为权威，但各个学校官网的信息布局各不相同，十分分散，考生和家长需要逐个访问不同高校的官网，逐一收集所需信息，这无疑是一项耗时费力的工作，效率极为低下。再者，线下咨询会虽然能实现面对面交流，但受到时间和地点的严格限制，并非每个考生都能方便地参加。并且，咨询会上所获取信息的准确性与完整性，很容易受到咨询人员的知识水平和表达能力等人为因素的影响。种种问题交织在一起，导致考生最终获取的信息极有可能存在滞后性，无法反映当下最新情况，同时还具有片面性，难以形成对高校的全面认知，进而严重影响志愿填报的精准度与科学性。

　　夸克凭借其背后强大的人工智能与大数据技术，能够高效整合来自全国各地的海量的高校信息。这些信息涵盖了招生计划的具体名额分配、历年录取分数线的详细数据、各个专业在全国范围内的排名等多维度关键数据，能够做到实时更新，确保考生和家长获取到的始终是最新、最准确的信息。夸克独具特色的智能检索功能，可快速精准地定位用户的需求，哪怕是输入一个模糊的关键词，也能迅速匹配到相关高校信息。更为出色的是，夸克通过智能推荐算法，能够依据考生的成绩情况、兴趣爱好、能力特长等个性化因素，为其量身定制独一无二的个性化院校推荐方案。此外，夸克还贴心地提供了院校对比功能，让考生能够直观地比较不同高校在各个方面的差异；同时从行业趋势、岗位需求等角度对专业进行分析，助力考生全面、客观地了解高校，为志愿填报工作提供了高效且可靠的信息支持，极大地提升了志愿填报的质量与成功率。

10.1.1　使用夸克辅助选大学的操作指南

　　第一步：打开夸克 App，在首页选择"更多"，如图 10-1 所示。

　　第二步：在夸克学习的首页，选择"夸克高考"功能，如图 10-2 所示。

图 10-1　夸克首页

图 10-2　夸克高考

　　第三步：点击"夸克高考"后，选择"查大学"功能，如图 10-3 所示。

第四步：点击"查大学"图标后，会看到所有学校的名单，如图 10-4 所示。

图 10-3　查大学

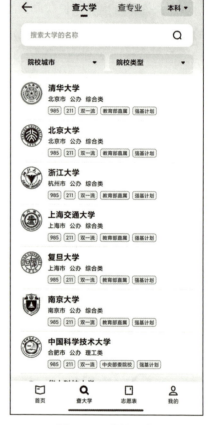

图 10-4　学校列表

第五步：选择具体学校，会弹出该学校的具体情况，这里以"北京理工大学"为例，可以点击下方的"接着问"按钮对学校介绍、学校排名、优势学科、地理位置等做详细了解，如图 10-5 所示。

第六步：例如，可以输入"2024 年北京理工大学在河北省的招生情况"，稍等片刻，夸克就会生成相关答案。

夸克 AI 的输出结果如下：

图 10-5　北京理工大学页面

2024 年北京理工大学在河北省的招生情况如下：

一、录取分数线及位次

1. 历史类

☐ 最低分：633 分，对应专业为社会科学试验班，招生 33 人，最低位次931。

☐ 其他专业：社会科学试验班（管理与经济方向）分数线为 633 分，社会科学试验班（人文社科方向）分数线为 639 分。

2. 物理类

☐ 最低分：618 分，对应专业为会计学（中外合作办学），招生 3 人，最低位次 8071。

❑ 高分专业：

- 工科试验班（宇航与机电类）：654 分，位次 1142。
- 工科试验班（未来精工技术）：665 分，位次 477。
- 工科试验班（徐特立英才班）：659 分，位次 784。

二、招生计划与专业设置

1. 招生人数

❑ 历史类：本科批招生 33 人，仅社会科学试验班专业。

❑ 物理类：本科批招生 152 人，涵盖工科试验班（多个细分方向）及会计学。

2. 细分方向

❑ 工科试验班包括宇航与机电类、信息科学技术、电子信息试验班等，每个方向招生人数在 438 人不等。

❑ 会计学为中外合作办学项目，学费较高（78000 元 / 年），工科试验班学费为 5500 元 / 年。

三、录取位次趋势分析

1. 历史类

2024 年最低位次 931，较 2023 年（757）和 2022 年（815）有所上升，竞争压力增大。

2. 物理类

2024 年最低位次 8071，较 2023 年（6968）和 2022 年（7785）波动较大，可能与招生计划调整有关。

四、报考建议

1. 分数与位次参考

❑ 物理类考生若位次在 8071 名以内，可尝试报考会计学；若位次在 1142 名左右，可冲刺工科试验班。

❑ 历史类考生需确保位次在 931 名以内，且关注社会科学试验班的细分方向。

2. 专业选择

❑ 工科试验班涵盖多个热门领域（如人工智能、机器人工程等），适合对理工科有强烈兴趣的考生。

☐ 会计学因中外合作办学属性，学费较高，需结合家庭经济条件考虑。

五、其他信息

招生批次：包括本科提前批（如理科试验班）和本科批，不同批次专业录取分数差异较大。

10.1.2　使用夸克辅助选大学的注意事项

夸克的"查大学"功能是高效的信息整合工具，但学生需始终保持"数据验证者"和"决策主导者"的角色，建议采用"3+3+3"策略。

☐ 3 核验证：对官方数据（如教育部）、第三方评价（如软科）、在校生反馈（如校友网络）进行 3 核验证，确保信息准确。

☐ 3 层过滤：通过综合评估自身的基础条件（分数、选科）、自己的核心需求（专业、地域）、自己可以接受的风险（如估分波动、政策变化），选择最适合自己的学校和专业。

☐ 3 维协同：AI 推荐、专家指导、自主调研。通过这种方式，考生既能利用技术提升效率，又能规避使用工具的局限性，最终实现"信息充分、决策理性、风险可控"的志愿填报目标。

（1）明确查询入口

打开夸克 App 后，可在首页直接点击"更多"，然后选择"夸克高考"图标进入相关页面。进入夸克高考页面后，再找到"查大学"功能入口，切勿在其他不相关的搜索结果中盲目寻找，避免因入口错误导致查询功能无法使用或信息偏差。比如部分用户误点广告链接，进入虚假查询页面，结果一无所获。只有从指定正规入口进入，才能确保后续查询操作顺利进行。

（2）善用筛选功能

夸克的"查大学"界面提供了多种筛选条件，如地区、学校类型、录取批次等。在查询前，应根据自身需求合理利用这些筛选条件，缩小搜索范围。若只想了解北京地区的一本院校，就设置地区为北京、录取批次为一本，这样能快速获取目标学校信息，避免大量无效信息干扰。若不使用筛选，面对众多学校信息，可能会眼花缭乱，浪费时间。

（3）核实信息来源

夸克展示的大学信息来源于多个渠道，看到信息后，需留意其来源是否权威。对于重要信息，如招生政策、录取分数线等，优先查看来源于学校官网、教育部官方平台的内容。若信息来源标注为不明网站或个人博客，其准确性和时效性可能存疑。大学招生政策以学校官网发布的版本为准，其他非官方来源的信息可能已过时或有误。

（4）警惕虚假大学

在高考季，一些虚假大学会混淆视听。使用夸克查大学时，可借助其提供的正规高校名单及虚假大学警示信息进行甄别。虚假大学的名称往往与正规大学相似，或承诺低分高录等不符合常理的条件。若查询到的大学不存在于夸克的正规高校名单中，且网站域名、联系方式等存在异常，则该大学极有可能是虚假大学，切勿轻信其宣传。

（5）关注数据时效性

大学的招生计划、录取分数线等数据每年都可能变化。在夸克查看这些数据时，要注意其更新时间。优先参考近 3～5 年的数据，时间太久远的数据的参考价值有限。如查询某大学 2025 年的录取分数线，若看到的是 2010 年的数据，就无法准确判断当年的报考形势。对于未及时更新的数据，可前往学校官网或教育考试院官网查看最新情况。

（6）综合多维度信息

查大学不能仅看学校排名或某一项优势，应综合院校的专业设置、师资力量、就业情况、校园文化等多维度信息。比如某学校整体排名一般，但该校的某个专业在全国处于领先地位，若只看排名可能会错过该专业。通过夸克查看学校各方面信息后，要全面分析，结合自身兴趣和职业规划，判断学校是否适合自己。

（7）更新夸克版本

夸克会不断优化查大学等高考相关功能，及时修复漏洞、更新数据。使用夸克查大学前，确保 App 为最新版本。在手机应用商店中搜索"夸克"，若有更新提示，及时下载安装。旧版本可能存在查询功能不稳定、信息不全面等问题。例如旧版本无法展示最新的大学招生计划调整信息，而更新后可获取完整内容。

10.1.3 使用夸克辅助选大学的进阶技巧

使用夸克辅助选大学的进阶技巧如图 10-6 所示。

图 10-6 使用夸克辅助选大学的进阶技巧

（1）借助协作文档

若与同学、老师或家长一起探讨选校，可利用夸克文档的协作功能：将使用夸克查到的大学资料整理成文档，并分享链接给协作人。所有协作人都可在线编辑、标注重点、评论交流，共同分析不同大学的录取分数线走势。多人协同可以提高效率，避免信息分散。

（2）融合职业评估

选大学与未来职业关联紧密，夸克为查大学功能搭配了专业的职业测评工具，如 MBTI 职业性格测试。可依据测评结果，筛选与之匹配的专业和院校。若测试显示适合研究型工作，可通过夸克重点关注学术氛围浓、科研实力强的大学及相关专业。

（3）助力认证研究

若有考证计划，如考教师资格证、注册会计师证等，可以在利用夸克查大学的同时，搜索哪些学校开设相关专业课程或培训。例如考教资，通过夸克筛选教育类强校，了解其教育专业培养模式，这些学校可能在考证辅导、实习机会上更有优势。

（4）辅助留学规划

若考虑留学深造，用夸克查国内大学时，可注意该学校与国外院校的交换生项目、合作办学情况，通过夸克了解国内大学背景，再到留学平台深挖国外合作院校详情，为未来留学规划早做打算。

10.2　专业选择迷局解码，破解报考迷局

目前，很多传统查分方式需在多个平台（如教育考试院官网、学校公众号）反复切换，部分省份甚至需付费查询，效率低下且易遗漏关键信息，存在分数查询的"时间差"与"地域差"，考生难以整合历年分数线、招生计划、专业组设置等数据，例如在"3＋1＋2"新高考模式下，同一院校不同专业组的选科要求差异可能导致退档风险。

使用夸克进行专业查询具有显著优势。夸克依托人工智能与大数据技术，整合海量专业信息，不仅涵盖专业基础介绍，还实时更新行业前沿动态、就业薪资数据等。它的智能搜索功能可快速精准定位用户需求，结合考生兴趣、特长与成绩，生成个性化专业推荐。同时，夸克提供专业对比工具，支持多维度数据可视化呈现，帮助考生直观了解不同专业的差异，还能通过职业发展路径分析，为考生规划长远的学业与职业发展蓝图，让专业选择更科学、更精准。

10.2.1　使用夸克辅助选专业的操作指南

第一步：打开夸克 App，在首页选择"更多"→"夸克高考"→"查专业"功能，如图 10-7 所示。

第二步：选择具体专业，会弹出该专业的具体情况，这里以"电子与计算机工程"为例，如图 10-8 所示。

第三步：可以点击下方的"接着问"对"开设院校、就业前景、课程结构、校友评价等"做详细了解。稍等片刻，夸克就会生成相关答案。

夸克 AI 的输出结果如下：

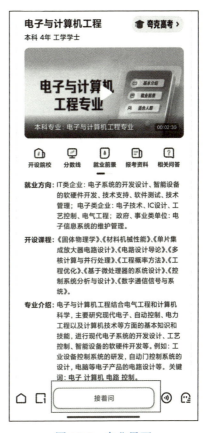

图 10-7　查专业　　　　　　　图 10-8　专业界面

电子与计算机工程专业是一门融合电子技术与计算机科学的交叉学科，旨在培养具备现代电子系统开发、智能设备软硬件设计及计算机技术应用能力的复合型人才。以下是该专业的核心内容介绍：

一、专业简介

电子与计算机工程专业结合了电子科学与技术、计算机科学与技术以及自动控制等学科，注重硬件与软件的协同设计。其研究领域涵盖现代电子系统的开发、电力电子系统设计、智能设备的软硬件集成，以及人工智能、物联网等新兴技术的应用。

二、培养目标

该专业培养具备以下能力的高级技术人才：

1. 理论基础：掌握电子技术、计算机体系结构、通信原理、信号处理等核心理论。

2. 实践能力：能够进行嵌入式系统开发、电子电路设计、算法实现及系统集成。

3. 创新思维：解决跨学科工程问题，如智能硬件开发、物联网应用等。

4. 国际视野：部分高校（如浙江大学、香港中文大学）采用全英文授课，培养国际化人才，支持学生赴海外交流或深造。

三、课程体系

课程设置分为基础理论、技术应用和实践环节三部分：

1. 基础课程

❏ 电子技术：电路理论、模拟 / 数字电子技术、信号与系统。

❏ 计算机科学：程序设计（C/C++/Java）、数据结构、操作系统、数据库原理。

2. 技术应用课程

❏ 硬件方向：嵌入式系统、FPGA 开发、集成电路设计。

❏ 软件方向：人工智能、大数据技术、物联网工程、云计算。

❏ 交叉领域：计算机视觉、机器人技术、网络安全。

3. 实践教学

❏ 完成至少两个系统级项目（如智能设备开发、物联网应用）。

❏ 企业实习或校企合作项目，强化工程实践能力。

四、就业方向

1. IT 与电子企业

❏ 从事智能设备开发（如智能手机、智能家居）、嵌入式系统设计、软件测试与维护。

❏ 参与人工智能算法开发、大数据分析及云计算平台构建。

2. 通信与网络

设计无线通信系统、光纤网络优化或开发通信协议与安全方案。

3. 新兴技术领域

物联网解决方案、智能交通系统、工业自动化控制。

4. 科研与教育

进入高校或研究所，从事电子与计算机领域的科研工作。

五、专业特色

1. 学科交叉：打破传统电子与计算机的界限，强调软硬件协同设计。

2. 国际化培养：部分高校（如浙江大学、香港中文大学）与海外名校联合办学，提供双学位及海外交流机会。

3. 前沿技术融合：课程涵盖人工智能、区块链、元宇宙等新兴方向，适应产业需求。

六、典型院校与课程示例

☐ 浙江大学：核心课程包括计算机体系结构、人工智能、计算机视觉，注重项目实践与国际交流。

☐ 香港中文大学（深圳）：分计算机工程与电子工程方向，选修课程涵盖Web3、物联网、机器人等前沿领域。

☐ 西南石油大学：侧重嵌入式开发与移动互联网软件设计，与华为、中兴等企业合作培养应用型人才。

七、总结

电子与计算机工程专业是信息技术时代的核心学科之一，其课程设置与就业方向均紧密贴合产业需求。学生须具备扎实的理论基础、较强的实践能力及持续的学习意识，以应对快速发展的技术环境。

10.2.2 使用夸克辅助选专业的注意事项

在借助夸克进行专业查询时，掌握正确方法、留意关键要点，能助你获取更精准、有效的信息，为志愿填报筑牢根基。有一些注意事项及实用建议，可以帮助你充分发挥夸克的优势，顺利开启专业探索之旅。

（1）精准表述查询需求

在夸克搜索框输入内容时，务必精准描述专业查询需求。比如，若想了解计算机类专业的细分方向，不要仅输入"计算机专业"，而要细化为"计算机专业细分方向有哪些"。宽泛模糊的表述易导致夸克返回大量不相关信息，干扰判断。精准用词能让夸克快速定位，给出契合需求的结果，提升查询效率与信息精准度。

（2）留意信息更新时间

专业相关信息，如招生政策、就业形势、专业课程调整等变化频繁。使用夸克查询时，要关注结果的更新时间。优先参考近期发布的内容，避免因信息滞后做出错误判断。例如，某专业去年新增了前沿课程，若参考旧资料，可能错过专业新亮点，影响对专业的全面评估。

（3）结合多维度搜索结果

查询专业时，不要局限于单一搜索结果。夸克会呈现网页、文档、问答等多种形式的信息。比如查询"法学专业就业前景"，既要看权威网站的综述文章，也要参考毕业生在问答板块分享的实际求职经历，从不同角度全面了解专业就业状况，避免片面认知。

（4）巧用夸克特色工具

夸克提供了诸多特色工具来助力专业查询。例如"专业对比"功能，可将感兴趣的多个专业放在一起，从课程设置、就业方向、录取分数线等多维度直观比较；再如"智能推荐"功能，可依据你的兴趣偏好、成绩等，生成个性化专业推荐列表。合理运用这些工具，能挖掘更多潜在适合的专业。

（5）补充背景信息辅助理解

部分专业涉及复杂概念、行业背景知识，理解起来有难度。此时，可在夸克搜索相关背景信息来辅助理解专业内容。例如查询"量子信息科学专业"，先了解量子力学基础知识、量子信息行业发展现状，再看专业介绍，能更好地把握专业内涵、发展趋势，提升对专业的理解深度。

（6）避免信息茧房陷阱

夸克会依据搜索历史与偏好推送内容，长期如此易陷入信息茧房，错过其他有价值的专业信息。可以定期清理搜索历史，尝试不同关键词、搜索角度。比如查询过"金融专业"，下次可换为"经济类专业中与金融类似专业对比"，拓宽信息获取面，全面探索专业领域。

10.2.3 使用夸克辅助选专业的进阶技巧

使用夸克辅助选专业的进阶技巧如图 10-9 所示。

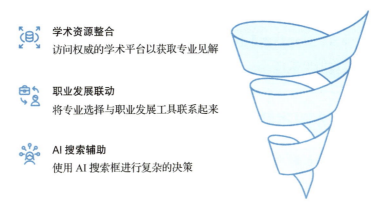

学术资源整合
访问权威的学术平台以获取专业见解

职业发展联动
将专业选择与职业发展工具联系起来

AI 搜索辅助
使用 AI 搜索框进行复杂的决策

图 10-9　使用夸克辅助选专业的进阶技巧

（1）整合学术资源，构建专业知识生态

夸克与知网、维普等学术平台的深度合作，为专业探索提供了权威支撑。在考生查询"量子信息科学"时，系统不仅会呈现专业简介，还会同步推送近三年该领域的高被引论文摘要，并标注"量子计算芯片研发""量子通信协议"等前沿研究方向。

（2）与求职工具协同，AI 驱动职业发展

夸克的"AI 简历"功能可与专业查询形成联动。例如，在查看"人工智能"专业时，系统会同步展示该领域的典型岗位（如算法工程师、数据科学家），我们可以借助夸克的"AI 简历"功能生成适配的简历框架，在简历中加入"Python 编程""机器学习项目经验"等关键词。

（3）利用 AI 搜索框，突破传统搜索边界

夸克的 AI 超级搜索框可处理复杂的专业决策问题。例如，输入"文科生想学人工智能，该如何规划？"，系统会生成包含"辅修计算机课程""参与数据标注项目""考取 PMP 证书"的三年行动方案，并推荐"北京大学数字人文""纽约大学交互媒体艺术"等交叉学科项目。

夸克高考的"查专业"功能不仅是工具革新，更是数据智能与人文关怀深度融合的教育范式革命，其价值远超功能本身，成为推动社会公平的技术杠杆。对于考生而言，可以通过智能工具快速定位志愿梯度，降低滑档风险，也可以结合职业测评选择适配专业，减少专业调剂与就业错位；对于家长而言，依托权威数据与专家解读，避免"经验主义"决策，缓解信息差导致的焦虑；对于全社会而言，通过技术平权推动教育公平，缩小城乡信息鸿沟，助力千万考生实现分数价值最大化。

10.3　掌握分图省线，精准定位报考方向

分数分布图是反映考生成绩在全省范围内分布情况的可视化工具，通常以柱状图或折线图呈现，横坐标为分数区间，纵坐标为该区间的考生人数或占比。通过分布图可直观判断分数密集区与竞争激烈程度。而省控线（批次录取控制分数线）是省级招生部门根据当年招生计划、考生成绩及试题难度，按一定比例划定的最低投档标准。两者结合使用，能帮助考生精准定位自身分数在全省的位置，评估目标院校的录取可能性。

传统查询分数分布图和省控线的方式存在三大核心缺陷：首先，信息获取效率低，考生需自行访问各省教育考试院官网、下载 PDF 文件或购买纸质资料；其次，操作流程烦琐，例如，查询某省近五年的分数线变化，需在多个页面间跳转，耗时长达数十分钟，而且数据整合难度大，不同年份、不同批次的分数数据分散存储，手动整理易出错；最后，缺乏可视化分析，传统文本或表格形式难以直观呈现分数分布趋势。

夸克高考的"一分一段"功能通过实时数据同步、智能分析和多维度呈现，帮助考生精准定位志愿区间，解决传统志愿填报中"分数参考模糊""信息滞后""决策焦虑"等核心痛点。夸克高考频道会自动同步各省教育考试院数据，考生输入"2025 年××省理科一本线"即可秒级获取最新省控线。分数分布图则以动态折线图形式展示，支持滑动查看历年数据对比情况，以及历史同位次考生的具体得分、批次线差、不同分数段人数和排位区间等信息。

10.3.1　使用夸克查询分图省线的操作指南

第一步：在夸克首页点击"更多"→"夸克高考"后，选择"一分一段"功能，这里以"河北考生、理科、620 分"为例，如图 10-10 所示。

打开后，即可先看每个分数段的具体人数和不同分数段学生的分布图，如图 10-11 所示。

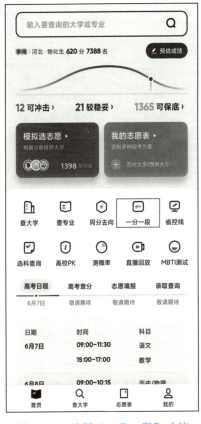

图 10-10　选择"一分一段"功能

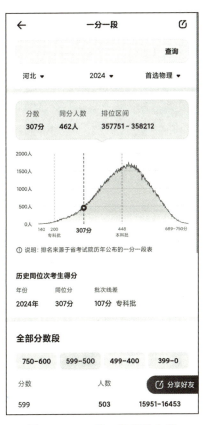

图 10-11　一分一段具体内容

第二步：选择"省控线"功能，这里仍以"河北考生、理科、620 分"为例，如图 10-12 所示。

打开后，可以看到各个省份各个批次和科目的省控线，如图 10-13 所示。

第三步：输入提示词"我是河北考生，高考分数是 620 分，性格内向，请为我推荐符合我性格的专业和对应院校"。稍等片刻，夸克就会生成相关答案。

夸克 AI 的输出结果如下：

图 10-12 选择"省控线"功能

图 10-13 省控线具体情况

根据你的分数（620 分）和性格特点（内向），结合搜索结果中推荐的适合内向性格的专业及对应院校，以下是综合建议。

一、适合内向性格的专业推荐

内向性格通常更适合技术性强、工作环境独立、减少社交需求的专业，以下为高频推荐方向。

1. 计算机类专业

□ 特点：注重编程与技术开发，工作环境独立，适合专注力强的学生。

□ 推荐院校：北京理工大学（624 分）、上海交通大学（622 分）、电子科技大学（634 分）等。

2. 电子信息工程 / 电气工程及其自动化

❑ 特点：涉及硬件开发与系统设计，技术性强，团队协作中以个体任务为主。

❑ 推荐院校：华中科技大学（620 分左右）、北京航空航天大学（646 分）、华北电力大学（622 分）等。

3. 医学检验技术

❑ 特点：实验室工作为主，接触人群少，技术门槛高且稳定。

❑ 推荐院校：上海交通大学医学部（622 分）、重庆医科大学（610 分左右）等。

4. 会计学

❑ 特点：数据处理与财务分析为主，工作内容细致，适合耐心严谨的学生。

❑ 推荐院校：上海财经大学（622 分）、厦门大学（627 分）、中国人民大学（670 分，需冲刺）等。

5. 外国语言文学类（偏向文学方向）

❑ 特点：减少口语交流压力，可从事翻译、文案编辑等文字工作。

❑ 推荐院校：北京外国语大学（620 分）、上海外国语大学（610 分）等。

二、620 分可报考的院校名单

结合 2024 年各省录取数据，以下为适合内向性格且分数匹配的院校（按类别整理）：

理工类院校

1. 北京理工大学（北京）

❑ 专业推荐：计算机科学与技术、自动化、电子信息工程

❑ 分数线：理科 631 分（工科试验班），适合冲刺。

2. 华南理工大学（广东）

❑ 专业推荐：电气工程及其自动化、计算机类

❑ 分数线：物理类 620 分左右。

3. 西北工业大学（陕西）

❑ 专业推荐：自动化、电子信息工程

❏ 分数线：理科 620 分左右。

综合类院校

1. 南开大学（天津）

❏ 专业推荐：数学与应用数学、计算机科学与技术

❏ 分数线：理科 638 分，需冲刺；民族班 627 分。

2. 厦门大学（福建）

❏ 专业推荐：会计学、电子信息科学与技术

❏ 分数线：理科 627 分，文科 627 分。

3. 陕西师范大学（陕西）

❏ 专业推荐：计算机类、数学与应用数学

❏ 分数线：综合 620 分（浙江）。

医学类院校

1. 首都医科大学（北京）

❏ 专业推荐：医学检验技术、临床药学

❏ 分数线：物理类 620 分左右。

2. 重庆医科大学（重庆）

专业推荐：医学检验技术

分数线：理科 610 分左右。

三、报考建议

1. 结合兴趣与职业规划：优先选择技术性强、工作环境独立的专业，如计算机、医学检验等。

2. 关注地域与院校特色：例如北京、上海、广东等地的理工类院校资源丰富，但竞争较大；中西部院校分数线相对较低。

3. 查询本省具体数据：不同省份录取分数线差异较大，建议参考本省近 3 年录取位次（如浙江考生可关注陕西师范大学、首都医科大学等）。

4. 冲刺与保底策略：可将南开大学、厦门大学作为冲刺目标，同时填报北京理工大学、华南理工大学等稳妥院校。

如需更详细的院校录取数据或专业分析，可参考各省教育考试院官网或使用"掌上高考"等工具查询本省分数线。

10.3.2 使用夸克查询分图省线的典型场景

（1）场景一：分数波动应对

❑ 需求：河南考生李华（理科 620 分）发现自己的分数比去年同分段低 5
分，但全省排名上升了 1000 名。

❑ 解决方案：通过夸克"一分一段"功能，系统显示李华排名第 12000
名，结合近三年数据，推荐"郑州大学（稳）、湖南大学（冲）、河南大
学（保）"，最终被郑州大学计算机专业录取。

（2）场景二：专项计划报考

❑ 需求：甘肃考生王磊（理科 580 分）希望通过国家专项计划报考兰州
大学。

❑ 解决方案：搜索"兰州大学国家专项计划"，系统显示近三年专项计划
分数线（如 2024 年 575 分）、招生人数（30 人），并推荐"物理学""化
学"等优势专业，最终录取概率提升至 85%。

（3）场景三：新高考选科适配

❑ 需求：广东考生陈晨（选科"物理＋生物"）想报考医学类专业。

❑ 解决方案：系统自动过滤"物理＋化学"限制的专业，推荐"华南理工
大学智能医学工程""南方医科大学临床医学（生物组）"，并生成"冲稳
保"志愿表，最终被南方医科大学录取。

（4）场景四：跨批次决策

❑ 需求：河北考生李华（历史类 480 分，超本科线 17 分）纠结是否放弃
本科选择专科热门专业。

❑ 解决方案：夸克高考对比"本科线 463 分"与"专科线 200 分"，展
示"本科院校录取概率 55%""专科热门专业录取概率 90%"，并提
示"本科学历对考公、考研更有优势"，最终李华选择"冲稳保"本科
志愿。

10.3.3 使用夸克查询分图省线的注意事项

在填报高考志愿时，分数分布图与省控线是考生定位自身竞争力的核心依

据。夸克作为智能搜索工具，虽能提供高效查询服务，但需警惕其功能边界与数据局限性。在利用夸克赋能的同时，考生需保持理性判断与多源验证的意识。

（1）警惕历史数据偏差，动态分析趋势

夸克提供的历年分数分布图存在统计口径差异的风险，部分省份近年调整了分数线划定规则（如从"按计划 120% 划线"改为"按计划 100% 划线"），导致夸克展示的历史数据与现行政策不兼容。考生需结合"一分一段表"分析位次变化，而非单纯对比分数绝对值。

（2）多平台交叉验证，防范数据错误

夸克的 AI 整合能力可能导致信息遗漏的问题，例如，部分独立学院或高职院校的招生计划未被夸克收录，需通过教育部阳光高考平台或院校官网补充查询；也可能会存在计算逻辑偏差：夸克的"录取概率预测"功能基于历史数据建模，但若某院校今年新增热门专业或缩减招生计划，系统可能未及时更新预测模型。

（3）明确功能边界，规避无效操作

夸克的分数查询功能存在部分限制，如强基计划、专项计划等特殊招生类型的分数线未在夸克完全单独展示，需通过教育部或院校官网查询。

（4）数据安全防护，警惕信息泄露

夸克的隐私保护机制存在以下风险：账号同步漏洞，若考生在计算机端和手机端使用不同账号登录，可能导致数据丢失或覆盖；第三方授权风险：部分用户反馈夸克的"一键分享"功能可能默认公开志愿表内容，需手动设置仅自己可见或控制知悉范围。

（5）动态监控异常，及时调整策略

考生需建立"查询验证监控"的闭环机制：出分前，使用夸克"模拟选志愿"功能，输入预估分数，生成"虚拟志愿表"，并标记夸克与官网数据不一致的院校；出分后，立即核对夸克更新的省控线与分数分布图，若发现数据异常（如某院校分数线突变），通过夸克"意见反馈"通道提交问题，并同步联系院校招生办确认。

10.3.4　使用夸克查询分图省线的进阶技巧

使用夸克查询分图省线的进阶技巧如图 10-14 所示。

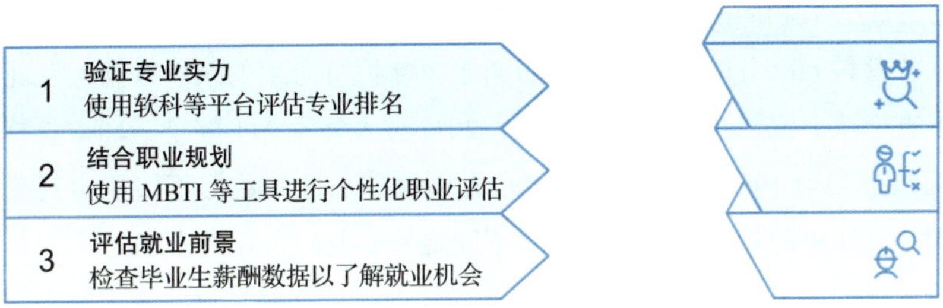

图 10-14　使用夸克查询分图省线的进阶技巧

（1）专业排名整合

夸克的院校推荐功能默认展示综合排名，可能掩盖专业差异。建议结合软科、校友会等专业排名平台，对夸克推荐的院校进行二次筛选。例如，搜索"2024 软科中国大学专业排名"，对比目标院校的学科实力：桂林电子科技大学的电子信息工程专业在软科排名中位列 A 类，但其综合排名可能低于部分双非院校。通过"夸克查分数线 + 专业排名查实力"的组合策略，考生可避免因综合排名误导而错失优质专业。

（2）AI 驱动的职业规划和就业前景评估

夸克的 AI 搜索框可生成个性化职业规划方案，考生可将分数查询与职业测评结合。例如，输入"600 分（物理类）"后，夸克会推荐院校列表，同时调用职业性格测评工具（如 MBTI），分析"计算机科学与技术"专业与自身性格的匹配度。此外，夸克的"毕业生平均薪酬"数据可与职友集等平台联动，对比不同专业的就业前景。

夸克高考通过"分数分布图和省控线"功能，一方面体现了技术深度，通过 AI 大模型实现位次换算、概率预测，解决信息孤岛与决策焦虑，支持多模态呈现（如折线图、红 / 绿标签），提升了信息获取效率，使考生可在短时间内抓住核心数据；另一方面展现了场景广度，全链路服务覆盖从分数定位到志愿填报的全流程，支持动态数据更新、智能校验、多端协同等功能，以政策适配针对新高考省份推出选科组合推荐、投档模式解读，降低政策理解门槛。

10.4 解析同分去向，避免填报风险

同分去向是高考志愿填报中的关键参考维度，是指在同一省份、同一科类中，与考生分数相同的往届考生最终被录取的院校、专业及地域分布情况。例如，某省理科 600 分的考生可通过分析近三年同分考生的录取数据，发现 60% 选择本省"双一流"高校的热门专业，20% 进入外省 211 院校，10% 选择特色行业院校，剩余 10% 因志愿填报策略失误滑档。这一数据不仅能直观反映考生在同分群体中的竞争力，还能揭示不同院校专业的实际录取难度。

传统查询同分去向的方式存在显著局限性。数据碎片化，考生需手动整合考试院发布的"一分一段表"、高校官网录取数据、教育论坛经验帖等多源信息，耗时且易遗漏关键细节。同时部分省份的录取数据的更新存在延迟，传统方式无法量化同分考生的志愿策略差异。无法判断因"冲志愿"失败而滑档，还是实际被录取，导致误判该校录取概率。

夸克通过技术整合与数据重构，实现了同分去向查询的智能化升级。基于历史数据与招生政策变化，夸克的"录取概率引擎"可动态模拟同分考生的志愿选择。夸克提供"院校 – 专业 – 城市"三维数据透视功能。考生可通过滑动时间轴，对比 2023—2025 年同分考生的录取趋势。结合考生的"冲稳保"志愿偏好，夸克会自动标注"同分考生中 70% 选择的保底院校""30% 逆袭成功的冲刺院校"等关键信息。最后，夸克还建立了风险预警机制。基于此，夸克将传统的"经验型"志愿填报转化为"数据驱动"的科学决策，帮助考生在同分竞争中精准定位，提升录取成功率。

10.4.1 使用夸克解析同分去向的操作指南

第一步：在夸克首页点击"更多"→"夸克高考"后，选择"一分一段"功能，这里以"河北考生、理科、620 分"为例，可以查询去向人数最多的高校、专业和地区，如图 10-15 所示。

第二步：我们有任何问题，都可以询问夸克高考，例如，让夸克根据 2024 年高考 620 分的分数段，结合全国多省份的录取数据和高校专业热度，给出去向最多的高校及推荐专业分析。稍等片刻，夸克就会给出相应答案。

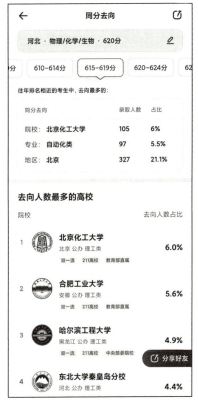

图 10-15　同分去向

夸克 AI 的输出结果如下：

根据 2024 年高考 620 分的分数段，结合全国多省份的录取数据和高校专业热度，以下是去向最多的高校及推荐专业分析，并附上填报建议：

一、620 分考生去向最多的高校推荐

1. 985 高校（部分省份可冲或稳录）

☐ 北京航空航天大学：工科实力强，王牌专业包括航空宇航科学与技术、软件工程等，青海、新疆等省（区）理科 620 分可报考。

☐ 天津大学：工科优势显著，化学工程、建筑学等专业热门，陕西理科 620 分可录，部分省份文科 624 分可冲。

☐ 上海交通大学医学院：医学领域顶尖，临床医学专业认可度高，青海理科 620 分可录。

☐ 华南理工大学（民族班）：化学工程与技术、材料科学等专业突出，云南理科 620 分可录。

☐ 北京理工大学：机械工程、材料科学与工程为王牌，新疆理科 620 分可录。

2. 211 高校（稳妥选择）

☐ 哈尔滨工业大学（深圳 / 威海）：工科特色鲜明，深圳校区理科 620 分可录，威海校区部分专业 625 分左右。

☐ 电子科技大学：电子信息类专业全国领先，四川理科 634 分可冲，部分省份 620 分左右可录。

☐ 中国海洋大学（中外合作）：海洋科学、环境科学为特色，江苏理科 620 分可保底。

☐ 中南大学（中外合作）：医学与工科结合，四川理科 620 分可录。

3. 综合类与特色院校

☐ 浙江大学（民族班）：文科 640 分可冲，理科 635 分可稳录，综合学科实力强。

☐ 南京师范大学：师范类顶尖，文科 622 分可录，理科 621 分可冲。

☐ 浙江工业大学：双非但省内热门，智能建造、计算机科学与技术等专业 620 分可录。

二、高分段热门专业推荐

1. 理工科热门专业

☐ 电子信息类：上海大学（物理类 635 分）、四川大学（648 分）、天津大学（637 分）。

☐ 计算机科学与技术：山东大学（632 分）、上海交通大学（635 分）、华中科技大学（635 分）。

☐ 机械工程：北京理工大学（620 分）、天津大学（620 分）、哈尔滨工业大学（625 分）。

☐ 临床医学 / 口腔医学：上海交通大学医学院（620 分）、中国医科大学（628 分）、昆明医科大学（620 分）。

2. 文科与交叉学科热门

☐ 法学：中国政法大学（620分）、四川大学（631分）、武汉大学（635分）。

☐ 经济学/金融学：中国人民大学（626分）、中南财经政法大学（595分）、上海财经大学（622分）。

☐ 语言与传媒：北京外国语大学（620分）、中国传媒大学（625分）、南京师范大学（622分）。

三、填报建议

1. 梯度填报策略

☐ 冲一冲：北京航空航天大学、天津大学等985高校（参考目标省份历年分数线浮动）。

☐ 稳一稳：哈尔滨工业大学（深圳）、电子科技大学等211高校。

☐ 保一保：南京师范大学、浙江工业大学等综合类或特色院校。

2. 关注专项计划与民族班

民族班、国家专项计划分数线通常低于普通批次，如华南理工大学（民族班）理科620分可录。

3. 结合专业实力与就业前景

医学、计算机、电子信息等专业就业需求大，但竞争激烈，需结合分数和位次选择。法学、经济学等文科专业注重复合能力培养，可关注中外合作或特色院校。

4. 地域与院校特色平衡

一线城市（如北京、上海）高校资源丰富，但分数线较高；中西部985/211高校（如四川大学、兰州大学）性价比更高。

四、总结

620分考生可重点考虑天津大学、北京航空航天大学、上海交通大学医学院等985高校，以及电子科技大学、哈尔滨工业大学（深圳）等211高校。专业选择上，电子信息、计算机、医学等理工科方向和法学、经济学等文科方向是热门且就业前景广阔的领域。建议结合本省录取位次、批次政策及个人兴趣综合决策。

10.4.2　使用夸克解析同分去向的注意事项

同分去向功能能够助力考生明晰自身分数在志愿填报中的定位，参考往年同分段考生去向，合理规划志愿梯度。使用夸克的同分去向功能时，需留意诸多要点，方能确保获取准确且具有价值的信息，为志愿填报筑牢根基。

（1）结合位次辅助判断

高考录取中，位次往往比分数更具参考性。使用夸克查询同分去向时，别只盯着分数相同考生的去向。还要查看自己的全省位次，与同分段考生的位次分布做对比。有时，相同分数的考生，位次可能相差较大，录取情况也会截然不同。将分数与位次综合考量，能让你对自己的报考定位有更清晰、准确的判断。

（2）分析多届数据趋势

不要仅参考某一年的同分去向数据，尽量查看近 3~5 年的情况。分析多届同分段考生的志愿选择变化，能洞察出院校和专业的报考热度走势。比如针对某专业，连续几年同分段报考人数增多，录取分数线呈上升趋势，那今年报考时，就要谨慎评估自己的竞争力，合理安排报考梯度，提升志愿填报的成功率。

（3）区分不同录取批次

高考录取分为多个批次，各批次的录取规则、招生院校类型都有差异。在夸克查询同分去向时，一定要明确自己关注的是哪个批次。例如，本科一批和本科二批的同分段考生去向会大不一样。分批次查看数据，才能精准对标自己所在的录取批次，筛选出真正有价值、可参考的志愿信息。

（4）综合院校专业情况

依据同分去向找到可报考的院校和专业后，不能盲目填报。要进一步深入了解这些院校的综合实力、专业特色、就业前景等。比如，有些院校可能整体名气一般，但个别专业在行业内认可度极高。综合考量这些因素，才能确保所选院校和专业既符合自己当下的分数定位，又契合未来的发展规划。

10.4.3　使用夸克解析同分去向的进阶技巧

使用夸克解析同分去向的进阶技巧如图 10-16 所示。

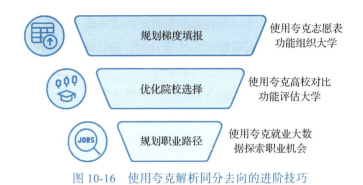

图 10-16　使用夸克解析同分去向的进阶技巧

（1）结合夸克志愿表功能，规划梯度填报

在夸克查询到同分去向信息后，利用夸克志愿表功能，将同分段考生报考的院校按录取概率分为冲、稳、保三类。参考各院校录取数据，结合自身意愿，合理调整顺序与数量，形成完整志愿梯度方案。同时，借助志愿表的导出、分享功能，与老师、家长探讨优化，确保志愿填报既具挑战性又有稳定性。

（2）利用夸克高校对比功能，优化院校选择

利用夸克高校对比功能，将同分去向中出现的多所意向院校放在一起进行对比。从综合排名、学科优势、师资力量、校园文化等多维度分析，结合同分段考生录取情况，明确各院校的优势与不足。例如，对比两所同分段考生报考较多的师范院校，根据学科评估结果、毕业生就业走向，选出更适合自己的院校。

（3）配合夸克就业大数据，规划职业路径

从同分去向了解到报考院校专业后，借助夸克就业大数据功能，可以查询这些专业在不同地区、不同企业类型的就业薪资、岗位需求、晋升空间等信息。例如，同分段考生报考的金融专业，对比一线城市与二线城市的就业机会，提前规划未来职业路径，使志愿填报与长远职业发展紧密相连，提升志愿填报的前瞻性。

10.5　梳理报考规则，稳握录取胜券

查本省报考政策，是指考生和家长在升学关键节点，针对所在省份发布的

招生规则、录取要求等信息进行系统梳理与研究。这涵盖了高考各批次志愿填报时间、填报方式，不同类型院校招生计划分配，加分政策细则（如少数民族加分条件与分值），以及特殊类型招生（如自主招生、强基计划在本省的报考流程与选拔标准）等。全面掌握这些政策，是考生精准定位志愿、合理规划升学路径的重要前提，能确保志愿填报符合规则，提升录取成功率。

传统查询本省报考政策的方式，多依赖省级招生考试机构官网、纸质报考指南及线下咨询会，存在诸多局限。官网信息虽权威，但页面繁杂，政策文件分散在不同栏目，查找特定内容耗时费力，如寻找某一特殊专业招生政策时，可能需要浏览大量页面。纸质指南更新慢，难以及时反映政策临时调整的内容。线下咨询会受时间、场地限制，并非所有考生都能参加，且咨询人员的解答可能存在片面性，信息准确性与完整性易打折扣，导致考生难以获取全面、最新的报考政策。

运用夸克查询本省报考政策，优势显著。夸克凭借强大的搜索引擎与智能算法，能快速整合省级教育部门、招生考试机构等权威渠道信息，将各类报考政策集中呈现，避免考生在众多网站间切换查找。夸克的智能筛选功能，可依据考生输入的关键词，如"本省艺考报考政策"，精准定位相关内容，节省查询时间。同时，夸克能实时跟踪政策动态，一旦本省政策有更新，能即刻推送提醒，让考生始终掌握最新报考规则，为志愿填报筑牢信息根基。

10.5.1 使用夸克厘清省内报考规则的操作指南

第一步：在夸克首页点击"更多"→"夸克高考"，选择"官方报考政策"功能，可以查询政策解读、录取批次、投档规则，如图 10-17 所示。

第二步：点击"政策解读"，这里以河北考生为例，可以看到具体政策解读的内容，如图 10-18 所示。

第三步：我们同时可以询问高考相关问题，稍等片刻夸克就会对相关政策进行详细解读。

夸克 AI 的输出结果如下：

图 10-17 官方报考政策

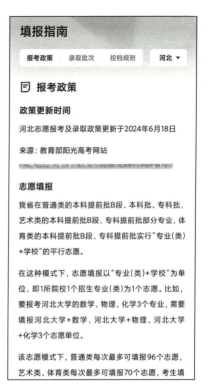

图 10-18 政策解读内容

根据河北省 2024 年高考官方政策，以下为特别需要注意的内容。

一、艺术类招生政策调整

1. 文化课成绩占比提升

艺术史论、戏剧影视文学等专业直接依据文化课成绩录取；美术与设计类、书法类等 5 类统考专业文化课占比调整为 50%，播音与主持类仍为 70%。校考专业需达到普通类批次线，且仅少数经教育部批准的高校可组织校考。

2. 高水平艺术团取消招生选拔

高校高水平艺术团不再通过高考环节选拔，改为从在校生中遴选培养，以扭转"重专业轻文化"倾向。

二、考试流程与纪律要求

1. 入场时间与安检

❑ 考生需在开考前 30 分钟（首科 40 分钟）入场，开考 15 分钟后禁止进入（外语科目 14:45 后禁入）。

☐ 所有考点实行"2+1"安检模式（智能安检门＋金属探测器），严禁携带手机、智能手表等电子设备，违者按作弊处理。

2. 考场纪律

考试全程录像并回放倒查，违规行为将取消成绩或暂停考试资格，严重者追究刑事责任。

三、高考加分政策变化

1. 农村独生子女加分

☐ 仅限河北户籍农村独生子女，加 10 分且仅适用于省内高校录取，需提交经县乡两级审核的《审定表》。

☐ 2016 年 1 月 1 日后出生的考生不再享受加分。

2. 少数民族加分

仅限宽城、丰宁等 9 个自治县户籍考生，且需满足连续 3 年户籍、学籍及实际就读条件，父母或监护人须有当地户籍。

四、选科与成绩计算规则

1. "3＋1＋2"模式

☐ "3"为语文、数学、外语统考；"1"为物理／历史二选一（原始分计入总分）；"2"为思想政治、地理、化学、生物四选二（等级赋分）。

☐ 等级赋分按 5 个等级划分，原始分前 15% 为 A 等级（转换区间 85～100 分），其余等级按比例转换。

2. 选科限制

医学、警校等对选科有严格要求，例如临床医学仅限物理考生报考，警察院校需选考政治或物理／化学。

五、其他重要调整

1. 高职单招改革

考生在户籍地县（市、区）考试，文化素质成绩不再使用学考成绩折算，需全员参加考试；志愿填报数量由 5 所增至 10 所。

2. 高水平运动队要求

报考条件提高至国家一级运动员，文化课需达到本科线或其 80%，且非体育类专业录取受限。

3.综合素质评价

作为录取参考，涵盖思想品德、学业水平等 5 个方面，强调全面发展。

六、报名注意事项

☐ 报名时间：2023 年 10 月 30 日至 11 月 13 日，逾期不补报。

☐ 材料准备：随迁子女需提供居住证、学籍证明等；残疾考生需提交《合理便利申请表》。

以上政策要点需考生及家长重点关注，建议登录河北省教育考试院官网或参考《2024 年河北省普通高校招生报考指南》获取完整信息。

10.5.2　使用夸克厘清省内报考规则的注意事项

（1）关注政策时效性

报考政策每年都可能因招生改革、考试方案调整而变动，查询时务必留意文件发布时间。例如，部分省份新高考改革过渡期内的志愿填报规则逐年变化，使用夸克搜索时应筛选当年最新政策，避免参考过期文件。建议开启夸克的"政策动态"订阅功能，第一时间接收本省政策更新推送。

（2）细化搜索关键词

为获取精准政策内容，需使用具体且准确的关键词。例如，查询"艺术类报考政策"时，可进一步细化为"××省 2024 年美术类统考报考流程"，避免泛化搜索导致的信息冗余。若不清楚关键词表述，可利用夸克 AI 助手提问，获取推荐搜索词条，提升检索效率。

（3）区分通用政策与地方细则

部分政策存在全国统一要求与地方差异化执行的情况，如专项招生、加分政策等。使用夸克查询时，需明确标注"本省""本地"关键词，避免将国家政策与本省细则混淆。例如，"国家专项计划"在各省的实施区域、报考条件均有不同，需结合本省文件确定具体要求。

（4）警惕信息断章取义

政策文件往往包含多章节内容，部分自媒体可能会截取片段进行解读。使用夸克查看政策时，务必通读全文，理解条款上下文逻辑。例如，某项加分政策可能附带"仅适用于本科二批录取"等限制条件，若未完整阅读易产生误解，建议将政策原文保存至夸克网盘，方便反复查阅。

10.5.3 使用夸克厘清省内报考规则的进阶技巧

使用夸克厘清省内报考规则的进阶技巧如图 10-19 所示。

图 10-19 使用夸克厘清省内报考规则的进阶技巧

（1）翻译外文政策

部分国际学校、中外合作办学项目的报考政策为外文资料，此时可利用夸克翻译功能，一键将政策文档翻译为中文。翻译后，结合原文，精准理解关键条款，如国外高校在国内招生的语言成绩要求、课程体系设置等，突破语言障碍，拓宽报考国际教育项目的信息获取渠道。

（2）解读政策逻辑

面对复杂报考政策，向夸克 AI 助手提问，如"本省新高考改革下，专业组设置的目的与影响"。AI 助手会综合政策背景及教育专家观点解读，剖析政策背后的逻辑，帮你理解政策意图，从根源把握政策要点，例如理解某些政策对特定专业、特定地区考生的倾斜方向。

（3）优化志愿选择

依据报考政策，在夸克智能选志愿功能中设置筛选条件。比如，根据本省对贫困地区的专项招生政策，筛选符合条件的院校专业。将政策要求与智能选志愿推荐结果相结合，优化志愿填报方案，确保志愿既符合个人意愿，又契合政策规则，提升录取概率。

（4）参与专家直播

夸克会邀请专家直播解读报考政策，观看直播时，可以结合自己查询到的政策内容，对比专家观点。直播中能积极提问，如对本省某一特殊招生政策细节存疑，向专家求解。还能下载直播回放，反复观看政策解读重点，全面、深入地理解报考政策。

选志愿

　　选志愿是人生重要的转折点，其意义深远而重大。从个人角度来看，合理的志愿选择能够充分发挥自身优势与特长，激发学习热情和动力，为未来职业发展奠定坚实基础。选择自己感兴趣且擅长的专业，不仅能在大学期间保持积极的学习状态，还能在毕业后更容易找到理想的工作，实现个人价值。

　　本章将围绕选志愿这一核心主题，系统且全面地为读者展开介绍。通过深入剖析选志愿的时代背景和社会环境，帮助读者理解当前选志愿面临的机遇与挑战，为读者提供实用的选志愿策略和方法，助力读者在选志愿过程中做出科学、合理的决策，为开启理想的大学生活和职业发展道路做好充分准备。

11.1　快速准确估分，把握志愿填报先机

　　高考结束后，估分是每位考生必须认真对待的重要环节。虽然考试已成定局，但通过对照标准答案、回忆答题情况进行准确估分，能帮助我们更清晰地认识自己的成绩水平。估分的最大意义在于为志愿填报提供参考依据。我们可以根据估分结果，结合往年各高校和专业的录取分数线，科学制定"冲一冲、稳一稳、保一保"的志愿梯度，最大限度地提升被理想大学录取的概率。

　　估分也有助于缓解焦虑情绪。很多同学在高考结束后会陷入漫长的等待期，心情难以平静，而认真估分能让我们有事可做，转移注意力。估分也有助于家长和老师提供更加有针对性的建议。即便估分结果与实际成绩存在误差，只要我们认真、客观地对待，也能在填报志愿时更从容不迫。

　　估分并不是可有可无的"猜测"，而是一项与填志愿密切相关的重要准备工作。做好估分，才能科学填志愿，踏出迈向大学生活的第一步。

　　夸克 AI 具备智能估分功能，高考结束后，我们只需在夸克上填写自己的答题情况，系统便会根据权威标准答案和评分规则，快速为我们生成估分结果，帮助我们科学填报志愿。

11.1.1　使用夸克辅助估分的操作指南

　　第一步：在夸克首页点击"更多"→"夸克高考"，在"夸克高考"页面选择"北京高考历年真题"模块，我们可以通过右侧的"＞"选择所在省份。选

定后，可以看到下方有本省份当年的语文、数学、英语、政治、历史、地理、物理、化学、生物的真题、解析和估分，如图 11-1 所示。

第二步：选择"估分"后，可以填写每个题目的选项和答案，夸克会自动记录累计分数，如图 11-2 所示。

图 11-1　历年真题

图 11-2　夸克估分

做完全部题目后，估分工作就完成了。

11.1.2　使用夸克辅助估分的注意事项

（1）尽量真实回忆答题内容，不凭感觉猜分数

估分的前提是尽量还原你在考场上的真实答题情况，不要凭感觉觉得"好像写对了"就给自己加分，也不要因为紧张或对自己不自信就随意减分。你需要根据自己对题目的理解、答题步骤、所写内容来判断能否拿到得分点。只有如实回忆，估出来的分数才更具参考价值，才能为志愿填报提供可靠依据。

（2）参考权威答案和评分标准，避免盲目对比

估分时建议选择教育考试院发布的标准答案，权威机构、靠谱老师整理的

答案进行比对，或者直接用夸克的估分功能。尤其是主观题，标准答案可能有多个得分点，而并非死板地判断对错。不要轻信社交媒体上传播的"速成版答案"或"民间估分表"，以免造成误判。

（3）不要过度乐观或悲观，保持平稳心态

估分只是一个参考，并非最终成绩。每年都有考生因为高估或低估而在填报志愿时失去平衡，最终影响录取结果。如果估分较理想，也要考虑发挥不稳定的可能性；如果估分不理想，也不能完全放弃对好学校的尝试。保持冷静、平稳的态度，做好高、中、低志愿梯度的准备，是更为成熟和理智的做法。

（4）主观题估分要留余地，不必过于精准

语文作文、英语写作、数学解答题和综合科目中的分析题等主观题的打分弹性大，估分时可以根据答题完整度、逻辑条理、公式步骤来大致判断得分范围。不要苛求精确到个位数，也不必自我压分太狠。你可以设定一个合理的上下区间，帮助自己建立一个"预估分段"作为参考，更适合用于制定志愿策略。

（5）合理利用估分工具，但不要完全依赖

夸克提供了 AI 估分服务，但它们的判断也受限于你的输入准确性和系统算法。所以，AI 估分结果只能起到辅助作用，最终还需结合你自己的判断与经验，做到理性参考，不盲目相信。

（6）估分之后，及时投入志愿准备，不拖延

估分完成后，不要停留在纠结分数的阶段，而应尽快着手查阅志愿填报的相关信息，如往年分数线、专业录取要求、学校发展情况等。估分的最大作用是为志愿决策提供数据支持，而不是单纯让你沉浸在"高了几分"或"少了几分"的情绪中。利用好这段时间做出理性选择，才是估分的真正意义所在。

11.2　智能筛选志愿，科学决策填报

选志愿是考生在高考后，依据自身兴趣、能力、成绩，结合对未来学业与职业的规划，在众多高校及专业中做出抉择的关键过程。考生不仅要权衡学校

的综合实力、地理位置、校园氛围，还要考量专业的课程设置、就业前景、深造方向等因素。科学合理地选志愿，能让考生开启理想的大学之旅，为未来的职业发展奠定坚实基础。

传统选志愿的方式存在诸多不足。一方面，信息收集困难重重，需翻阅大量纸质报考资料，或在高校官网逐一查找，信息分散且更新不及时，如一些高校专业的调整信息难以及时获取。另一方面，志愿梯度设置缺乏科学依据，主要凭经验判断，易出现"冲"得太猛，"稳""保"不足，导致滑档，或过于保守，浪费分数。此外，对专业适配度评估欠缺，多受外界热门专业影响，忽略自身兴趣特长，入学后才发现专业不适合自己。

运用夸克进行智能筛选志愿的优势尽显。夸克依托强大的大数据与 AI 技术，能快速整合海量院校专业信息，精准匹配考生成绩、选考科目等条件，生成"冲、稳、保"志愿梯度方案。考生输入成绩等信息后，夸克能迅速给出适配院校专业。同时，它还能结合兴趣测评，推荐契合专业，并提供专业就业前景、薪资趋势分析。例如，直观展示某专业未来就业岗位需求变化，助力考生全方位考量，高效完成志愿填报。

11.2.1 使用夸克辅助志愿填报的操作指南

第一步：在夸克首页点击"更多"→"夸克高考"，在"夸克高考"中选择"志愿表"标签，新建志愿表前需要先完善报考信息，如图 11-3 所示。

第二步：完成高考志愿信息填报后，返回"夸克高考"页面，点击"模拟选志愿"按钮。系统会根据考生的成绩和兴趣偏好形成"冲稳保"的策略。界面如图 11-4 所示。

第三步：我们可以根据自己的想法，选择院校优先或者专业优先，如图 11-5 所示。

第四步：点击"接着问"，我们输入相关提示词，以"根据 2024 年河北理科 620 分的

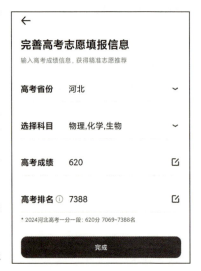

图 11-3　完善高考志愿填报信息

成绩和人工智能专业的目标，结合"冲稳保"策略，生成具体的志愿填报建议"为例，稍等片刻，夸克就会生成相关答案。

图 11-4　夸克高考首页

图 11-5　"院校优先"展示

夸克 AI 的输出结果如下：

根据 2024 年河北理科 620 分的成绩和人工智能专业的目标，结合"冲稳保"策略，以下是具体的志愿填报建议。

一、分数定位与位次分析

1. 确定位次

通过河北省教育考试院公布的 2024 年物理类一分一段表，将 620 分转换为全省位次。假设 620 分对应位次 7000～8000 名（参考华北电力大学人工智能专业 2024 年最低位次 5409，需结合实际数据调整）。人工智能专业录取位次波动较大，需重点关注目标院校近 3 年的录取数据。

2. AI 专业录取门槛

❑ 高分段：985/211 院校（如上海交大、浙江大学）的 AI 专业通常需全省前 1%～5% 位次（如上海交大拔尖班 683 分，对应位次约全省前 200 名）。

❑ 中分段：双一流或理工类院校（如华北电力大学、中国矿业大学）的 AI 专业需位次 5000～10000 名（如华北电力大学 AI 专业 627 分，对应位次 5409）。

❑ 低分段：地方院校或民办高校（如河北民族师范学院、贺州学院）的 AI 专业需位次在 15000 名左右。

二、"冲稳保"志愿分配策略

1. 冲刺区（20%～30% 志愿）

❑ 目标：选择位次略高于自身（+10%）的 AI 专业组，确保至少有 1 个可接受专业。

❑ 推荐院校：

● 华北电力大学（保定）：AI 专业 627 分（位次 5409），需位次接近或略高于自身。

● 中国地质大学（北京）：AI 专业 616 分（位次约 5900），适合冲刺。

● 中国传媒大学：AI 专业 619 分（位次约 5400）。

❑ 注意事项：

● 优先选择"专业组内专业调剂范围小"的院校（如组内含 AI、计算机等关联专业）。

● 避免新设 AI 专业或招生计划少的院校，以防录取波动。

2. 稳妥区（50%～60% 志愿）

❑ 目标：匹配自身位次（±5%）的 AI 专业组，确保录取概率高。

❑ 推荐院校：

● 南京工程学院：AI 专业 570 分（位次约 15000）。

- 西南民族大学：AI 专业 560 分（位次约 22000）。
□ 注意事项：
  - 优先选择学科评估 B+ 及以上、就业率高的院校（如华北电力大学、河北大学）。
  - 冷热专业搭配：同一专业组内可填报 12 个热门方向（如机器学习）+ 34 个中冷门方向（如智能硬件）。

3. 保底区（20%～30% 志愿）

□ 目标：选择位次低于自身（15%）的 AI 专业组，确保不滑档。

□ 推荐院校：
  - 河北民族师范学院：公办 AI 专业最低 490 分（位次约 30000）。
  - 贺州学院：AI 专业 502 分（位次约 40000）。
  - 桂林信息科技学院：民办 AI 专业 451 分（位次约 50000）。

□ 注意事项：
  - 优先选择省内院校或新增招生计划的 AI 专业组（如河北民族师范学院）。
  - 必须勾选"服从调剂"，避免因专业分数不足被退档。

三、关键填报技巧与避坑指南

1. 数据核查

□ 使用阳光高考平台或各校招生网查询近 3 年 AI 专业录取位次、平均分及招生计划变化。

□ 注意"大小年"现象：若某校 AI 专业去年扩招，今年可能回调，需动态调整志愿。

2. 专业与职业规划结合

□ 兴趣匹配：通过霍兰德职业测试评估是否适合 AI 领域（需逻辑思维强、数学基础扎实）。

□ 就业导向：一线城市（北上广深）的 AI 岗位薪资高但竞争激烈，可优先填报当地院校（如上海交大、深圳技术大学）。

3. 特殊类型招生机会

关注"强基计划""综合评价招生"等途径，部分院校（如南京大学、浙江大学）的 AI 专业提供降分录取机会。

通过以上策略，你可以在保障录取率的同时，最大化接近人工智能专业的理想院校。建议结合自身分数、兴趣和职业规划动态调整志愿梯度，并充分利用工具辅助决策。

11.2.2　使用夸克辅助志愿填报的注意事项

选志愿是高考升学的关键环节，使用夸克进行查询时，要充分发挥夸克智能选志愿的优势，注重信息准确性、功能使用规范性及数据参考的全面性，避免因信息偏差影响志愿填报决策。

（1）明确录取规则差异

不同省份、院校的录取规则存在显著差异，如"分数优先""专业级差"等。使用夸克查询时，需主动了解本省及目标院校的录取规则，避免机械套用推荐结果。例如，某省实行新高考"专业组＋平行志愿"模式，而夸克推荐的方案未考虑专业组限制，可能导致填报无效。

（2）结合兴趣能力评估

夸克的智能推荐功能基于成绩和数据模型，但考生的兴趣与能力同样重要。在参考推荐结果时，应结合自身特长、职业规划调整志愿。例如，若对生物科学感兴趣，即使系统未优先推荐相关专业，也可通过"自定义筛选"功能，补充符合条件的院校与专业，避免埋没个人潜力。

（3）关注特殊招生政策

针对强基计划、高校专项、艺术类招生等特殊类型，夸克推荐结果仅提供基础参考。考生需单独查询对应政策文件，明确报考流程、考试要求和录取标准。例如，高校专项计划对户籍、学籍有严格限制，需手动核实自身是否符合条件，不能依赖系统默认推荐。

（4）预留充足决策时间

智能选志愿虽能提升效率，但志愿填报需谨慎决策。建议提前 35 天完成夸克查询与方案初步制定，预留时间与家长、老师沟通，或参加线下咨询会以进一步确认。避免因临近截止时间仓促提交，导致忽略重要细节，影响录取结果。

11.2.3　使用夸克辅助志愿填报的进阶技巧

（1）结合夸克文档制作志愿对比表

把夸克推荐的多组志愿方案导入夸克文档，借助表格功能制作志愿对比表。横向罗列院校名称、专业、录取分数线、就业前景、考研深造率等信息，纵向对比不同梯度志愿。例如，对比两所"稳"志愿院校的计算机专业，从课程设置、行业认可度、毕业生薪资等维度展开，直观呈现差异，辅助考生精准抉择，优化志愿填报组合。

（2）借助夸克相机整合纸质资料

若有纸质版报考资料，如高校招生宣传册、线下咨询记录，可以使用夸克相机将其转化为电子文档。扫描后利用 OCR 文字识别技术提取关键信息，像院校新增专业介绍、招生代码变化等，与夸克线上志愿数据融合。纸质与电子信息互补，形成完整信息链，防止因纸质资料不便查阅或丢失，影响志愿规划的全面性。

（3）利用夸克助手深挖志愿策略

向夸克 AI 助手提问志愿填报难题，如"某专业在不同地区院校的就业优势差异""如何优化冲稳保梯度提升录取率"等。AI 助手会结合大数据与教育专家观点解答，剖析背后逻辑。例如，分析某专业在沿海与内陆院校的就业辐射范围，为考生深挖志愿填报策略，助力做出更具前瞻性的志愿决策。

11.3　检索选科信息，锁定优势组合

选科查询，是指学生在高中阶段面临选科抉择时，对各学科组合对应的高校专业要求、学习难度、未来就业方向以及竞争程度等信息进行系统搜集与分析的过程。以"3+1+2"高考模式为例，学生不仅要考虑物理、历史二选一后的专业限报情况，还要权衡化学、生物、政治、地理四门学科不同组合的利

弊。通过全面深入的选科查询，学生能结合自身兴趣、优势学科，精准定位适合自己的选科路径，为未来高考志愿填报与职业发展奠定基础。

传统选科途径，诸如翻阅纸质报考资料、咨询老师同学，存在诸多短板。纸质资料更新滞后，难以反映高校专业选科要求的最新变化，如部分新兴专业的选科调整难以及时呈现。向老师同学咨询，信息往往带有主观色彩且不够全面，不同人对学科难度、就业前景认知有偏差。此外，人工整合多渠道信息耗时费力，学生难以在海量复杂信息中快速梳理出清晰、准确的选科方案，容易因信息不充分、不准确，做出不恰当的选科决策，影响未来升学与职业规划。

借助夸克进行选科查询优势显著。夸克依托强大的大数据与智能算法，能整合权威的高校招生政策、专业选科要求等信息。学生输入所在省份、意向学科等，即可迅速获取热门选科组合及详细解读。比如，在学习难度方面，直观对比不同组合学科知识点的衔接紧密程度；在专业选择方面，精准展示各组合可报考专业的范围与热门程度；在竞争程度方面，分析历年选考该组合的人数及录取比例。夸克还能结合学生成绩，智能匹配适配院校、专业，助力学生科学选科。

11.3.1 使用夸克辅助选科查询的操作指南

第一步：在夸克首页点击"更多"→"夸克高考"，在"夸克高考"中选择"选科查询"，如图 11-6 所示。

第二步：点击"选科查询"按钮，选择科目进行组合，查询可报考专业、院校的匹配率，查看可选院校匹配率、可选专业匹配率，如图 11-7 所示。

第三步：点击"查询"按钮，可以查看匹配专业和匹配院校，如图 11-8 所示。

第四步：在查询框中输入相关提示词，以"作为河北理科考生，若希望选科组合能覆盖最多专业和学校，生成具体的选科建议"为例，稍等片刻，夸克就会生成相关答案。

夸克 AI 的输出结果如下：

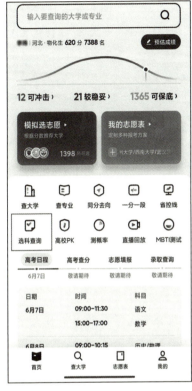

图 11-6　选科查询界面

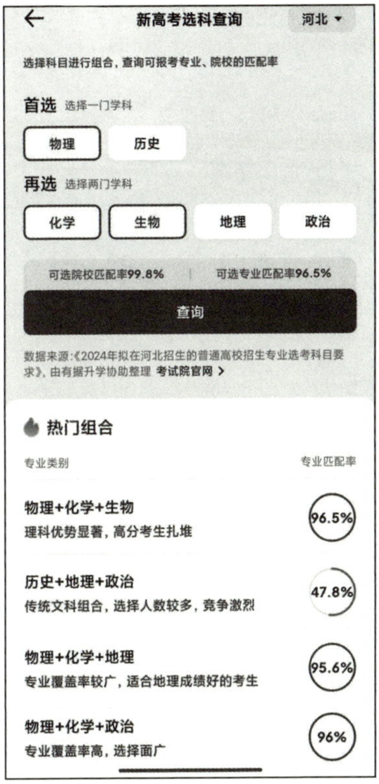

图 11-7　选择科目进行组合查询

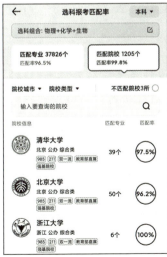

图 11-8　匹配院校情况

作为河北理科考生，若希望选科组合能覆盖最多专业和学校，"物理＋化学＋政治"（物化政）是最佳选择，其次是"物理＋化学＋生物"（物化生）。以下是具体分析及建议。

一、推荐组合：物理＋化学＋政治（物化政）

1. 专业覆盖率最高

☐ 覆盖率 99.73%～99.74%：物化政组合可报考除民族学、园林外的所有专业，包括计算机、医学、电子信息、人工智能等热门理工科专业，以及法学、经济学、管理学等文理交叉学科。

☐ 学科适配性强：物理和化学是理工科核心科目，覆盖 90% 以上的理工农医类专业；政治则拓宽了法学、经济学等文科专业的选择范围。

2. 可报考的优质院校

☐ 综合类名校：北京大学、清华大学、中国人民大学等顶尖高校的多数专业均可报考。

☐ 军警类院校：国防科技大学、中国人民公安大学、陆军工程大学等 27 所军校及警校均对物化政开放。

☐ 医学与工科院校：河北医科大学、华北电力大学、燕山大学等省内重点高校的医学、电气工程、材料科学等专业均可报考。

3. 优势与注意事项

☐ 优势：

● 政治对考研、考公有长期助力，适合未来职业规划多元化的考生。

● 赋分优势：政治科目竞争压力相对较小，高分考生更容易获得高赋分。

☐ 注意事项：

● 学科跨度大：需平衡理科逻辑思维与文科记忆背诵能力。

● 部分高校可能对政治单科成绩有要求（如法学类专业）。

二、次优组合：物理＋化学＋生物（物化生）

1. 专业覆盖率 95% 以上

☐ 覆盖医学（如临床医学、药学）、生物科学、环境科学等生物相关专业，以及计算机、电子信息等传统理工科专业。

- □ 适合对生物有浓厚兴趣或未来计划深造医学的考生。

2. 可报考院校

- □ 北京大学医学部、河北医科大学、首都医科大学等医学类强校。
- □ 华北电力大学、燕山大学等工科院校的生物工程、材料科学等专业。

3. 优势与局限

- □ 优势：生物难度低于化学，适合理科基础较好但化学较弱的学生。
- □ 局限：政治类专业（如法学、马克思主义理论）需额外关注选科要求，部分可能需选考政治。

三、其他备选组合

1. 物理＋化学＋地理（物化地）

覆盖率 95.46%：适合对地理有兴趣的学生，可报考地质、环境、城市规划等专业，但医学类专业覆盖率略低于物化政。

2. 物理＋生物＋政治（物生政）

覆盖率约 51%：仅适合物理成绩优异但化学较弱的学生，理工类专业覆盖受限。

四、选科建议

1. 优先考虑覆盖率与职业规划

- □ 若目标是理工类热门专业（如计算机、医学）或军警院校，物化政是最优解。
- □ 若对生物有强烈兴趣或计划医学深造，可选择物化生，但需接受专业覆盖率略低的现实。

2. 关注政策变化

河北省近年强化了"物理＋化学"的绑定要求，理工类专业门槛提升。选择物化政或物化生可避免未来因选科不符错失专业。

3. 平衡学科难度

物化政需兼顾理科与文科思维，建议结合自身学习能力选择。若化学基础薄弱，可优先选择物化地或物化生。

五、总结

物化政是河北理科生覆盖专业与院校最广的组合，尤其适合目标综合类名校、军警院校或医学类专业的考生。若对生物有特殊兴趣或需降低化学压力，可考虑物化生或物化地，但需接受一定的专业限制。建议结合个人兴趣、学科优势及职业规划综合决策。

11.3.2 使用夸克辅助选科查询的注意事项

（1）核实信息来源可靠性

夸克整合多方数据，查询结果丰富，但要核实信源。优先参考省级教育考试院、高校官网发布的权威内容。部分自媒体解读的选科信息可能存在偏差。比如，对某选科组合的专业覆盖范围解读不准确，误导选科判断。注意查看信息源是否为官方渠道，确保选科依据真实可靠。

（2）结合自身兴趣与特长

夸克能提供选科客观数据，但选科最终要契合自身兴趣特长。不能仅因某组合报考专业多就盲目选择。若对文科感兴趣，逻辑思维相对较弱，即便"物理＋化学＋生物"组合专业覆盖广，也可能学习吃力。建议依据夸克提供的专业职业指向，结合自身兴趣，筛选出适配选科。

（3）关注特殊专业选科要求

部分特殊专业，如军校、公安类专业，对选科、体检、政审有特殊要求。用夸克查询选科时，若有报考这类专业意向，需单独了解其特殊要求。例如，军校的某些专业要求选考物理、化学，且对视力、身高有规定，提前知晓，才能合理规划选科，避免因选科不当失去报考资格。

（4）参考专家解读与案例

夸克有专家解读选科的视频、文章，还有成功选科案例分享，例如，专家从教育政策、学科发展角度分析出的选科趋势，不同学生选科后的学习、升学案例等。查询选科时，可参考这些内容。了解同类型学生选科后在大学专业学习的适配度，可以为自己选科提供实际参考。

11.3.3 使用夸克辅助选科查询的进阶技巧

夸克选科工具有多种应用场景，具体如图 11-9 所示。

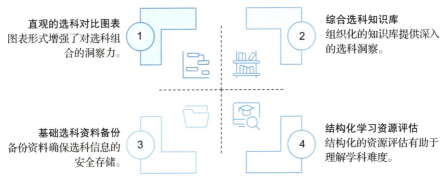

图 11-9　夸克选科工具的应用场景

（1）结合夸克文档，制作选科对比图表

把夸克查询到的多组选科组合关键数据，如可选专业比例、历年高考录取分数线、就业薪资均值等，导入夸克文档。运用文档的表格与图表制作功能，创建直观的选科对比图表。横向对比不同组合在各维度的数据表现，纵向分析同一维度下不同组合的差异。例如，对比"历史＋政治＋地理"与"历史＋政治＋生物"组合在文科类专业报考上的区别，辅助学生精准洞察各选科组合特点，优化选科思路。

（2）搭配夸克笔记，打造专属选科知识库

在夸克进行选科查询时，同步打开夸克笔记，详细记录不同选科组合的优劣势、对应热门专业介绍、高校选科要求细则等信息。利用笔记的标签功能，按学科类别、专业方向分类，逐步构建起个人专属选科知识库，方便随时回顾、对比，为最终选科决策提供翔实依据，避免信息混乱、遗漏。

（3）依托夸克网盘，备份选科资料与方案

将夸克查询到的重要选科资料，如权威教育机构发布的选科报告、个人整理的选科笔记，以及初步拟定的选科方案，保存至夸克网盘。在网盘内创建"高中选科"专属文件夹，按时间、资料类型分类存储。网盘的多端同步功能，让学生在计算机、手机、平板上都能随时查看、修改选科资料，方便在不同场景下进行选科规划，保障选科资料的安全存储与便捷使用。

（4）参考夸克学习资源，评估学科学习难度

在夸克查询选科组合时，关联其丰富的学习资源，如各学科的知识点讲解

视频、历年真题试卷等。通过浏览这些学习资源，学生可以直观感受不同学科的学习难度。例如，通过观看物理学科的复杂知识点讲解视频，结合自身学习能力，判断"物理＋化学＋地理"选科组合中物理学科是否超出自己的学习承受范围，从而更准确地评估选科组合的可行性，确保所选科目既符合未来发展需求，又在自身能力可控范围内。

11.4　测算录取概率，优化报考策略

录取概率是指考生在报考某高校或专业时被成功录取的可能性。它是综合考生成绩、位次、目标院校招生计划、历年录取分数线、报考人数等多种因素，通过数据分析与统计模型估算得出的数值。录取概率并非绝对的录取结果，而是为考生提供志愿填报参考，帮助考生合理定位，评估自身被不同院校和专业录取的机会，从而制定科学的志愿梯度，降低落榜风险。

传统估算录取概率的方式，多依赖考生和家长手动收集历年录取数据、咨询老师或有经验人士，存在明显劣势。一方面，数据收集难度大，需翻阅大量纸质报考资料、逐校查询官网，且难以获取完整准确的报考人数等关键信息；另一方面，分析过程缺乏科学模型，仅凭经验判断，容易忽视当年招生政策变化、试卷难度波动等因素对录取结果的影响，导致估算的录取概率偏差较大，无法为志愿填报提供精准有效的参考。

使用夸克查询录取概率具有显著优势。夸克依托强大的大数据与智能算法，整合历年录取分数线、招生计划变动、当年报考人数预测等海量信息，构建精准的概率计算模型。只需输入成绩、位次等信息，夸克就能快速分析并给出各院校和专业的录取概率，同时生成"冲、稳、保"的志愿梯度建议。此外，夸克还能实时跟踪招生政策变化，动态调整概率预测，让考生随时掌握最新的录取形势，为志愿填报提供可靠的数据支撑。

11.4.1　使用夸克测算录取概率的操作指南

第一步：在夸克首页点击"更多"→"夸克高考"，在"夸克高考"中选择"测概率"，如图11-10所示。

图 11-10　测概率界面

第二步：在院校中输入具体学校名称，如图 11-11 所示。

第三步：在院校中输入具体学校名称后，即可得到相应的录取概率，如图 11-12 所示。

第四步：可以在问答框询问更多内容，如现在我们输入相关提示词，以"作为河北理科考生，报考北京科技大学的录取情况怎样"为例，稍等片刻，夸克就会生成相关答案。

夸克 AI 的输出结果如下：

图 11-11　填大学测概率

图 11-12   录取概率展示

根据 2024 年北京科技大学在河北理科（物理类）的录取情况，结合搜索结果中的信息，以下是具体分析。

1. 录取分数线与位次

☐ 最低分：2024 年河北物理类本科批普通类最低录取分数线为 607 分，对应最低位次为 12449 位。

☐ 最高分：部分热门专业如材料科学与工程（高精尖班）录取分数线达到 633 分（位次 4017），计算机类为 627 分（位次 5409），人工智能、通信工程等专业为 624 分（位次 6190）。

2. 考生分数与位次关系

☐ 考生分数为 620 分，比最低分 607 分高 13 分。但需注意，录取以位次为主要依据，而非绝对分数。若考生的位次低于 12449 位（即排名更靠后），则被录取的概率较低。

- ❑ 根据历史数据，北京科技大学在河北的物理类录取位次近年有所下降：2023 年为 11481 位，2022 年为 10996 位，2024 年进一步降至 12449 位，表明竞争有所缓解。

3. 录取概率分析

- ❑ 保守估计：若考生位次在 12449 位左右（与最低分相当），录取概率约为 30%～50%，需结合专业志愿选择（如填报冷门专业或服从调剂）。
- ❑ 较乐观情况：若考生位次高于 12449 位（如 12000 位以内），录取概率可提升至 60%～70%，尤其是填报非热门专业（如工商管理类、冶金工程等）。
- ❑ 高分优势：若考生的成绩高于热门专业的分数线，则录取概率超过 90%。

4. 其他影响因素

- ❑ 专业选择：热门专业（如计算机、人工智能）竞争激烈，需更高分数；冷门专业（如材料科学与工程、安全工程）分数线相对较低。
- ❑ 招生计划：2024 年河北物理类计划招生 215 人，招生规模较大，但部分专业仅招 110 人，需注意专业志愿的合理分配。

5. 建议

- ❑ 参考位次而非分数：建议考生通过河北省教育考试院查询 620 分对应的精确位次，并与北京科技大学近 3 年录取位次对比。
- ❑ 填报策略：可采取"冲稳保"组合，将北京科技大学列为"冲"档，并搭配位次匹配的其他院校作为保底。

6. 总结

综合来看，620 分的河北理科考生被北京科技大学录取的概率中等偏上，但需结合具体位次和专业志愿选择。若位次在 12449 位以内且填报合理，录取概率约为 50%～70%。建议优先选择招生人数较多或分数线较低的专业，并谨慎评估风险。

11.4.2　使用夸克测算录取概率的注意事项

使用夸克测算录取概率时，需兼顾数据准确性、算法适配性与政策变动因素，避免因操作不当或认知偏差影响志愿决策。

（1）核查数据更新状态

录取概率计算依赖最新招生计划、分数线等数据，需定期检查夸克数据更新时间。尤其在招生政策调整年份，如某省新高考改革首年，若仍使用旧数据模型，可能出现误判。建议在填报前 3～5 天再次查询，或开启夸克"录取概率动态监测"功能，接收实时数据变动提醒。

（2）理解算法局限性

夸克虽通过大数据算法提升预测准确性，但无法完全覆盖所有变量。例如，针对突发的院校扩招、报考扎堆等情况则难以精准预估。考生需将概率结果视为参考，结合目标院校的招生章程、特殊专业要求（如单科成绩限制）等，进行二次验证，避免盲目依赖系统推荐。

（3）区分院校专业差异

同一院校不同专业的录取概率差异明显，使用夸克时需细化查询维度。例如，查询"××大学"录取概率后，应进一步查看具体专业的招生计划与历年分数线。对于热门专业（如计算机、临床医学），需结合专业热度系数，调整预测结果，防止因院校整体概率误判专业录取难度。

（4）合理设置梯度方案

基于录取概率生成的"冲稳保"方案，需根据个人风险偏好进行调整。例如，风险承受能力较低的考生，可将"冲"志愿的概率阈值设定在30%～40%，避免因过度冒险导致滑档；对"保"志愿则需确保概率高于80%，预留充足安全边际。

11.4.3　使用夸克测算录取概率的进阶技巧

使用夸克测算录取概率的进阶技巧如图 11-13 所示。

（1）精准复习策略

通过夸克扫描王将纸质错题转化为电子文档，利用 OCR 技术自动归类至夸克错题本。系统会分析错题分布，生成"知识点掌握度热力图"，直观展示薄弱环节（如物理力学、化学有机推断）。考生可针对高权重知识点制定冲刺计划，结合夸克 AI 讲题功能，对高频错题进行多维度解析（如考点溯源、解题思路拆解、易错点警示）。

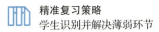

精准复习策略
学生识别并解决薄弱环节

个性化辅导
学生获得定制的学术支持

长期职业规划
学生将职业目标与志愿对齐

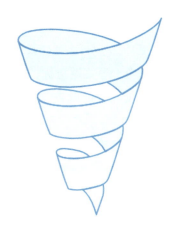

图 11-13　使用夸克测算录取概率的进阶技巧

（2）个性化辅导

向夸克 AI 输入模考成绩、选科组合等信息，并让系统生成竞争力评估报告。例如，若报告显示数学成绩低于目标院校平均分 15 分，AI 会推荐"每日 1 小时数学专项训练"计划，并关联夸克 AI 搜题中的高频考点练习。此外，AI 支持多轮对话，考生可逐步细化需求（如"将录取概率高于 70% 的院校按保研率排序"），系统会动态调整推荐结果，实现"人机协同"的精准决策。

（3）长期职业规划

在测算录取概率的同时，可关联夸克就业大数据模块，分析目标院校专业的就业市场趋势。例如，查询"人工智能"专业时，系统不仅显示录取概率，还会呈现该专业近五年的薪资增长率、热门就业城市分布、企业招聘需求变化等数据。考生可根据自身职业偏好，设置"就业优先"筛选条件，然后夸克会优先推荐"录取概率中高且就业前景优异"的院校组合。此功能将志愿填报与职业规划深度绑定，避免因盲目追求名校而忽视专业发展潜力。

11.5　多维对比，精准锁定理想学府

　　高校对比是指考生在志愿填报阶段，对目标院校从综合实力、学科优势、培养模式、地理位置、校园文化等多维度进行系统化分析的过程。核心在于通过横向与纵向的信息整合，清晰呈现不同高校的差异与适配性。例如，对比"985 工程"院校与行业特色院校时，需综合考量科研资源（如院士数量、重点实验室）、专业排名（如教育部学科评估结果）、就业去向（如校招企业层次、平均薪资）等关键指标，结合自身职业规划、学习偏好，筛选出与个人发展目标高度契合的院校，避免单纯以"分数线高低"或"名气大小"盲目选择。

　　传统高校对比依赖手动查阅官网、报考指南或咨询他人，存在信息碎片化、分析维度单一、效率低下等问题。考生需在数十所院校官网间反复跳转，手动记录"录取分数""招生计划"等数据，耗时费力且易遗漏重要信息（如转专业政策、国际交流项目）。此外，传统对比缺乏科学的权重评估体系，难以量化"地理位置对实习机会的影响""学科排名与考研深造率的关联"等复杂因素，导致对比结果主观化。

　　夸克通过大数据整合与智能算法，构建了立体化的高校对比体系，精准解决了传统对比模式的痛点。考生输入意向院校名称后，系统自动生成包含"综合排名（软科 / QS）""学科优势（A 类学科数量）""就业质量（重点企业就业率）""深造率（保研 / 留学比例）"等 20 多个维度的对比报告，并以可视化图表（雷达图、热力图）直观呈现差异，为专业细分领域的选择提供数据支撑，让高校对比从"经验驱动"升级为"数据智能驱动"。

11.5.1　使用夸克对比高校的操作指南

　　第一步：在夸克首页点击"更多"→"夸克高考"，在"夸克高考"中选择"高校 PK"，如图 11-14 所示。

　　第二步：在其中选择自己感兴趣的高校，或在搜索框中搜索感兴趣的学校，如图 11-15 所示。

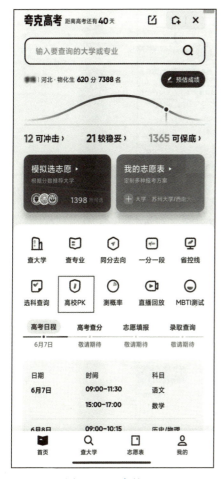

图 11-14　高校 PK

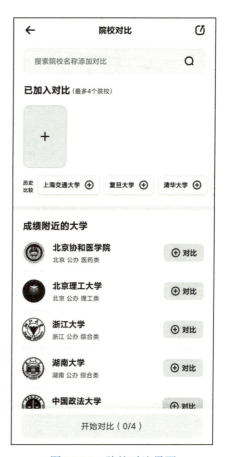

图 11-15　院校对比界面

第三步：这里添加了四所学校，点击"开始对比"按钮，会从招录信息、院校办学信息、院校排名、双一流学科、学科评估等方面进行对比，如图 11-16 所示。

第四步：同时，可以在问答框直接进行询问，例如"河北理科考生 620 分，想报考计算机类专业，在 2024 年高考中报考北京科技大学和南京邮电大学，哪个更好"。

夸克 AI 的输出结果如下：

图 11-16 院校对比详情

根据 2024 年高考数据和两校在河北的录取情况，结合计算机类专业的竞争程度与学科优势，以下是综合分析及建议。

一、两校在河北理科的录取分数线对比

1. 南京邮电大学

❑ 最低录取线：物理类本科批最低分 613 分，位次 9908。

❑ 计算机类专业分数：

- 计算机科学与技术：619 分（位次 7713）

- 通信工程：618 分（位次 8071）

- 软件工程：617 分（位次 8409）

- 人工智能：615 分（位次 9146）

❑ 录取概率：620 分高于最低分，且接近热门专业分数线，有较大机会进入计算机类专业。

2. 北京科技大学

❑ 计算机类专业分数：627 分（位次 5409）。

❑ 录取概率：620 分低于该专业组最低分，需关注是否有其他专业或批次（如国家专项计划）的调剂机会，但计算机类专业直接录取可能性较低。

二、两校计算机类专业的学科实力与特色

1. 南京邮电大学

❑ 学科优势：

- 计算机科学与技术为国家特色专业，通过工程教育认证，学科排名进入 ESI 全球前 0.5%，在江苏省属高校中排名第一。
- 与华为、腾讯等企业合作紧密，就业率高，且在国际竞赛（如 ACM 程序设计竞赛）中表现突出。

❑ 专业方向：涵盖计算机科学与技术、人工智能、软件工程等，注重通信与信息技术交叉培养。

2. 北京科技大学

❑ 学科优势：

- 计算机科学与技术为 A 等级专业（全国第 48 名），依托冶金、材料等传统优势学科，侧重工业智能化与大数据应用。
- 拥有国家级科研平台，在人工智能、信息安全等领域有一定特色。

❑ 录取难度：计算机类专业分数较高，需更高位次支撑。

三、综合建议

1. 优先选择南京邮电大学

❑ 录取可行性高：620 分在河北理科的位次（9000～10000 名）可覆盖该校计算机类多数热门专业，且专业分数差距较小。

❑ 学科与就业优势：计算机领域与通信技术结合紧密，就业竞争力强，尤其在长三角地区企业资源丰富。

❑ 性价比突出：作为"双一流"高校，录取分数低于北京科技大学，适合分数匹配度高的考生。

2. 北京科技大学的备选策略

☐ 关注调剂或专项计划：若计算机类专业无法录取，可尝试其他工科专业（如自动化、人工智能）或国家专项计划，但需提前了解具体政策。

☐ 长期规划考量：若对北京地理位置或该校综合学科资源有偏好，可适当冲刺，但需承担一定风险。

四、其他注意事项

☐ 专业组选择：南京邮电大学在河北的计算机类专业分属不同组别，需注意选科要求（如物理＋化学）。

☐ 竞赛与科研机会：南京邮电大学在 ACM 竞赛中表现优异，适合对编程与算法感兴趣的学生。

☐ 地理位置影响：北京科技大学位于首都，实习与就业资源更集中于京津冀及北方地区；南京邮电大学在长三角地区更具行业优势。

五、结论

若以稳妥录取和专业适配性为首要目标，南京邮电大学是更优选择；若对北京科技大学的综合学科背景有强烈偏好，可尝试冲刺但需做好备选方案。

11.5.2　使用夸克对比高校的注意事项

（1）细化专业对比维度，穿透院校排名迷雾

夸克的高校对比默认展示综合排名、分数线等宏观指标，但易忽视专业层面的隐性差异。例如，对比两所院校的"计算机科学与技术"专业时，需穿透院校排名，关注"人工智能方向课程占比""校企联合实验室资源"等细节。建议在夸克"专业详情"页点击"课程设置""科研项目"标签，或使用"专业 PK"功能，对目标专业的核心课程、师资力量、实习机会等进行横向对比。对于医学、师范等特殊领域，还需核查专业认证情况。

（2）深度挖掘地域政策，防范规则盲区

夸克的地域筛选功能虽便捷，但不同省份的招生政策可能存在隐性门槛。例如，江苏省对修修科目等级有明确要求，而夸克的"选科要求"标签可能未完全覆盖。建议在对比院校时，单击"招生政策"标签，逐条核对"加分政策""单科成绩限制""体检要求"等细则。对于跨省招生的院校，需特别关注

其在本省的招生计划占比，例如某 985 院校在中西部省份的录取分数线可能显著低于东部地区。

（3）补充院校特色信息，超越标准化指标

夸克的对比维度多聚焦于学术实力、就业数据等标准化指标，易忽视校园文化、学生体验等软性因素。而学校的人文氛围、社团活动等信息一般都未被收录。我们可以通过知乎、小红书等平台搜索"××大学就读体验"来获取此类信息。对于中外合作办学项目，还需核查夸克是否提供"双学位授予条件""外教授课比例"等细节。

（4）建立专家验证机制，弥补算法短板

夸克的 AI 推荐无法完全替代人工经验，尤其在特殊场景下（如艺术生报考、复读生政策）可能出现偏差。建议将夸克的对比结果作为基础框架，通过观看各种专家直播答疑节目或参加线下招生咨询会，重点询问"专业分流规则""辅修双学位政策"等细节。例如，某院校的"大类招生"可能在大二进行专业分流，若夸克未明确标注，考生可能误判实际录取难度。

12

志愿填报

高考志愿填报是连接高中阶段与高等教育阶段的关键桥梁，它直接决定了考生未来四年的求学方向与成长环境，甚至影响职业发展轨迹。一所优质院校提供的学术讲座、科研项目和校企合作机会，能为学生打开更广阔的视野；而契合个人兴趣与能力的专业，则是激发学习热情、培养核心竞争力的基础。因此，科学合理的志愿填报，是对个人努力的精准投资，也是为未来人生奠定坚实基础的重要决策。

在志愿填报的过程中，考生和家长常面临诸多挑战。首先，信息不对称，海量的院校专业信息分散在高校官网、报考指南和社交平台中，难以系统地整合，并且部分数据更新滞后，容易导致决策失误。其次，专业认知模糊，许多考生仅凭专业名称就臆想学习内容，对课程设置、就业方向缺乏深入了解，入学后才发现与个人兴趣不符。此外，志愿梯度规划不合理也是常见问题，或过于保守浪费分数，或盲目冲高导致滑档。同时，部分家长过度干预，忽视考生的个人意愿，导致志愿选择偏离学生的真实需求，为未来的学习生活埋下隐患。

本章通过对一站式志愿填报的全流程进行介绍，并对"选学校还是选专业""选什么专业更容易考公务员"等关注度较高的问题进行解读，助力考生规划美好的未来。

12.1　一站式查分报志愿，轻松掌握录取动态

一站式查分、报志愿、查录取结果，是指考生在一个平台上，便能完成从高考分数查询、志愿填报到录取结果查询的全流程操作。以往，考生需在不同网站、渠道间来回切换，分别完成各项任务，不仅耗时费力，还容易在信息获取与整合过程中出错。而一站式服务平台将这些分散的功能集中，简化流程，考生只需在一处登录，即可便捷获取成绩，参考各类数据进行志愿填报，后续还可以查询录取情况，极大提升了志愿填报的效率与体验。

传统志愿填报和查询存在诸多弊端。在数据获取方面，考生需要翻阅厚重的报考资料、在各高校官网逐个查询招生信息，部分高校官网可能会延迟公布招生计划变更，易误导考生。在志愿规划环节，家长和考生大多依赖人工分析，难以精准把握各院校专业录取规律，对分数线波动、招生政策变化等因素

考量不足，导致高分滑档或低分高报。且传统方式缺乏一站式服务，查分、报志愿、查录取结果都需要在不同平台之间进行，增加信息错漏的风险。

夸克在一站式服务上优势显著。查分时，它能快速链接官方查分系统，第一时间获取成绩，且界面简洁无广告干扰。报志愿时，夸克整合海量高校的专业数据，涵盖历年分数线、招生计划、专业介绍等，借助智能算法，依据考生成绩、位次给出"冲稳保"的志愿填报方案，还能预测录取概率，助力科学决策。查录取结果时，夸克可实时跟踪录取进度，一旦有结果，立即推送通知，让考生安心。一站式服务让考生无须在多个平台切换，极大提升了志愿填报的便捷性与准确性。

12.1.1 使用夸克查分报志愿的操作指南

第一步：在夸克首页点击"更多"→"夸克高考"，进入"夸克高考"首页，如图 12-1 所示，我们可以看到"高考日程、高考查分、志愿填报、录取查询"的全流程，在相应主题下，点击不同小程序和链接就会自动跳转。

第二步：打开夸克问答框，询问"如何通过夸克 App 实现一站式查分数 – 志愿填报及查录取结果"，稍等片刻，夸克就会输出具体内容。

夸克 AI 的输出结果如下：

通过夸克 App 实现高考查分数、志愿填报及录取结果查询的一站式服务，具体操作步骤和功能如下。

一、查分数与定位

1. 输入基础信息

❑ 打开夸克 App 后，进入"夸克高

图 12-1 夸克高考首页

考"模块，填写高考省份、科目、高考成绩及位次（系统可自动根据"一分一段表"匹配位次）。

☐ 新高考省份（如黑龙江、甘肃等采用"3 + 1 + 2"模式的省份）需额外选择选科组合，系统会根据选科推荐适配专业和院校。

2. 获取分数定位分析

系统会结合历年录取数据、同分考生去向等生成"可冲击、较稳妥、可保底"三类院校推荐，并提供录取概率分析，帮助考生快速定位合适的志愿范围。

二、智能志愿填报

1. 个性化推荐

☐ 多维度筛选：支持按"院校优先""专业优先""地域优先""高薪就业"等偏好定制推荐，例如选择"人工智能"专业或"南方高校"等标签。

☐ 实时数据支持：整合权威官网、招生简章、专业书籍等信息，提供院校录取分数线、专业设置、就业率等详细数据。

2. 志愿表管理

☐ 多端同步：支持手机、平板电脑、计算机三端查看和编辑志愿表，可导出为 Excel、PDF 或图片格式，方便大屏查看或分享。

☐ 动态调整：根据录取进度实时更新数据，支持添加、删除志愿，并提供"同分去向""专业对比"等功能辅助决策。

三、录取结果查询

1. 实时追踪录取动态

☐ 录取概率更新：志愿填报后，系统会根据录取进度动态调整各院校的录取概率，提示风险等级。

☐ 官方数据同步：整合各省教育考试院发布的录取信息，考生可直接在 App 内查询录取结果，或跳转至官方平台验证。

2. 录取后服务

☐ 全周期管理：考前选的志愿表可无缝衔接考后使用，支持录取结果对比和复盘。

☐ 专家答疑：若对录取结果有疑问，可通过"名师直播"或"专家辅导"

获取实时解答。

四、附加功能与注意事项

1. 权威资源与公益支持

❑ 专家直播：邀请教育专家进行 20 余场免费直播，解析政策、解答问题，并提供资料下载。

❑ 暖芒计划 3.0：为乡村考生提供专属直播、避坑锦囊等，降低信息差。

2. 使用建议

❑ 保持更新：定期检查 App 版本，确保功能与数据最新。

❑ 多维度验证：结合《高校招生专业目录》等官方资料核对志愿信息，避免误填。

通过以上功能，夸克 App 实现了从分数查询到录取结果追踪的全链条服务，尤其适合需要高效、精准辅助的考生和家长。如需进一步了解操作细节，可参考夸克 App 内的"使用指南"或相关直播课程。

12.1.2　使用夸克查分报志愿的注意事项

（1）提前熟悉功能界面

在高考分数公布前，打开夸克，进入"夸克高考"板块，熟悉查分、志愿填报及录取结果查询的入口与界面布局。了解各功能模块的位置，如"智能选志愿""录取概率预测"所在区域，避免查分后因时间紧迫、界面陌生，慌乱中操作失误，影响后续流程推进。

（2）理解录取概率的含义

夸克的录取概率是基于大数据与算法的预测，并非绝对结果。即使显示某院校录取概率为 99% 甚至 100%，也不代表一定能被录取。大学突然爆冷或者爆热的现象多次出现，要结合院校招生计划变动、当年报考热度等因素综合分析。不能因概率高就盲目填报热门专业，或因概率低放弃有希望的志愿，用户需理性看待概率，合理规划志愿梯度。

（3）区分模拟填报与正式填报

夸克的模拟志愿填报能助考生熟悉流程、测试志愿组合，但切勿将模拟填报当作正式填报。模拟填报时，可大胆尝试不同志愿梯度设置，观察录取概率变化；正式填报时，须再次核对信息，按确定好的志愿顺序在规定时间内准确提交，一旦正式提交，就无法随意更改了。

12.1.3　使用夸克查分报志愿的进阶技巧

（1）多维度筛选与评估专业

如果对某个专业和行业并不了解，只需要在夸克搜索框中输入与行业趋势分析有关的问题，夸克就会整合权威报告与招聘数据，并提供薪资水平、岗位需求变化等信息，帮助考生深入了解具体专业的实际情况，如图 12-2 所示。

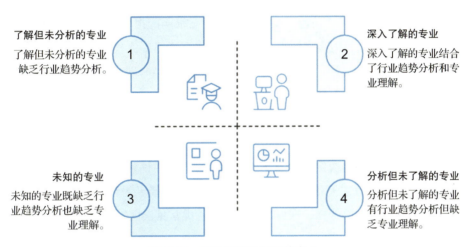

了解但未分析的专业
了解但未分析的专业缺乏行业趋势分析。
1

深入了解的专业
深入了解的专业结合了行业趋势分析和专业理解。
2

未知的专业
未知的专业既缺乏行业趋势分析也缺乏专业理解。
3

分析但未了解的专业
分析但未了解的专业有行业趋势分析但缺乏专业理解。
4

图 12-2　多维度筛选与评估专业

（2）挖掘特色院校和专业榜单信息

夸克会上线区域榜单、特色院校等内容。除了关注综合排名较高的院校，还可以深入挖掘这些特色榜单，发现一些在特定领域具有独特优势的院校和专业。例如，某些双非院校在行业内的认可度很高，其王牌专业的教学质量和就业前景甚至超过一些知名高校的同类专业。通过关注特色榜单，你可以拓宽报考视野，找到那些容易被忽视但具有潜力的院校和专业，为自己的未来发展开辟新的路径。

12.2   解密志愿填报陷阱，避开信息与决策雷区

志愿填报中的陷阱主要分为三类：信息陷阱、决策误区与操作疏漏。信息陷阱表现为数据滞后、专业名称误导、政策解读偏差；决策误区包括盲目跟风热门专业、过度注重院校名气、梯度设置失衡；操作疏漏则涉及志愿填报系统操作失误、时间管理不当、模拟填报与正式填报混淆。这些问题轻则导致志愿性价比降低，重则造成落榜或专业调剂。

规避陷阱需遵循"三核原则"：核信息、核需求、核流程。通过夸克一站式服务实时交叉验证数据，例如在夸克高考模块对比高校官网招生章程，确认专业选考科目、单科成绩要求；使用夸克 AI 志愿测评工具，结合职业性格测试与学科优势，生成"兴趣–能力–职业"三维匹配报告，避免"高分低报"或"错位填报"；利用夸克模拟志愿功能多次演练填报流程，熟悉系统操作细节，同时设置双重提醒，杜绝时间管理失误。将工具的理性分析与个人主观判断相结合，拒绝"唯分数论"或"唯经验论"。

12.2.1   高考志愿填报的常见误区

高考志愿填报是决定考生命运的关键抉择，然而许多考生和家长常陷入填报误区，轻则导致志愿落空，重则影响未来发展路径。为帮助考生规避风险，做出科学合理的志愿选择，这里总结出以下七类常见误区，如图 12-3 所示。

图 12-3   高考志愿填报的七类常见误区

（1）忽视位次

在高考志愿填报的过程中，很多考生和家长习惯单纯依据分数来选择学校和专业，却忽视了一个关键因素——位次。每年高考的题目难度不同，录取分数线也会随之产生波动。比如 2023 年数学题目难度较大，不少地区的分数线普遍下降；而 2024 年某些科目难度降低，分数线又有所回升。如果仅参考分数，很容易出现偏差。

倘若只看分数，可能会导致滑档等严重问题。例如，某考生 2024 年考了600 分，他参考前一年某高校的录取分数线 580 分，便贸然填报该校。但 2024年由于高考题目整体难度降低，全省分数线普遍提高，该高校 2024 年的实际录取分数线可能达到 610 分，结果该考生就因为只看分数，没有考虑位次，最终滑档，不但没有被该高校录取，整个志愿填报的录取结果还受到严重影响，最终只能进入下一批次的录取或者参加征集志愿。所以，在志愿填报时，一定要以位次为主要参考依据，结合分数进行综合分析。

（2）对名校的执念

在高考志愿填报中，名校情结是许多考生和家长难以摆脱的"执念"。不可否认，名校往往拥有更雄厚的师资力量、更丰富的教学资源和更高的社会认可度，然而，单纯为了名校光环而忽视专业是否适合自己，无疑是一种短视的行为。

从职业发展的角度来看，专业的选择直接关系到未来的就业方向和职业发展前景。不同专业的就业形势和薪资待遇差异巨大。例如，计算机科学与技术、电子信息工程等专业，随着互联网和信息技术的飞速发展，人才需求旺盛，毕业生就业机会多，薪资水平也较高；而一些冷门专业就业面相对较窄，就业难度较大。如果考生仅仅因为名校情结选择了不适合自己的冷门专业，毕业后可能面临就业困难的局面。

（3）追求热门

在高考志愿填报的过程中，追求热门专业似乎成了一种普遍现象。每年高考结束后，像计算机科学与技术、人工智能、金融等专业总是备受考生和家长的青睐。这些热门专业往往被认为就业前景广阔、薪资待遇优厚，吸引大量考生填报。

然而，盲目追求热门专业而忽略个人兴趣，可能会带来一系列问题。兴趣是学习的内在动力，当一个人对所学专业充满兴趣时，他会更主动地去探索知识，克服学习过程中遇到的困难。相反，如果仅仅因为热门而选择某专业，却对其内容毫无兴趣，那么在大学四年的学习中很可能会感到痛苦和煎熬。例如，有些学生为了追求热门专业，选择了计算机科学与技术专业，但他们本身对编程等内容缺乏兴趣，在学习过程中就会感到枯燥乏味，难以集中精力，甚至可能出现挂科等情况，严重影响学业成绩和自信心。

（4）忽视指南

在高考志愿填报中，招生章程起着举足轻重的作用，然而，很多考生和家长却没有给予其足够的重视，甚至在不了解招生章程的情况下就随意填报志愿，这无疑为录取结果埋下了隐患。

招生章程是高校招生的"法律文件"，是高校向社会公布有关招生信息的必要形式，其内容必须合法、真实、准确、表述规范，经主管部门依据国家有关法律和招生政策规定核定后方能向社会公布，且一经公布，不得擅自更改。它涵盖了众多关键信息，对考生的志愿填报有着至关重要的指导意义。

每年都有不少考生因为不看招生章程随意填报而被退档。例如，某考生高考成绩优异，达到了某高校的提档线，且填报了该校的化学专业。但他没有仔细查看招生章程，不知道化学专业对化学单科成绩有 90 分以上的要求，而他的化学成绩仅为 88 分，最终被退档。还有的考生因色盲填报了化学、美术等受限专业，即便总分达标，也只能被退档。所以，考生和家长在填报志愿前，务必认真研读招生章程，全面了解高校的招生政策和专业要求，规避潜在风险，确保志愿填报的准确性和有效性。

（5）拒绝调剂

在高考志愿填报的过程中，是否服从专业调剂是一个让许多考生和家长纠结的问题。有些考生和家长出于对专业的执着追求，选择不服从专业调剂，却没有充分意识到这背后隐藏的巨大风险。

退档对于考生来说，无疑是一个沉重的打击。它不仅意味着考生失去了进入理想院校和专业的机会，还可能影响到自身的心理状态和对未来的学业规划。例如，考生小张在本科一批次填报了一所心仪的高校，由于对某几个专业情有独钟，他选择不服从专业调剂。结果，他的分数虽然达到了该校的提档线，但未达到所报专业的录取分数线，最终被退档。这使得他不得不参加本科一批次的征集志愿，而征集志愿中的院校和专业往往不如正常录取时丰富，竞争也更为激烈。小张最终没能被理想的院校和专业录取，只能无奈接受不太满意的结果，进入下一批次的院校就读。

（6）依赖平行志愿

在高考志愿填报中，很多考生和家长存在一个误区，认为平行志愿没有风险，只要分数达到了填报院校的投档线，就一定能被录取。然而，事实并非如此。

平行志愿的风险主要体现在以下两方面。其一，投档后有被退档的风险。高校在录取时，通常会按照一定比例提档，一般为105%以内。这意味着，即使考生的档案被投进了高校，仍有一定比例的考生可能因为各种原因被退档。例如：考生不服从专业调剂，而所填报的专业又已录满，那么高校只能将其退档；或者考生的身体条件、单科成绩等不符合所报专业的要求，也可能导致退档。

其二，考生对自己的定位不准确也会带来风险。如果考生过高估计自己的成绩，填报的志愿都超出了自己的实际水平，且志愿之间没有拉开梯度，就可能出现所有志愿都无法投档的情况，导致滑档。例如，某考生预估自己能考600分，便填报了几所往年录取分数线都在600分左右的高校，结果高考成绩只有580分，最终所有志愿都未能投档成功。

（7）忽视健康

在高考志愿填报的过程中，考生的身体条件对专业选择有重要影响，然而，这一点却常常被考生和家长所忽视。每年都有一些考生因为没有充分考虑身体条件限制，盲目选择专业，最终给自己的学习和未来就业带来诸多困扰。

身体条件限制在各个专业中有着明确的体现。以医学类专业为例，色弱、色盲或无法准确识别各种颜色的考生是不能报考的。这是因为医学专业在学习和实践过程中，需要频繁观察各种颜色的标本、检验报告、病理等，如果考生存在色觉问题，很可能会影响诊断结果，危及患者生命安全。例如，在医学检验中，检验人员需要通过观察试剂的颜色变化来判断检验结果，色盲考生无法准确识别这些颜色变化，也就无法胜任相关工作。

12.2.2　避免陷入误区的具体方式和方法

（1）详细解读招生政策

密切关注本省教育考试院发布的招生政策文件，了解当年高考招生的整体形势，包括招生计划的增减、录取批次的调整、加分政策的变化等。例如，某些省份可能会对农村专项计划、地方专项计划的招生条件和录取方式进行调整，考生和家长需要及时掌握这些信息，判断自己是否符合报考条件。

（2）深入理解录取规则

不同高校和专业的录取规则各不相同，如"分数优先""志愿优先""专业级差"等。以"专业级差"为例，假设某高校规定专业级差为"3－1－1"，即考生第一专业志愿未被录取，在考虑第二专业志愿时，需将其高考成绩减去 3 分后再与其他考生排序；若第二专业志愿仍未被录取，考虑第三专业志愿时，还要再减去 1 分，以此类推。考生要清楚各高校的录取规则，结合自己的成绩和志愿填报策略，合理安排专业顺序。

（3）专业课程设置与就业前景分析

详细了解专业的课程设置，判断是否符合自己的兴趣和职业规划。例如，物理学专业的课程通常包括高等数学、力学、热学、电磁学、光学、原子物理学等，如果你对物理理论研究有浓厚兴趣，那么这个专业可能比较适合你。还要关注专业的就业前景，通过查看相关行业报告、就业数据等信息，了解该专业的就业方向、薪资水平、就业竞争程度等。比如，随着新能源汽车行业的快速发展，车辆工程专业中新能源汽车方向的就业前景较为广阔，毕业生可在新能源汽车制造企业、电池研发企业等从事相关工作。

12.2.3　总结与建议

高考志愿填报是一场充满挑战的"战役"，其中的误区犹如隐藏的暗礁，稍不留意就可能让考生的大学梦遭遇波折。从只看分数不看位次，到名校情结忽视专业，从追捧热门专业忽略兴趣，到不看招生章程随意填报，再到不服从专业调剂、误解平行志愿以及忽视身体条件限制，这些误区都可能对考生的未来产生深远影响。

然而，只要我们提前做好准备，采取正确的方法，就能够有效避开这些误区。认真研究招生政策和录取规则，全面了解高校和专业信息，结合自身实际情况，合理设置志愿梯度，慎重选择是否服从专业调剂，并仔细核对志愿信息，这些都是填报志愿时的关键步骤。

考生和家长要充分认识到高考志愿填报的重要性，不要等到最后时刻才匆忙决定。应提前规划，从高中甚至更早阶段就开始了解相关信息，明确自己的兴趣、特长和职业规划。在填报志愿时，要保持冷静和理性，不盲目跟风，不被一时的热门或学校名气所左右。多参考老师、招生办工作人员、志愿填报专家等专业人士的意见，同时也要有自己的思考和判断。

高考志愿填报是人生中的一个重要节点，它不仅关系到考生未来四年的大学生活，更可能影响其职业发展和人生轨迹。希望每一位考生都能谨慎对待，避开误区，填报一份满意的志愿，开启精彩的大学生活，为实现自己的人生目标迈出坚实的第一步。

12.3　选学校还是选专业？名校资源的决胜优势

优先选择学校，本质上是抢占优质教育资源的"高地"。名校往往拥有更雄厚的师资力量、更前沿的科研平台与更丰富的学术交流机会，这些资源能潜移默化地拓宽学生的视野，培养他们的批判性思维与创新能力。此外，名校的品牌效应会带来更高的社会认可度，无论是求职时企业 HR 的"名校滤镜"，还是考研深造时导师的青睐，都能为未来发展搭建更宽广的平台。校友网络作为隐形财富，也能在职业规划、资源对接等方面提供强大助力。

聚焦专业选择，意味着锚定未来职业发展的赛道。热门专业不仅课程设置紧密贴合行业需求，更能提供对口的实习与实践机会，帮助学生积累行业经验，提升就业竞争力。随着新兴技术如人工智能、大数据等的快速发展，选择这些前沿专业能让学生率先掌握稀缺技能，在人才市场中脱颖而出。此外，浓厚的专业学习氛围能激发深度钻研的热情，有利于在细分领域形成核心竞争力，为未来攻读硕士、博士学位或从事科研工作奠定扎实的基础。

在夸克赋能的时代，选择不再是"非此即彼"的难题。本节将借助夸克强大的智能分析功能，通过多维度数据对比，帮助读者精准定位自身需求。通过输入个人成绩、兴趣偏好、职业前景等信息，夸克可以生成个性化的选校选专业方案，既评估学校综合实力与专业发展前景，也分析不同选择对未来深造、就业的影响。同时，结合真实案例与行业趋势解读，引导读者打破传统思维定式，学会在学校光环与专业优势之间找到动态平衡，做出最适合自己的决策。

12.3.1 选学校的利与弊

1. 名校光环：开启机遇之门

在社会的普遍认知里，名校就像一座闪耀的灯塔，其散发的光芒能为毕业生照亮前行的道路。以 985、211 高校为例，这些学校凭借深厚的历史底蕴、卓越的学术成就和广泛的社会影响力，成为众多学子梦寐以求的殿堂。每年校招季，名企的招聘海报上常常明确标注只招收特定名校的毕业生，微软、谷歌等科技巨头，以及麦肯锡、波士顿咨询等顶尖咨询公司，都会早早地在清华大学、北京大学等名校举办宣讲会和招聘会，为名校学子提供大量优质的岗位。相关调查显示，名校毕业生的平均起薪普遍比普通院校毕业生高出20%～50%，且在职业晋升的道路上也更为顺畅，往往能更快地晋升到管理岗位。

不仅如此，名校的光环在深造之路上同样熠熠生辉。国内的考研、保研竞争异常激烈，名校的保研名额却相当可观，像清华大学、北京大学等高校，部分专业的保研率甚至能达到 50% 以上，这意味着有一半的学生无须参加研究生考试就能直接获得深造机会。在申请国外名校留学时，来自国内名校的学生也更受青睐，比如英国的牛津大学、剑桥大学，美国的哈佛大学、斯坦福大学等，在招生时会对中国名校的学生给予更高的认可度，录取概率也相对更高。

名校的校友网络更是一张无形却强大的资源网，校友们在各个领域发光发热，形成了一个庞大的互助体系。在金融领域，北京大学光华管理学院的校友遍布各大金融机构，从投资银行到私募股权，从证券交易到风险管理，他们通过校友聚会、行业论坛等形式保持紧密联系，为彼此提供项目合作、职业发展等方面的支持。无论是寻找实习机会、拓展业务资源，还是开展创业项目，校友的帮助往往能起到关键作用。

2. 全面发展：多元资源的滋养

踏入名校校园，就仿佛置身于知识的宝库，丰富的学术资源令人目不暇接。这里有国内外顶尖的学者、教授，他们站在学术前沿，用渊博的知识和独特的见解为学生打开一扇扇智慧之窗。学生们有机会聆听来自各个领域的知名学者的课程，与大师们面对面交流，探讨学术问题，感受思想的碰撞。学校的图书馆藏书丰富，电子资源齐全，涵盖古今中外的学术著作、研究报告和期刊，为学生的学习和研究提供了坚实的资料支撑。

除了学术资源，名校的社团活动也是精彩纷呈，涵盖艺术、体育、学术、公益等多个领域。在清华大学，有上百个学生社团，从清华交响乐团到学生辩论队，从紫荆志愿者服务总队到人工智能协会，学生们可以根据自己的兴趣爱好加入不同的社团，锻炼自己的组织能力、领导能力和团队协作能力。每年举办的社团文化节，更是成为展示学生风采、促进社团交流的盛大节日。

在全球化的今天，国际交流对于学生培养国际视野而言至关重要。名校凭借其强大的国际影响力，与世界各地的高校建立了广泛的合作关系，为学生提供了丰富的交流项目，如交换生计划、国际学术会议、海外实习等。浙江大学与美国、英国、德国、日本等多个国家的知名高校开展了交换生项目，每年选派大量学生赴海外学习交流一学期或一学年，让学生亲身感受不同国家的教育体系和文化氛围，提升跨文化交流能力。

3. 专业受限：兴趣与发展的困境

选择学校优先并非一帆风顺，其中最大的风险便是可能被调剂到不喜欢的专业。高考录取遵循"分数优先，遵循志愿"的原则，当考生的分数达到了某所名校的提档线，但未达到所填报专业的录取分数线，且选择了服从调剂时，就有可能被调剂到该校其他专业。每年都有许多考生因为这一原因，被调剂到自己完全不感兴趣甚至从未了解过的专业。例如，一些热爱计算机科学的学生，一心向往名校，却被调剂到了生物工程、化学工程等专业，学习内容与自己的兴趣背道而驰，导致学习积极性受挫，学习成绩也不尽如人意。

这种专业与兴趣的背离，不仅会影响大学四年的学习体验，还可能对未来的职业发展产生深远的影响。大学专业是职业生涯的起点，不喜欢的专业可能让学生在学习过程中缺乏动力和热情，难以深入掌握专业知识和技能，毕业后在就业市场上也可能因为专业不对口而面临激烈的竞争。一些被调剂到冷门专业的学生，由于对专业缺乏兴趣，在大学期间得过且过，毕业后既没有扎实的专业知识，也没有明确的职业方向，甚至还会陷入就业的困境。

12.3.2　选专业的得与失

1. 兴趣驱动：学习动力的源泉

"兴趣是最好的老师"，这句话在选专业的问题上体现得淋漓尽致。学生依据兴趣选择专业，就如同为自己找到了一台强大的发动机，能够获得源源不断的学习动力。热爱文学的同学选择了汉语言文学专业，他们会沉浸在古今中外的文学名著中，主动去研究诗词歌赋的韵律之美，探索小说、散文的创作技巧，每一次阅读、每一次写作都是一次享受。这种对专业的热爱和投入，使得他们在学习过程中充满热情和创造力，更有可能在专业领域取得优异的成绩和突出的成就。

许多成功人士的经历都证明了兴趣对专业发展的重要性。物理学家爱因斯坦从小就对物理现象充满好奇，对科学的浓厚兴趣驱使他在物理学领域不断探索，最终提出了相对论，为现代物理学的发展作出了巨大贡献。在学术研究中，兴趣也是推动学者深入探索的重要因素。在生物学领域，袁隆平对水稻研究有着浓厚的兴趣，几十年如一日地扎根田间地头，致力于杂交水稻的研究，成功解决了数亿人的吃饭问题，为全球粮食安全作出了卓越贡献。

2. 职业导向：精准规划未来路径

专业选择与职业发展就像紧密啮合的齿轮，相互影响，相互作用。在当今竞争激烈的就业市场中，专业背景往往是求职者进入某一行业或领域的敲门砖。计算机科学与技术专业的毕业生，凭借扎实的编程技能和对计算机系统的深入理解，在互联网行业中具有明显优势，能够轻松进入各类软件开发公司、互联网企业，从事软件开发、数据分析、网络安全等工作。不同专业的职业发展路径和晋升机会也各不相同。医学专业的学生，毕业后需要经过长时间的实习、规培，逐步成长为一名合格的医生，随着医术的提高和经验的积累，他们可以晋升为科室主任、专家，在医疗领域发挥重要作用；而金融专业的毕业生，从初级的金融分析师做起，通过不断考取各类金融证书，积累工作经验，有机会晋升为高级分析师、投资经理，甚至成为金融机构的高管。选择一个具有良好发展前景的专业，就如同为自己的职业发展搭建了一条高速公路，能够更快地实现职业目标。

3. 平台局限：资源与视野的短板

然而，优先选择专业也并非十全十美，一个明显的弊端就是可能会面临平台局限。如果学生为了追求心仪的专业，选择了一所普通院校的优势专业，虽然在专业学习上能够得到一定的保障，但与名校相比，普通院校在学术资源、校园氛围和社会认可度上往往存在较大差距。在学术资源方面，名校拥有更多的科研项目、科研经费和先进的实验设备，能够为学生提供更多参与科研实践的机会。例如，清华大学、北京大学等名校每年承担的国家级科研项目数量众多，学生可以跟随导师参与到前沿的科研课题中，拓宽学术视野，提升科研能力。而普通院校由于科研实力相对较弱，学生参与科研项目的机会相对较少，这在一定程度上会影响学生的学术发展。

校园氛围也是影响学生成长的重要因素。名校汇聚了来自全国各地的优秀学子，他们在学术、文化、艺术等方面都有着较高的素养和追求，校园内形成了浓厚的学习氛围和多元的文化氛围。在这样的环境中，学生能够受到积极的影响，激发自己的学习动力和创新思维。而普通院校的校园氛围可能相对较弱，学生之间的交流和竞争不够激烈，不利于学生的全面发展。

社会认可度也是一个不容忽视的问题。在就业市场上，很多企业在招聘时会更倾向选择名校毕业生，即使普通院校的优势专业在专业领域内有一定的知名度，但在整体的社会认可度上仍无法与名校相媲美。这就导致普通院校优势专业的毕业生在求职过程中可能会面临一些不公平的待遇，增加了就业难度。

12.3.3　影响选择的关键因素

1. 个人兴趣与职业规划

兴趣是学习和职业发展的持久动力，在选择学校和专业时，考生必须深入思考自身兴趣和未来职业方向。如果你对数字敏感，喜欢逻辑推理，那么数学、统计学、计算机科学等专业或许更适合你；如果你热爱文学，擅长文字表达，那么汉语言文学、新闻学、传播学等专业可能会让你如鱼得水。

职业规划也是不可忽视的重要因素。在选择专业之前，考生需要对不同职业的发展前景、工作内容、薪资待遇等进行深入了解。近年来，随着人工智能、大数据、云计算等技术的快速发展，相关专业的人才需求急剧增加，如人工智能专业的毕业生往往能在互联网企业、科研机构等找到高薪工作，发展前景十分广阔；而一些传统行业，如钢铁、煤炭等，由于产能过剩和产业结构调整，就业形势相对严峻。通过明确职业目标，考生可以更有针对性地选择专业，为未来的职业发展打下坚实的基础。

2. 分数实力与录取概率

分数是决定考生选择范围的关键因素，在志愿填报中起着至关重要的作用。考生需要根据自己的高考成绩，结合历年各高校的录取分数线和位次，合理定位自己的报考层次和范围。如果考生成绩优异，达到了 985、211 高校的录取分数线，那么在选择学校和专业时，往往具有较大的主动权，可以在名校的优势专业中进行挑选；而对于成绩相对较低的考生，则需要更加谨慎地选择，优先考虑自己能够被录取的学校和专业，避免因为盲目追求名校而落榜。

在填报志愿时，考生还需要综合考虑各高校的招生计划、录取规则等因素，权衡学校和专业的选择。有些高校在招生时会设置专业级差，即考生在填报多个专业志愿时，如果第一专业志愿未被录取，那么在第二专业志愿录取时会扣除一定的分数，这就需要考生在填报志愿时合理安排专业顺序，降低被调剂的风险。同时，考生还可以参考一些志愿填报工具和数据分析，了解各高校和专业的录取概率，提高志愿填报的准确性和成功率。

3. 家庭背景与经济状况

家庭背景和经济状况也会对考生的选择产生重要影响。对于家庭经济条件较好的学生来说，他们在选择专业时可能相对更加自由，可以考虑一些学费较高但就业前景广阔的专业，如医学、法学、艺术等，或者选择报考中外合作办学项目，这些项目通常能够提供国际化的教育资源和交流机会，但学费也相对较高，每年的学费可能在几万元到十几万元不等。

而对于家庭经济条件一般的学生来说，在选择专业时则需要更加谨慎，优先考虑一些学费较低、就业前景好的专业，如师范类、农学类、工学类等专业，这些专业不仅学费相对较低，而且就业形势较好，能够减轻家庭的经济负担。此外，一些学生还可以通过申请奖学金、助学金、助学贷款等方式来缓解经济压力，实现自己的大学梦。

12.3.4　抉择之道：综合考量，理性决策

1. 明确自我：深度剖析兴趣与能力

在这场人生的重大抉择面前，考生首先要静下心来，对自己进行一次全面而深入的剖析。可以通过自我反思、兴趣测试等方式，了解自己的兴趣爱好、优势学科和性格特点。霍兰德职业兴趣量表是一个不错的工具，它将人的职业兴趣分为实际型、研究型、艺术型、社会型、企业型和常规型六种类型。通过测试，考生可以初步判断自己更倾向于哪种类型的职业，进而确定与之相关的专业领域。比如：研究型的人对科学研究充满热情，可能更适合选择数学、物理学、化学等基础学科专业；艺术型的人富有创造力和想象力，适合报考音乐、美术、舞蹈、戏剧等艺术专业。

除了兴趣，考生还需要对自己的能力有清晰的认识。回顾高中三年的学习经历，哪些学科是自己擅长的，哪些方面的能力比较突出，如逻辑思维能力、语言表达能力、动手实践能力等，这些优势能力可以为专业选择提供重要参考。如果你的数学和物理学科成绩优秀，且逻辑思维能力较强，那么可以考虑选择理工科专业，如计算机科学与技术、电子信息工程、机械工程等；如果你语言表达能力强，善于与人沟通，那么文科类专业，如法学、市场营销、新闻学等可能更适合你。

2. 研究调研：全面了解学校专业

"知己知彼，百战不殆"，在明确自身需求后，考生还需要对学校和专业进

行深入研究。学校的综合实力是一个重要考量因素，包括学校的排名、师资力量、科研水平、学科建设等方面。可以参考一些权威的大学排名榜单，如 QS 世界大学排名、泰晤士高等教育世界大学排名、软科中国大学排名等，了解各个学校在国内外的综合实力和学科排名情况。同时，关注学校的师资队伍，查看学校拥有多少国家级教学名师、长江学者、国家杰出青年等高层次人才，这些优秀的教师能够为学生提供优质的教学和指导。

专业的具体情况同样不容忽视，包括专业课程设置、就业前景、考研方向等。考生可以通过访问学校官网、查看专业介绍资料、咨询学长学姐等方式，了解专业的详细课程内容，判断自己是否对这些课程感兴趣。就业前景是考生关注的重点，不同专业的就业形势差异较大，考生可以通过查看各大招聘网站的岗位信息、行业报告等，了解不同专业的就业需求和薪资待遇。对于有考研打算的考生，还需要了解专业的考研方向和考研难度，为未来的深造做好准备。

3. 灵活策略：构建合理的志愿梯度

志愿填报是一门艺术，需要考生运用合理的策略，构建科学的志愿梯度，以提高录取的成功率。"冲稳保"策略是一种常见且实用的方法，即把志愿分为冲刺志愿、稳妥志愿和保底志愿三个层次。冲刺志愿可以选择一些录取分数线略高于自己成绩的学校，但要注意拉开一定的梯度，避免盲目冲高，一般可以选择录取分数线比自己成绩高 10～20 分的学校；稳妥志愿则选择与自己成绩相当或略低一些的学校，确保有较大的录取把握，这些学校的录取分数线通常与自己的成绩相差在 5～10 分；保底志愿要选择那些录取分数线明显低于自己成绩的学校，作为最后的保障，确保自己能够被录取，一般可以选择录取分数线比自己成绩低 20～30 分的学校。

在填报志愿时，考生还需要根据自己对学校和专业的重视程度，合理安排志愿顺序。如果更看重学校，那么可以在冲刺志愿中选择一些名校的边缘专业，争取被名校录取的机会；如果更注重专业，那么可以在稳妥志愿和保底志愿中选择专业实力较强的学校和自己喜欢的专业。同时，要注意志愿之间的关联性，避免出现重复或不合理的志愿组合。例如，不要将同一层次、同一类型的学校全部放在一起，要做到层次分明、错落有致。此外，对于实行平行志愿的省份，考生要了解平行志愿的投档规则，即"分数优先，遵循志愿，一轮投档"，合理安排志愿顺序，将最想去的学校放在前面。

12.3.5　总结与建议

在人生的长河中，选择学校和专业只是一个重要的节点，而非终点。无论最终做出怎样的决定，都无须过度焦虑和纠结。因为每一条道路都有其独特的风景，每一次选择都蕴含着无限的可能。只要我们保持积极乐观的心态，在大学这个新的舞台上努力学习，不断提升自己，就一定能够绽放出属于自己的光彩。

站在人生的新起点上，愿每一位考生都能以坚定的信念、无畏的勇气和不懈的努力，勇敢地迈向未来。相信自己的选择，相信未来的美好，在大学的时光里书写属于自己的精彩篇章。让我们携手共进，向着梦想的彼岸奋勇前行，去拥抱那充满无限可能的未来！

12.4　揭秘高薪热门专业，规划理想就业蓝图

在当今竞争激烈的就业市场中，专业犹如一把钥匙，能精准地开启与之匹配的职业大门。从各大招聘平台的数据来看，企业招聘岗位与专业的契合度极高。这种专业与就业岗位的强关联性，使得专业的选择在很大程度上决定了一个人未来的职业方向和就业前景。

选对专业，就如同为自己的职业发展配备了强劲的引擎，极大地提升了就业竞争力。以电子信息类专业为例，该专业涉及电子、通信等多领域，毕业生就业方向广泛，在华为、中兴等通信巨头企业中备受青睐。由于专业知识和技能的专业性与稀缺性，该专业的毕业生在人才市场上供不应求，薪资待遇也相当可观。相比之下，一些专业由于市场需求小、人才饱和，毕业生面临着较大的就业压力。选择与市场需求相匹配的热门专业，能够让学生在求职过程中脱颖而出，轻松获得更多优质的就业机会，在激烈的就业竞争中占据主动地位。

选择合适的专业，对个人成长和职业发展意义深远。从个人成长角度看，若专业契合自身兴趣，学习便不是枯燥的任务，而是充满激情的探索之旅。比

如热爱文学创作的学生选择汉语言文学专业，在浓厚的学术氛围中，能尽情汲取知识，不断提升文学素养和创作能力。在职业发展方面，专业选择是长远规划的基石。以人工智能专业为例，作为新兴前沿领域，该专业的毕业生可在算法研发、智能系统开发等核心岗位就业，不仅起步薪资高，而且随着行业的快速发展，未来晋升空间广阔，能助力个人在职业生涯中不断攀登高峰，实现自身价值。

12.4.1　计算机类专业：数字时代的"香饽饽"

1. 计算机科学与技术

计算机科学与技术专业可谓数字时代的中流砥柱，它的应用范围极广，几乎涵盖了我们生活的方方面面。从日常使用的手机 App、计算机软件，到企业的核心业务系统、复杂的人工智能算法，再到国家关键基础设施的运行保障，都离不开计算机科学与技术的支持。在软件开发领域，该专业的毕业生能够参与办公软件、游戏软件、企业管理软件等各类软件的设计与开发，满足不同用户群体的多样化需求。在人工智能领域，他们更是发挥着关键作用，通过研究和应用机器学习、深度学习等算法，推动着智能语音识别、图像识别、智能机器人等技术的发展，为社会带来了前所未有的变革。

这个专业的技术更新换代速度极快，新的编程语言、开发框架、算法不断涌现，这也使得计算机科学与技术专业的人才始终保持着较高的市场价值。企业为了在激烈的市场竞争中占据优势，对掌握先进技术的专业人才求贤若渴，愿意提供丰厚的薪资待遇和广阔的职业发展空间。以软件开发工程师为例，应届毕业生的月薪通常为 5000～8000 元，而随着工作经验的积累和技术水平的提升，薪资增长幅度十分可观。在一些一线城市的大型互联网企业，资深软件开发工程师的年薪甚至能够突破百万元大关。

2. 软件工程

软件工程专业聚焦于软件的设计、开发、测试和维护，旨在培养能够运用工程化方法和技术，高效地开发出高质量软件的专业人才。与计算机科学与技术专业相比，软件工程更注重实际项目的开发和管理，强调团队协作和工程化流程。软件工程专业毕业生的就业方向集中在各类 IT 企业，如互联网公司、软件外包公司、金融科技公司等。他们在这些企业中担任软件工程师、软件测试工程师、软件项目经理等重要职位，可参与到各种软件项目的全生命周期中。

随着互联网行业的蓬勃发展和传统行业的数字化转型，对软件工程专业人才的需求持续增长。无论是开发移动端应用、Web 应用，还是构建大型企业级软件系统，都离不开软件工程专业人才的辛勤付出。在就业市场上，软件工程专业的毕业生凭借其扎实的专业技能和丰富的实践经验，往往能够获得较高的薪资待遇和良好的职业发展机会。根据相关数据统计，软件工程专业毕业生的平均起薪在计算机类专业中名列前茅，初入行业的月薪为 6000～9000 元，且在工作 3～5 年后，薪资有望翻倍。在一些知名的互联网企业，如阿里巴巴、腾讯、字节跳动等，软件工程专业的校招薪资更是十分诱人，年薪 20 万～30 万元已成为常态。

3. 人工智能

人工智能，这个如今如雷贯耳的领域，正以前所未有的速度改变着我们的生活和工作方式。它就像一把万能钥匙，开启了无数行业创新发展的大门，在医疗、金融、交通、教育等众多领域都展现出了巨大的应用潜力和价值。

在医疗领域，人工智能技术宛如一位不知疲倦的医学助手，能够对海量的医学影像数据进行快速、精准的分析。通过深度学习算法，它可以识别出 X 光、CT、MRI 等影像中的细微病变，如肺部结节、肿瘤等，为医生提供准确的诊断参考，大大提高了疾病的早期诊断率和治疗效果。在金融领域，人工智能则化身为智能投资顾问和风险防控卫士。它能够实时分析市场趋势、宏观经济数据以及企业财报等海量信息，为投资者制定个性化的投资组合，实现风险与收益的平衡。同时，利用机器学习算法，人工智能还可以对金融交易数据进行实时监测，及时发现潜在的欺诈行为，保障金融市场的稳定运行。在交通领域，自动驾驶技术是人工智能的一项标志性应用。通过传感器、摄像头和算法的协同工作，自动驾驶汽车能够感知周围的环境信息，做出合理的驾驶决策，实现安全、高效的出行。这不仅有望减少交通事故的发生，还将改变未来的交通模式，提高交通效率。

随着人工智能技术的广泛应用，市场对人工智能专业人才的需求呈现出爆发式增长。然而，由于人工智能领域的技术门槛较高，对人才的专业素养和创新能力要求严格，目前该领域的人才供应相对短缺，形成了供不应求的局面。这种供需失衡直接导致了人工智能专业人才的薪资水平居高不下。以大模型算法工程师为例，他们凭借着深厚的技术功底和创新能力，成为企业竞相争夺的对象，年薪可达 50 万～200 万元。此外，自然语言处理、深度学习等核心岗位的平均招聘月薪也分别高达 24007 元和 26279 元。对于那些刚刚走出校园的应届毕业生来说，人工智能专业的就业前景同样十分广阔，月薪普遍为 6000～10000 元，并且随着经验的积累和技术的提升，薪资增长空间巨大。

12.4.2　金融类专业：传统与创新并行

1. 金融学

金融学专业在金融领域中始终占据着核心地位，是经济体系运转的关键支撑。它专注于研究货币、信用、银行、证券、保险等金融要素的运行规律和相互关系，培养具备深厚金融理论知识和专业技能的人才。无论是在经济繁荣时期，还是在市场波动阶段，金融行业对专业人才的需求都从未减少。毕业生可以在银行、证券、保险、信托等传统金融机构中大展身手，担任投资经理、分析师、风险管理师等重要职位。在投资银行领域，金融学专业的毕业生能够参与企业的融资、并购、上市等重大资本运作项目。他们凭借对金融市场的敏锐洞察力和专业的财务分析能力，为企业制定合理的融资策略，帮助企业实现战略扩张和价值提升。在资产管理行业，他们则负责管理客户的资产，通过资产配置和投资组合管理，实现资产的保值增值。

金融行业的高薪水平是其吸引众多人才的重要原因之一。相关数据显示，金融行业的平均薪资水平在各行业中名列前茅。以投资经理为例，其年薪通常为 20 万～50 万元，资深投资经理的年薪更是可达百万元。金融行业的薪资待遇不仅体现在基本工资上，还包括丰厚的奖金、福利和股权激励。在一些大型金融机构，员工的年终奖金甚至可以达到基本工资的数倍。除了高薪，金融行业还为从业者提供了广阔的职业发展空间和晋升机会。从基层岗位做起，通过不断积累经验和提升能力，金融从业者可以逐步晋升为团队主管、部门经理、高级管理人员等职位。在这个过程中，他们不仅能够获得更高的薪资待遇，还能积累丰富的行业资源和人脉关系，为个人的职业发展打下坚实的基础。

2. 金融科技

金融科技行业的快速发展，使得对既懂金融又懂技术的复合型人才的需求急剧增长。金融科技专业的毕业生具备扎实的金融理论基础和先进的科技技能，能够在金融科技领域中发挥独特的优势。他们可以在金融科技公司、互联网金融平台、传统金融机构的科技部门等担任金融科技产品经理、数据分析师、区块链工程师、人工智能算法工程师等职位。在金融科技公司，他们负责设计和开发创新的金融科技产品，如智能理财 App、数字货币钱包等，满足用户日益多样化的金融需求。在传统金融机构的科技部门，他们则致力于推动金融机构的数字化转型，提升金融服务的效率和质量。

在薪资待遇方面，金融科技行业也展现出了巨大的吸引力。由于金融科技专业人才的稀缺性和重要性，他们往往能够获得较高的薪资回报。根据相关数据统计，金融科技行业的平均薪资水平高于金融行业的平均水平。以金融科技产品经理为例，其年薪一般在 30 万～80 万元，且随着工作经验的积累和技术水平的提升，薪资增长空间巨大。在一些一线城市的头部金融科技公司，资深的金融科技产品经理的年薪甚至可达百万元。

12.4.3　医学类专业：永远的刚需

1. 临床医学

临床医学作为医学领域的核心专业，是守护人类健康的最后一道防线，在整个医疗体系中有着不可替代的地位。它专注于培养具备扎实医学理论知识、丰富临床实践经验和卓越医疗技能的专业人才，旨在通过诊断、治疗和预防疾病，为患者提供全方位的医疗服务。无论是日常的感冒发烧，还是严重的心血管疾病、恶性肿瘤等疑难杂症，都离不开临床医学专业医生的精心诊治。

随着全球人口的持续增长和老龄化进程的加速，人们对医疗服务的需求呈现出爆发式增长。世界卫生组织预测，到 2030 年，全球医疗支出将占 GDP 的

10% 以上，这充分显示了医疗行业广阔的发展前景。在我国，随着经济的快速发展和人民生活水平的不断提高，人们对健康的重视程度日益增加，对优质医疗资源的需求也愈发迫切。这使得临床医学专业人才成为社会的紧缺资源，就业前景一片光明。

2. 口腔医学

近年来，随着人们生活水平的提高和健康意识的增强，口腔健康越来越受到重视，口腔医学专业也因此迎来了前所未有的发展机遇。从简单的补牙、拔牙、洗牙，到复杂的牙齿矫正、种植牙、口腔颌面外科手术，口腔医学涵盖的领域十分广泛，为人们的口腔健康提供了全方位的保障。无论是在公立医院的口腔科、口腔专科医院，还是在日益增多的民营口腔诊所，口腔医学专业人才都发挥着重要作用。

在就业环境方面，口腔医学专业的工作环境相对较好，工作压力相对较小。与临床医学专业相比，口腔医生不需要像内科、外科医生那样频繁值夜班、处理紧急病患，工作时间相对固定，能够更好地平衡工作与生活。而且，口腔医学专业的就业门槛相对较低，本科学历甚至专科学历的毕业生都能顺利找到工作。

12.4.4　总结与展望

计算机科学与技术、人工智能、金融科技等专业，凭借其广阔的就业前景和丰厚的薪资待遇，成为众多求职者眼中的理想之选。然而，在选择专业时，我们不能仅仅被高薪和热门所吸引，还需要深入了解各个专业的内涵、发展趋势以及就业要求，结合自身的兴趣爱好、优势特长和未来规划，做出最为合适的决策。同时，我们也要清楚地认识到，专业的选择并非一锤定音，未来的职业发展还受个人努力、学习能力、实践经验等多种因素的影响。无论选择了哪个专业，都需要我们在大学期间努力学习专业知识，积极参加实践活动，不断提升自己的综合素质和竞争力。只有这样，我们才能在未来的职业道路上走得更加稳健、更加长远。希望每一位读者都能对各专业有更深入的了解，从而做出明智的专业选择，为自己的未来奠定坚实的基础。

12.5 探寻考公热门专业，开启职业发展新路径

在就业形势日益复杂的当下，公务员职业散发着独特魅力，吸引着众多求职者，大学生群体对其热情更是高涨。公务员首屈一指的优势便是稳定性高。企业常因市场波动、经营策略调整等因素裁员，而公务员的工作稳定，只要不出现严重违纪违法行为，基本不会面临失业风险。

就以 2025 年国家公务员考试为例，计划招录人数为 3.97 万，而通过资格审查的人数却多达 341.6 万，平均竞争比达到 86∶1，部分热门岗位更是"千里挑一"。如此激烈的竞争态势，让众多考生深感压力，也促使他们在备考过程中，更加注重每一个可能影响上岸概率的因素，其中专业选择的重要性尤为凸显。

12.5.1 热门考公专业大盘点

在公务员招录的广阔领域中，不同专业凭借其独特的知识体系和技能优势，在各个岗位上发挥着不可或缺的作用。下面从法学类、计算机类、汉语言文学类、会计学类这四个热门考公专业进行深入剖析，展现它们在考公之路上的显著优势。

1. 法学类：法治建设的主力军

法学类专业在公务员招录中始终占据着重要地位，是当之无愧的热门专业之一。随着我国法治建设的不断推进，全面依法治国战略的深入实施，社会对法治人才的需求日益增长。从中央到地方，各级政府部门都在积极加强法治工作队伍的建设，这为法学类专业的毕业生提供了广阔的就业空间。

在公务员体系中，法学类专业毕业生的身影遍布公检法等核心部门。他们在这些岗位上，运用所学的法律知识，为维护社会公平正义、保障法律的正确实施贡献力量。例如，在法院担任法官助理，协助法官审理各类案件，参与案件的调查、分析和法律文书的起草工作；在检察院从事检察官助理工作，负责审查案件材料、提起公诉以及法律监督等任务；在公安机关的法制部门，为执法活动提供法律支持，审核案件合法性，处理涉法信访事项等。除了公检法系统，许多政府部门的法务岗位也需要法学专业人才，如司法局、政府法制办公

室等，他们承担着政策法规的制定、审查和法律咨询服务等职责。

2. 计算机类：数字时代的技术担当

在数字化转型的时代浪潮下，计算机技术已深度融入公务员工作的各个领域。政府部门的信息化建设、电子政务的推进、大数据的分析与应用等，都离不开计算机类专业人才的支持。这使得计算机类专业在公务员招录中的需求呈现出持续增长的态势。

计算机类专业的岗位覆盖范围广泛，从中央部委到地方基层单位，都有相应的岗位设置。在一些核心部门，计算机类专业人才参与国家信息化战略的制定和实施，负责网络安全管理、信息化项目的规划与建设等重要工作。在基层单位，计算机类专业人才则承担着政务系统的日常维护、数据处理与分析等任务，确保政府工作的高效运行。例如，网络安全工程师负责保障政府网络系统的安全稳定，防范网络攻击和数据泄露；大数据分析师通过对海量政务数据的挖掘和分析，为政府决策提供数据支持和参考依据；软件开发工程师则根据政府业务需求，开发各类政务应用系统，提高工作效率和服务质量。

3. 汉语言文学类：笔杆子的力量

汉语言文学类专业在公务员的日常工作中扮演着重要角色，其重要性不言而喻。公务员的工作涉及大量的文字处理、公文写作、信息传播等任务，需要具备优秀文字表达能力和语言理解能力的人才。汉语言文学类专业的学生在大学期间接受了系统的文学、语言学、写作等方面的训练，具备扎实的文字功底和良好的语言素养，能够胜任这些工作。

在公务员招录中，许多部门都对汉语言文学类专业人才有需求。政府办公室承担着综合协调、公文处理等职责，需要能够熟练起草各类公文、报告，准确传达政府决策部署的人员，汉语言文学专业学生在公文写作方面的优势能够得到充分发挥；文化旅游部门从事文化遗产保护、旅游宣传推广等工作，需要具备文化底蕴和文字表达能力的人才，汉语言文学专业的学生能够深入挖掘文化内涵，创作富有吸引力的宣传文案，提升地方文化旅游的知名度和影响力。

4. 会计学类：财务领域的把关人

会计学类专业在公务员系统中承担着财务管理、预算编制、审计监督等重要职责，是保障政府部门财务健康运行的关键力量。随着政府财政管理的日益规范化、精细化，对会计学专业人才的专业素养和业务能力提出了更高的要求，这也使得会计学类专业在公务员招录中备受关注。

各级财政部门、审计机关、税务部门以及其他政府机构的财务岗位，都需要会计学类专业人才。在财政局，公务员会参与财政预算的编制、执行和监督，负责财政资金的分配和管理，确保财政资源的合理配置；在审计局，公务员会对政府部门和国有企业的财务收支、经济活动进行审计监督，查找问题，提出整改建议，保障财政资金的安全和有效使用；在税务局，公务员负责税收征管工作，审核企业纳税申报，查处税收违法行为，维护国家税收秩序。此外，其他政府部门的财务科室也需要会计学专业人员进行日常的财务核算、资产管理等工作。

12.5.2　选专业避坑指南

在公务员考试的激烈竞争中，专业选择犹如一把双刃剑，既可能成为考生成功上岸的有力助推器，也可能因错误的抉择而使考生陷入困境。因此，掌握选专业的避坑指南，对于有志于考公的考生来说至关重要。下面将从避开"伪热门"专业、优先选择"大类覆盖广"的专业以及关注"隐性门槛"三个方面，为考生提供实用的选专业建议。

1. 避开"伪热门"专业

在选择考公专业时，考生往往容易被一些看似热门的专业所吸引，然而这些专业在公务员招录中却可能面临岗位稀缺的困境。例如，音乐、美术等艺术类专业，虽然在社会上具有较高的知名度和热度，但在公务员岗位的设置中，此类专业的需求相对较少。同样，一些新兴专业，如人工智能、大数据等，尽管在科技领域发展迅猛，但由于公务员岗位的开发和完善需要时间，目前与之匹配的岗位数量也相对较少。

为了避免陷入"伪热门"专业的陷阱，考生在选择专业前，应充分查阅历年公务员招录职位表，了解各专业的岗位招录情况，明确专业与岗位的匹配度。不要仅因为专业的热门程度或个人兴趣而盲目选择，要综合考虑就业前景和考公的实际需求，做出理性的决策。

2. 优先选择"大类覆盖广"的专业

选择专业大类是提高考公成功率的一个重要策略。专业大类涵盖的范围广泛，包含了多个具体专业，这使得考生在报考公务员时拥有更多的选择机会。以经济学类专业为例，它不仅包括经济学、经济统计学等核心专业，还涵盖了财政学、金融学、国际经济与贸易等相关专业。在公务员招录中，经济学类专业的岗位分布广泛，对人才的需求也具有多样性，经济学类专业的考生可以根据自己的兴趣和专业特长，选择适合自己的岗位进行报考。

与具体专业相比，专业大类在岗位数量上具有明显优势。具体专业的岗位往往受到专业细分的限制，招录人数较少，竞争相对激烈。而专业大类由于涵盖了多个相关专业，能够满足不同岗位的需求，岗位数量较多，考生的选择余地更大。

3. 关注"隐性门槛"

在公务员招录中，部分岗位除了对专业有要求外，还存在一些"隐性门槛"，如党员身份、基层工作经验或相关资格证书等。这些条件虽然不是专业本身的限制，但却能对考生的报考资格和竞争力产生重要影响。

许多党政机关的岗位要求考生必须是中共党员或预备党员。例如，一些党委部门的岗位，在政策研究、党务工作等方面需要具备坚定政治立场和较高政治素养的人员，党员身份成为报考的必要条件。据统计，在历年公务员考试中，有10%～20%的岗位要求党员身份，这些岗位的竞争相对较小，党员考生在报考时具有明显优势。此外，部分岗位还要求考生具有一定年限的基层工作经验，如2～5年。基层工作经验能够使考生更好地了解社会实际情况，具备更强的实践能力和解决问题的能力，这对于从事公务员工作至关重要。一些省级机关的岗位，为了选拔具有丰富基层经验的人才，会明确要求报考者具有2年以上基层工作经历。

相关资格证书也是部分岗位的重要要求。例如，报考法院、检察院的一些岗位，需要考生通过国家统一法律职业资格考试，取得法律职业资格证书；报考审计局、财政局等部门的财务岗位，通常要求考生具备注册会计师证书或相关会计职称。这些资格证书不仅是对考生专业能力的认可，也是考生在竞争中脱颖而出的关键因素。

12.5.3　总结与展望

专业选择在公务员考试中具有举足轻重的地位，它是考生迈向成功上岸的关键一步。法学类、计算机类、汉语言文学类、会计学类等热门专业，凭借其在公务员招录中的广泛岗位需求和专业优势，为考生提供了更多的报考机会和更高的上岸概率。然而，考生在选择专业时，也需保持理性，避开"伪热门"专业的陷阱，优先选择"大类覆盖广"的专业，并充分关注岗位的"隐性门槛"，提前做好规划和准备。

考公之路充满挑战，专业选择只是其中的一个重要环节。考生还需结合自身兴趣和职业规划，制定科学合理的备考计划，付出坚持不懈的努力。在备考过程中，要注重知识的积累和能力的提升，不断提高自己的综合素质和应试能力。同时，要密切关注公务员招录政策的变化和岗位需求的动态，及时调整自己的报考策略。

无论选择何种专业，只要考生坚定信念，积极备考，充分发挥自己的优势，就一定能够在公务员考试中取得优异成绩，实现自己的职业理想，为国家的发展和社会的进步贡献自己的力量。希望每一位有志于考公的考生都能在专业选择和备考过程中做出明智的决策，顺利踏上公务员之路，开启人生的新篇章。

12.6　驱散兴趣迷雾，厘清志愿填报思路

在志愿填报的关键节点，许多考生会陷入"不知道喜欢什么"的迷茫困境。一方面，高中阶段学业压力大，学生缺乏对自身兴趣和职业方向的深度探索，难以明确心仪专业；另一方面，面对海量的院校和专业信息，如医学类、工科类、文科类等繁杂的专业名称，无法分辨其内涵与差异，更难以与自身特点相匹配。加之缺乏科学的自我认知工具和专业引导，仅凭模糊的直觉或他人建议做选择，进一步加剧了迷茫感，导致在志愿填报时无从下手。

这种迷茫源于多方面因素。其一，自我认知不足，对自身性格特质、能力优势缺乏清晰判断，比如内向型学生可能不适合市场营销等强社交需求的专业，却因不了解专业信息而盲目填报。其二，信息不对称，不了解各专业的课

程设置、就业前景和发展趋势，将"生物工程"误认为是热门高薪专业，入学后才发现行业就业门槛高、竞争激烈。其三，受外界干扰，过度听从家长"稳定至上"的建议选择师范、医学，或跟风填报"热门专业"，而忽视自身真实意愿。最后可能导致学生在大学学习动力不足、成绩下滑，甚至毕业后职业发展不顺，陷入长期的职业迷茫。

　　夸克为迷茫中的考生提供了系统解决方案。通过夸克的职业性格测试（如MBTI、霍兰德职业兴趣测试），结合学科成绩分析，生成个性化的兴趣能力报告，帮助考生挖掘潜在优势，例如，发现逻辑思维强、擅长数据分析的学生适合统计学、计算机等专业。同时，夸克能整合海量专业信息，以通俗易懂的语言解读专业的内容，如"人工智能专业"不仅介绍课程涵盖机器学习、深度学习，还展示该专业在智能医疗、自动驾驶等领域的应用场景。此外，夸克的"学长学姐经验分享"功能，让考生能直观了解各专业真实的学习生活和就业情况，结合智能志愿推荐，从"兴趣适配度""就业前景""录取概率"等维度，为考生量身定制志愿方案，助力迷茫的考生找到方向，做出科学的志愿选择。志愿填报的基本思路如图 12-4 所示。

图 12-4　志愿填报的基本思路

1. 探索兴趣

很多考生会说自己根本不知道自己的兴趣所在。其实，兴趣是可以被发现和培养的。回忆日常生活中的点滴，是发现兴趣的一个有效方法。想想在闲暇时自己是喜欢沉浸在书籍的世界里，感受文字带来的奇妙之旅；还是热衷于运动场上的挥汗如雨，享受身体的律动和竞技的快感；抑或对绘画、音乐等艺术形式情有独钟，通过色彩和音符表达自己的情感。这些日常爱好往往隐藏着我们内心真正的兴趣。

参加兴趣测试也是一个不错的途径。如今，有许多专业的兴趣测试工具，如霍兰德职业兴趣测试。它将人的职业兴趣分为现实型、研究型、艺术型、社会型、企业型和常规型六种类型。通过一系列的问题，帮助考生了解自己更倾向于哪种类型，从而为考生推荐与之匹配的职业和专业方向。但要注意，兴趣测试只是一个参考，不能完全决定考生的选择，毕竟测试结果可能会受当时的情绪、环境等因素的影响。

2. 挖掘优势

除了兴趣之外，自身优势也是志愿填报时不可忽视的重要因素。每个人都有自己独特的优势，这些优势就像是隐藏在我们身上的宝藏，一旦被发掘并与合适的专业相结合，就能在未来的学习和职业道路上绽放出耀眼的光芒。

有些同学逻辑思维能力很强，在数学、物理等学科的学习中表现出色，面对复杂的公式和抽象的概念，能够迅速理解并找到解题思路。这类同学就比较适合选择理工科专业，如计算机科学与技术、电子信息工程、数学与应用数学等。以计算机科学与技术专业为例，在学习过程中，需要不断运用逻辑思维进行编程、算法设计等工作，逻辑思维能力强的学生往往能够更快地掌握相关知识和技能，在学习和未来的工作中脱颖而出。

而那些语言表达能力出众，善于与人沟通交流，文字功底扎实的同学，则在语言类、传媒类、教育类等专业领域有着更大的发展潜力。比如，学习英语专业，可以发挥语言表达优势，从事翻译、外贸、教育等工作；选择新闻学专业，能够运用良好的文字表达和沟通能力，成为一名优秀的记者，挖掘新闻事件背后的真相，传递有价值的信息。

3. 了解前景

在志愿填报的关键时期，了解专业前景就如同为自己的未来绘制了一幅清晰的地图，是做出明智选择的重要依据。随着时代的飞速发展，科技日新月异，社会对人才的需求也在不断变化。不同专业的就业前景和发展趋势千差万别，这直接关系到我们未来的职业发展和生活质量。因此，深入了解专业前景，对于不知道自己喜欢什么专业的考生来说，显得尤为重要。

近年来，随着科技的迅猛发展，人工智能、大数据、新能源等新兴专业成为热门领域，吸引了众多考生的关注。以人工智能专业为例，它作为引领新一轮科技革命和产业变革的基础性和战略性技术，正逐渐渗透到各个行业。从智能家居到智能医疗，从自动驾驶到智能安防，人工智能的应用无处不在。这充分显示出人工智能专业广阔的就业前景和巨大的发展潜力。对于那些对科技充满好奇心，逻辑思维能力较强，喜欢探索未知领域的考生来说，人工智能专业无疑是一个不错的选择。在大学期间，他们将学习人工智能概论、认知科学、机器学习、模式识别、深度学习等一系列核心课程，为未来从事人工智能相关工作打下坚实的基础。

4. 寻求指导

如果条件允许，咨询专业的职业规划师也是一个不错的选择。职业规划师经过专业的培训，掌握了丰富的职业规划理论和方法，能够运用科学的测评工具，对我们的兴趣爱好、性格特点、能力优势等进行全面的评估和分析，从而为我们提供专业的志愿填报建议。职业规化师会结合当前的就业市场需求、行业发展趋势以及我们的个人情况，为我们制定个性化的志愿填报方案。例如，通过职业兴趣测试和性格分析，职业规划师发现考生具有较强的人际交往能力和社会责任感，性格开朗、善于沟通，可能会建议考生考虑填报社会学、社会工作、人力资源管理等专业，这些专业能够充分发挥考生的优势，并且在未来的就业市场上也有较好的发展前景。

5. 策略性填报

在志愿填报中，首先要考虑的是填报策略的选择，常见的有院校优先、专业优先和"冲稳保"策略，每种策略都有其独特的适用情况和优缺点。

"冲稳保"策略是一种综合性的填报策略，旨在充分利用考生的分数，提高录取的成功率。"冲"就是选择一些往年录取分数线略高于自己成绩的院校，这些院校通常是考生踮起脚能够到的，虽然存在一定的录取风险，但也有可能实现"逆袭"，从而进入自己心仪的院校。

总之，在志愿填报过程中，考生要根据自己的实际情况，综合考虑各种因素，选择适合自己的填报策略。无论是院校优先、专业优先还是"冲稳保"策略，都没有绝对的优劣之分，关键是要找到最适合自己的方案，为自己的未来开启一扇充满希望的大门。

6. 总结

在志愿填报的过程中，保持积极的心态是至关重要的。填报志愿的过程充满了不确定性，结果也可能不尽如人意，这是很正常的。要知道，人生是一场漫长的旅程，高考志愿填报只是其中的一个节点，它并不能完全决定我们的未来。即使我们最终选择的专业并非自己最初的理想，也不必过于沮丧。大学是一个充满无限可能的地方，在大学期间，我们有很多机会去探索新的领域，发展新的兴趣。许多同学在进入大学后，通过参加各种社团活动、选修课程、参与科研项目等方式，发现了自己新的兴趣和潜力。

高考志愿填报，无疑是人生旅程中一次关键的抉择，但请记住，它绝不是决定人生的唯一因素。在填报志愿时，我们可以通过探索内心的兴趣，挖掘自身的优势，了解专业的前景，借助外界的力量，掌握填报的技巧，并调整好自己的心态，从而做出更加适合自己的选择。

即使在填报过程中遇到了困难和迷茫，也不要害怕。每一次的思考和探索，都是我们成长的宝贵经历。未来的大学生活，充满了无限的可能和机遇。在大学这片广阔的天地里，我们可以继续探索自己的兴趣爱好，学习专业知识，提升综合能力，结交志同道合的朋友，为未来的人生打下坚实的基础。

愿每一位考生都能以积极的心态面对志愿填报和未来的大学生活，勇敢地踏上新的人生征程。相信自己，在这个充满挑战和机遇的时代，考生们一定能够书写属于自己的精彩篇章，实现自己的人生价值。

第 13 章 | CHAPTER

从志愿到录取

在完成高考志愿填报后，查询录取结果成为每位考生最为关注的环节。录取结果不仅直接决定着考生是否能进入理想的大学，还关乎着他们未来发展的重要起点。本章将重点介绍如何通过官方渠道查询录取结果，确保信息的准确性与安全性。同时，我们还将深入探讨考生在录取过程中可能面临的心理挑战，例如如何调整心态应对理想与现实之间的差距。通过本章的学习，你将掌握从志愿到录取这一过程中各个关键点的应对策略，并为进入大学生活做好心理和实务上的充分准备。

13.1　使用夸克查询录取结果

查询高考录取结果是每位考生在完成志愿填报后的关键环节，关系到是否被理想的大学录取。一般来说，各地招生考试院会通过官方网站、微信公众号、短信通知或合作查询平台等多种渠道发布录取信息。不同批次的录取结果发布时间不一，例如提前批、本科一批、本科二批和专科批通常会依次进行录取并开放查询，考生需要密切关注官方公布的具体时间安排。

当然，夸克已经为我们提供了查询录取结果的权威入口，使用不可靠的网站或第三方应用，可能泄露个人信息或获取到错误信息。录取结果一旦公布，如果被高校录取，就会显示具体的院校和专业，并有"已录取"状态标志。若尚未录取，系统也会显示"正在投档"或"未录取"等状态，提示考生耐心等待下一轮录取。建议考生和家长在整个录取期间保持信息畅通，及时接收通知，并做好必要的后续准备，如确认入学、缴费、接收录取通知书等事项，确保顺利开启大学新生活。

13.1.1　使用夸克查询录取结果的操作指南

打开夸克首页，点击"更多"→"夸克高考"，其中的"录取查询"模块提供了国家政务服务平台小程序查询功能，和当地考试院官方网址查询功能，如图 13-1 所示。

此外，在"夸克高考"首页的"扩缩招院校"模块，可以看到当年扩招和缩招的院校，如图 13-2 所示。

图 13-1　录取查询

图 13-2　扩缩招院校

在"夸克高考"首页的"招生信息"模块，可以看到往年本省份的大部分官方招生信息，如图 13-3 所示。

在"夸克高考"首页的"高考 AI 问答"模块，可以看到大量的常见有关问题，如图 13-4 所示。

图 13-3　招生信息

图 13-4　高考 AI 问答

在"夸克高考"首页的"干货视频"模块，可以看到名师关于新高考、院校选择、专业选择等视频，如图 13-5 所示。

图 13-5　干货视频

13.1.2　使用夸克查询录取结果的注意事项

（1）留意录取批次时间安排，按时查询结果

高考录取是分批次进行的，不同省份的录取时间安排有所差异，一般从提前批开始，依次是本科一批、本科二批、高职专科批等。每个批次录取开始和结束的时间都不同，结果查询也分阶段开放。考生要密切关注所在省份考试院官网或权威媒体发布的最新日程安排，及时掌握自己所填报志愿对应的录取时间段，避免因疏忽错过查询时间，特别是在参与征集志愿和补录时更要注意截止时间，以免错失录取机会。

（2）正确认识录取状态，不要误解系统提示

在查询录取结果时，系统通常会显示如"已投档""录取中""已录取""未录取"等不同状态。考生要对这些术语有基本了解，避免因不了解含义而焦虑或误判。例如，"已投档"表示你的信息已进入某高校的录取系统，但尚未决定是否录取；"录取中"说明学校正在审核你的档案。保持冷静、耐心等待，关注后续变化，避免因误读状态而影响志愿调整和心理状态。

（3）接收短信或电话通知时要保持警惕

一些考试院或高校会通过短信、电话等方式通知考生录取信息，但这些渠道可能存在信息滞后或错误的风险。更重要的是，不法分子可能借机发送虚假短信、拨打诈骗电话，冒充高校招生办骗取钱财或个人信息。接收到相关通知后，考生应第一时间登录官方平台核实录取情况，切勿轻信来历不明的消息，尤其是要求缴纳费用、提供银行卡号等敏感信息的内容，更要提高警惕，保护

个人信息安全。

（4）被正式录取后，密切关注高校后续安排

一旦确认被高校录取，考生就要及时关注学校官网、公众号等发布的相关通知，了解新生入学流程，包括录取通知书邮寄时间、缴纳学费的方式、开学报到日期、体检要求、宿舍安排等。有些学校还会组织新生群、线上答疑会或暑期提前课程，建议积极参与。务必在规定时间内完成所有入学手续，避免因延误或遗漏影响报到。与此同时，也可以开始了解即将就读的专业内容，为未来的大学生活做好准备。

13.2 高考录取后的心理调适与应对

13.2.1 认识和接受高考结果

高考录取结果揭晓的时刻，往往是一个情感波动很大的时刻。对于大部分考生来说，高考不仅仅是一场学术考试，更是一场承载了家庭、社会期望和个人梦想的重要考试。无论成绩是好是坏，考生都需要正确认识和接纳这个结果，避免因情绪失控而影响自己的未来发展。

考生要明白，高考成绩并非人生的唯一衡量标准。尽管它对大学录取至关重要，但它并不代表你未来的全部。很多成功的大学生和社会人士，并非单纯依赖高考成绩，而是通过自己不断努力，积累经验，最终取得了人生的成功。因此，考生应认识到，高考只是通向大学的门票，并不意味着人生的终局已定。接纳高考结果的现实意义在于，只有理性看待自己的成绩，才能避免情绪的过度波动。如果结果不如预期，过度的失落和自责不利于未来的规划与行动。考生要学会接受这一结果，并通过分析自己的优缺点，找到自己下一步的发展方向。正确的心态可以帮助考生更好地规划未来，坚定自己的目标。

对于部分成绩不理想的考生来说，可能会有"如果当时再努力一点、再认真一点"的想法。此时，过多的自责和后悔情绪只会拖慢自己的步伐，阻碍积极向前的动力。正确的做法是，将这些情绪转化为积极的动力，重新审视自

己的学习方法，找出成长的空间，尤其是面对新的选择时，更应保持乐观和理性。

接纳高考结果，学会理性对待，是每位考生必须经历的心理调适过程。这不仅有助于减轻压力，也能够帮助考生为接下来的学业和生活做更好的规划。

13.2.2 应对未被理想院校录取的情绪

未被理想院校录取，是很多考生可能会经历的一种情绪反应，这种情况在高考成绩没有达到心仪高校录取线时表现得尤为明显。此时，考生常常会出现失望、焦虑，甚至自我怀疑的情绪，可能认为自己不够优秀，甚至开始质疑未来的方向。面对这些情绪，考生和家长需要从多方面来调节与引导。

未被理想院校录取，并不意味着一切都结束了。高考并不是进入大学的唯一途径，实际上，很多优秀的高校和专业都有多种录取方式。例如，部分学校允许学生参加"征集志愿"或补录，也有一些高校为未被录取的考生提供转专业的机会。即使考生暂时没有进入自己理想的学校，也不意味着前途黯淡。许多高校的毕业生在职业生涯中取得了显著的成绩，他们的成功并不完全依赖于毕业院校，而是依靠后续的努力与机遇。因此，考生应重新审视自己的处境，不应陷入消极情绪中。

面对落选的情绪，考生可以尝试采取一些情绪管理方法来帮助自己调整。例如，保持日常的生活规律，进行适量的体育锻炼，听音乐或读书等都是有效的放松方式。考生还可以通过和亲友交流，表达自己的情感，避免情绪的积压。此外，学会自我鼓励也非常重要。可以通过列举自己的优点和成就，提醒自己高考只是人生的一次考试，而非全部。

家长在此过程中也发挥着至关重要的作用。家长应避免用过于严苛或过度失望的态度对待孩子的成绩，而应鼓励孩子看到成绩背后的努力与进步。家长可以陪伴孩子分析自己的成绩与不足，帮助孩子一起寻找其他可行的升学途径。同时，家长应为孩子提供必要的情感支持和精神鼓励，使孩子能够在情绪波动中稳定心态，勇敢面对未来。

未被理想院校录取并不是人生的终结，而是新的机会和挑战。考生需要调整好心态，保持积极向上的心情，在接下来的时间里，寻找新的目标和方向。

13.2.3 录取结果带来的心理反差

录取结果的揭晓，常常会让考生经历较大的心理反差。对于那些被理想学校录取的考生来说，虽然表面上看是个喜讯，但这也可能带来新的压力和焦虑。而对于那些未被理想学校录取的考生，失落和沮丧是最常见的情绪反应。这些心理反差可能会让考生陷入困惑，难以调整心态。

对于那些顺利进入理想高校的考生，他们可能会面临一种新的心理压力。考生可能会在"别人都认为我很优秀"的社会期待中感到沉重压力。这些考生可能会觉得自己不能辜负周围的期望，必须在大学中取得更好的成绩。然而，这种过高的自我要求往往会带来心理上的负担，容易导致焦虑、压力甚至是焦虑症。因此，理想院校的录取结果并不一定意味着一帆风顺，考生也需要学会如何在心理上应对这种来自外部和内部的双重压力，保持平衡的心态。

对于那些未能进入心仪学校的考生，心理反差可能更加明显。尤其是那些成绩不差，但仍未能达到预期院校分数线的考生，他们可能会陷入"我为什么没有被录取"的困惑中，出现自我怀疑和自卑的情况。这种情绪的低谷容易让考生丧失信心，甚至影响到接下来的选择。

考生需要清晰地意识到，高考的结果并不能决定他们的整个人生。很多成功的例子表明，即使没有进入顶尖高校，依然可以通过自己的努力走上成功的道路。大学只是人生的一个阶段，未来的发展更重要的是自我提升、能力积累和个人价值的实现。

心理反差也源自对大学生活的期待与现实之间的差距。理想的大学生活往往充满了自由、激情和挑战，但现实中，大学生可能会面临繁重的学业压力、复杂的人际关系以及对未来的不确定性。这些可能带来一系列的心理问题。因此，考生需要有一个清晰的心理准备，知道大学生活并非一帆风顺，需要通过积极的心态去应对可能遇到的挑战。

13.2.4 从录取结果到大学生活的过渡

高考录取后，考生迎来了从高中到大学的过渡期。这一过渡期对于大多数考生来说，既是一个充满期待的阶段，同时也伴随着不小的挑战和心理压力。大学生活与高中的学习和生活方式截然不同，如何从高考的压力中解脱出来，顺利进入大学的新环境，成为考生需要面对的重要课题。

考生应当意识到，大学生活是一种全新的体验。与高中相比，大学的学习方式更加自主，课业负担的分配也更加灵活。考生在高考后往往会有一种"轻松"的心态，认为进入大学就意味着不再有那么多的压力。然而，大学里依然有诸多挑战，如课程安排的自主性，学科难度的加大，新的学习方法的适应等。这些都要求考生从高中阶段的应试心态转变为更具自主学习能力的心态。考生应当为自己的大学生活设定清晰的目标，例如学业目标、社交目标以及自我提升目标，这些目标能够帮助考生更好地适应大学生活并逐步融入。

大学生活的独立性对许多考生来说是一个巨大的挑战。在大学，学生需要独立处理自己的时间、学习、生活和人际关系。这种独立性的培养不仅仅体现在学业上，也包括生活的方方面面，如自己做饭、管理自己的财务、合理安排自己的时间等。刚刚从高考压力中释放出来的考生，可能会一时迷失自己，感到无所适从。因此，建立起独立的生活方式，并逐步适应大学节奏是非常重要的。通过与室友、同学的交流，参与社团活动，考生可以在一个相对轻松的环境中逐步学习独立和自我管理。

进入大学后，考生也可能会面临社交压力。新的环境意味着新的社交圈，如何与不同背景的人建立友谊，如何在团体中找到自己的位置，都需要考生在过渡期中进行调整。对于一些内向的学生来说，可能会感到焦虑和孤独，甚至产生"被边缘化"的感觉。此时，考生应当放松心态，积极参与活动，主动接触新的朋友，培养自己的人际沟通能力。社交能力是大学生活中的重要一环，建立健康的人际关系不仅能为自己的大学生活增色，也有助于考生在未来的职场中脱颖而出。

从高考到大学的过渡期是一个充满挑战的过程，考生需要调整心态，尽早规划自己的大学生活，增强自我管理和独立生活的能力。通过积极适应新环境，考生不仅能顺利度过过渡期，还能为自己未来的成长打下坚实的基础。

13.2.5 家长与考生的心理支持

高考录取结果的揭晓，不仅对考生本身带来巨大的心理冲击，也同样影响着家长的情绪。家长作为考生最亲密的支持者和心理依赖，往往在此时对考生的情感和心理状态起到重要作用。如何提供积极、理性的支持，帮助孩子顺利度过这个时期，是家长需要重点关注的问题。

家长要理解孩子的情绪，并给予充分的支持。高考录取结果的公布是一个充满压力的时刻，尤其是在成绩没有达到预期的情况下，考生很容易感到失落、焦虑，甚至自我怀疑。此时，家长应避免以批评或否定的方式去回应孩子，而是要通过倾听和理解来帮助孩子调节情绪。家长可以与孩子进行积极的对话，表达对孩子的支持与关心，帮助孩子看到未来的机会，给予孩子足够的心理安全感。家长的鼓励和温暖能够有效减轻孩子的焦虑情绪，使他们能够更好地接受现实，找到前行的动力。

家长要尊重孩子的选择，并避免施加过多压力。高考是孩子的个人经历，家长应该尊重孩子在未来道路上的选择，而不是将自己的期望强加给孩子。有些家长可能会对孩子的成绩感到失望，甚至对孩子的未来做出过多干涉，导致孩子产生心理负担。家长应该意识到，大学录取并不是一切，很多成功的人生并不依赖于单一的教育经历。无论孩子被录取到哪所学校，家长都应该给予理解和支持，让孩子自由选择自己喜欢的方向，帮助孩子在未来的学习和生活中找到自己的定位。

家长还需要引导孩子建立健康的自我认同感。高考的成绩不应成为评判一个人能力和价值的唯一标准。家长要引导孩子正确看待自己的优点和不足，帮助孩子增强自信心，避免因为成绩的波动而影响自我价值的认知。在面对未来的选择时，家长应与孩子共同探讨，帮助孩子理性思考自己的目标与发展方向，为孩子提供充分的参考意见，而不是做出过多决定。

家长在考生心理调适过程中发挥着至关重要的作用。家长的理解、支持和尊重能够帮助孩子缓解焦虑，顺利过渡到新的学习和生活阶段。通过共同努力，家长和考生可以携手面对未来的挑战，迎接更多的机遇。

13.2.6　心理健康资源的利用

尽管考生可以通过自我调整来适应高考录取后的心理波动，但有时情绪问题可能会超出个人承受的范围，导致心理健康问题的产生。此时，心理健康资源的合理利用就显得尤为重要。无论是学校提供的心理辅导服务，还是专业心理医生的帮助，考生都应当积极寻求外部支持，以便更好地应对各种心理压力。

学校一般都设有专门的心理辅导中心，提供一对一的心理咨询服务。这些专业的心理辅导师有丰富的经验，能够帮助学生正确分析和解决情绪困扰，提供个性化的心理疏导和建议。如果考生感到自己无法独自调整情绪，或者情绪波动持续时间过长，应该及时预约心理辅导，寻求专业的帮助。学校的心理辅导服务通常保密且专业，可以为学生提供一个安全、无压力的空间来谈论个人的困惑和问题。

如果考生发现自己在心理调整方面遇到较大的困难，也可以考虑寻求外部的心理专家帮助。现在很多地方都有心理健康服务机构，许多心理学家、心理医生提供线上或线下的心理辅导服务。考生可以通过网络预约、电话咨询等方式寻求专业帮助，获得科学的心理调适方法。此外，针对一些严重的心理问题，专业的心理治疗也能起到很好的作用。

考生和家长也可以通过网络、书籍等途径了解心理健康知识，学会自我调节情绪。很多心理学书籍和在线资源提供了情绪管理、压力调适等实用技巧，考生可以通过这些资源提高自我调节能力，避免因情绪问题影响到自己的学业和生活。

心理健康资源的有效利用是帮助考生在高考录取后的过渡期中保持心理平衡、避免不良情绪影响的重要途径。通过专业的心理辅导和自我调整，考生能够更好地适应新生活，保持积极的心态，迎接未来的挑战，如图 13-6 所示。

接受结果
考生接受并理解结果

管理情绪
考生处理失望或压力

探索选择
考生探索替代教育途径

设定目标
考生为大学生活设定目标

图 13-6　高考后的心理适应

13.3 征集志愿

13.3.1 什么是征集志愿

征集志愿是高考录取过程中为了弥补部分高校或专业招生计划没有完成的情况而设立的一项特殊填报机会。通常情况下，只有在第一次录取结束后，部分高校或专业的名额仍然未被填满，或一些考生放弃录取名额，教育部门才会启用征集志愿。这个环节给那些未能在第一次录取中被录取的考生提供了再次填报志愿的机会，帮助他们在高考后有一个新的选择机会。

（1）征集志愿的定义

征集志愿是针对仍有空余名额的高校和专业，考生可以在此阶段填报志愿，以便增加录取的机会。这个机会通常会在第一次录取结束后由各省级招生考试机构公开发布，考生可以根据自己的分数和意向选择适合的高校及专业。

（2）征集志愿适用的情况

❑ 部分高校未完成招生计划，或招生计划内的名额因考生放弃等原因空缺。

❑ 有的考生未按时确认录取或退档，这样也会出现名额空缺。

❑ 高校可能会根据当年的录取情况、考生分数等因素决定是否开展征集志愿。

（3）与第一次志愿填报的区别

与普通志愿填报不同，征集志愿通常是由教育考试部门根据实际情况发起的，考生无法主动选择何时进行填报。征集志愿的开放时间较短，考生需要快速反应，并且应谨慎选择合适的学校和专业。相比第一次填报，征集志愿的竞争环境有所不同，考生在选择时需考虑剩余名额、自己分数的匹配情况，以及可用的高校和专业资源。

13.3.2 征集志愿的报名流程和时间节点

征集志愿的报名流程相对简单，但考生需要特别留意时间节点，确保自己不遗漏任何重要的步骤。由于征集志愿的开放时间较短，因此，考生必须保持高度的警觉，及时了解相关信息并按时进行填报。

（1）报名时间

征集志愿的时间通常会在第一次高考录取完成后由当地招生考试机构发布，具体的时间节点需要考生通过官方渠道获取。一般来说，征集志愿的时间会在高考录取后的一到两周内开始。因此，考生要密切关注自己所在省份的高考录取公告和官网信息，确保不漏掉征集志愿的填报机会。

（2）填报方式

征集志愿的填报方式与第一次志愿填报类似，大多数省份会通过在线填报平台进行。考生需要登录自己所在省的高考报名系统或招生考试院官网，找到征集志愿入口，按照系统的提示完成志愿填报。在这一过程中，考生需要根据自己最新的成绩和录取情况，选择适合的高校和专业。

（3）时间节点

征集志愿的报名时间一般较短，通常只有三到五天，时间节点往往不容错过。考生在征集志愿开放时，一定要根据省级招生考试机构发布的具体日期，及时准备好所需材料和信息，确保顺利填报。除了填报的时间外，还要注意征集志愿录取的开始和结束时间，及时关注录取结果的公布。

13.3.3　选择高校和专业的策略

征集志愿是一个弥补遗憾的机会，但它也带来了更多的选择压力。考生在填写征集志愿时，不仅要根据自己的成绩与高校的录取要求匹配，还需要灵活思考，做出最合适的选择。选择高校和专业的策略，关系到考生未来的学习和发展，因此，必须谨慎而科学，具体如图 13-7 所示。

（1）根据分数与批次选择

征集志愿的一个关键问题是分数线的匹配。在第一次录取时，高校的分数线已经明确，考生应该根据自己的高考成绩，结合往年各高校的分数线情况，选择适合自己成绩的学校和专业。一般来说，考生在选择时可以参考以下几个方面。征集志愿以稳为主，应该选择一些分数线较低、竞争相对较小的学校和专业，以保障顺利录取，避免由于冒险选择导致的未被录取风险。

图 13-7　选择高校和专业的策略

（2）征集志愿的选择技巧

选择适合的高校和专业，不仅仅是根据自己的分数高低来决定，考生还应根据自己未来发展的需求进行综合考虑。征集志愿通常会有部分专业的空缺，这时可以根据以下几个策略进行选择：

❑ 不要急于选择热门专业：热门专业虽然有较高的录取分数线，但在征集志愿期间，它们的竞争往往也更加激烈。如果自己的分数不足以冲刺这些专业，反而容易被淘汰，不如考虑选择一些相对冷门的专业，录取的机会可能更大。

❑ 关注学校的优势学科：选择学校时，可以关注该校的优势学科或特色专业，选择一所强势学科的学校可能对未来的学术和职业发展有更好的帮助。即使专业的选择不完全符合自己的兴趣，但学校的优势学科可以为自己提供更广阔的发展空间。

❑ 综合考虑学校的地理位置、就业形势和校友资源：除了专业本身，学校的地理位置和就业资源也对未来的职业发展有很大影响。如果有机会选择一些在特定领域有优势的学校，可以帮助自己在将来获得更多的职业机会。

（3）选择专业时要考虑兴趣与职业发展

虽然高考志愿的填报大多受到分数和机会的限制，但在征集志愿阶段，考生仍应在一定程度上把自己的兴趣和职业规划考虑进去。选择专业时，可以参考自己未来的职业兴趣、行业前景和发展方向。尽量避免选择自己不感兴趣或者前景不明确的专业，以免日后因为不喜欢而后悔。

13.3.4　征集志愿的录取风险与机会

征集志愿给考生提供了一个弥补遗憾的机会，但同时，它也伴随着一定的风险和不确定性。考生在填报征集志愿时，不仅要理性判断自己的成绩与学校、专业的匹配程度，还要明白这个机会并不是毫无风险的保证。理解其中的录取风险与机会，有助于做出更加明智的选择。

（1）录取成功率与机会

一般而言，征集志愿的录取成功率会高于第一次志愿的录取成功率，因为这个阶段的名额较为有限，且往往会有一些考生因种种原因放弃名额。对于有意愿参加征集志愿的考生来说，成功的可能性相对较大。尤其是对于一些填报较为稳妥的考生来说，在剩余名额较多的情况下，录取的概率更高。

然而，虽然征集志愿是一个补救机会，但并不是所有考生都能顺利被录取。很多学校和热门专业的名额，已经被高分考生抢占，征集志愿阶段可能只剩下一些冷门的专业和学校。因此，考生在填报征集志愿时，需要根据自己的分数和兴趣进行合理的选择，而不是单纯地追求"名校"，忽视了自己的实际情况。

（2）如何降低录取失败的风险

为了降低录取失败的风险，考生在填报征集志愿时，要根据以下策略进行选择：

- ❑ 选择专业较为冷门的学校：尽管冷门专业的吸引力较小，但如果能够从这些学校和专业入手，反而有更高的录取机会。
- ❑ 分析往年的录取情况：查看相关高校和专业的往年征集志愿录取情况，参考历年的数据，判断某些学校和专业的招生计划是否容易完成，选择那些录取名额较为充足的学校和专业。

❑ 准确评估自己的录取优势：分析自己的高考成绩与目标学校、专业的匹配度，不要轻信其他不真实的宣传信息。理性评估自己的分数与志愿选择的关系，以提高被录取的概率。

（3）如何看待征集志愿录取后的适应期

被征集志愿录取的考生，虽然成功进入大学，但也可能会面临一定的适应期。这种适应期可能包括新环境、新同学、新专业等方面的变化。考生在面对这种情况时，应该保持积极心态，调整好自己的心理预期，融入新的大学生活。如果专业和学校不完全符合自己的预期，可以积极寻找其他方式来弥补自己的不足，提升自己的学术能力和综合素质。

13.3.5　征集志愿的心理准备与调整

征集志愿是一次弥补高考遗憾的机会，虽然能够给考生带来第二次机会，但同时也伴随着一定的心理压力。考生在面对这一机会时，要做好充分的心理准备，调整好心态，避免因为急于填报志愿或心理压力过大而做出不理智的选择。

对于那些未能在第一次志愿中成功录取的考生，可能会感到失落、焦虑或甚至自责。然而，应该认识到高考并非唯一的评价标准，每个人的能力与发展潜力都有多种可能性。考生需要调整好心态，接受现实，冷静面对即将到来的征集志愿填报机会。放下过度的焦虑，理性思考，并根据自身的情况做出合适的决策。

征集志愿被许多人视为"最后的机会"，这也是许多考生内心压力较大的原因之一。要明确，征集志愿确实是一个补救机会，但它并不是终极选择。在填报时，考生要理性认识到即便是在征集志愿阶段录取，也可能与自己最初的梦想院校存在差距。重要的是调整好自己的心理预期，明白自己做出的选择仍然是为了实现更好的未来，而不仅仅是为了填补遗憾。

13.3.6　把握机会，规划未来

征集志愿并非单纯的"第二次机会"，它是一次更加理性的选择和自我提升的机会。无论最终是否被录取，都应该从这个过程中学会如何面对不确定

性，如何在压力下做出最合适的决定，如何调整自己的心态，更好地规划自己的未来。作为考生，能够清楚认识到这一点，才是最重要的。

（1）合理规划未来

无论是通过征集志愿进入理想高校，还是因为某些原因选择了其他学校或专业，考生都应该把目光投向未来。大学生活才刚刚开始，未来的道路远远不止一个高考成绩或一次录取结果能够决定。入学后，考生要抓住各种机会，提升自己的综合素质，塑造自己独特的学术背景和职业能力。无论在什么样的学校和专业中，尽力而为、追求卓越，是每一个学生应当树立的目标。

（2）学会从经验中吸取教训

高考和志愿填报的过程并非仅仅关乎分数的高低，它还涉及如何管理时间、如何做决策、如何面对挑战等能力的培养。征集志愿过程中的选择与心理调节，同样是对考生心理素质、决策能力和自我认知的锻炼。因此，无论结果如何，考生都应当学会从这一经历中吸取教训，了解自己的优缺点，为未来的发展做好准备。

（3）未来不止一个选择

高考并不是人生的全部，尽管它对许多人来说至关重要，但也只是其中的一部分。人生的道路远远不止一条，未来有许多不同的选择和可能性。进入大学后，学生们还会经历更多的选择和挑战，这些都将成为塑造个人发展轨迹的关键因素。把握征集志愿这个机会，并以积极的心态去面对未来的学习与生活，是每一个考生应该有的心态。

通过征集志愿的填报过程，考生不仅仅是在选择一所学校、一门专业，更是在为自己未来的学习与成长铺设道路。无论结果如何，这都是一次值得深思和珍惜的经历，最终目标是帮助自己为未来的职业发展和人生目标做出更加明智的决策。

第 14 章 | C H A P T E R

公务员考试备考

本章主要围绕公务员考试的备考策略展开，介绍了如何有效地进行行测和申论的复习，并提供了利用夸克 AI 辅助备考的详细方法。公务员考试是一项综合性很强的考试，涵盖了多种能力的考查，包括言语理解、数量推理、判断分析等多个模块，同时还涉及申论写作、时事分析等内容。在备考过程中，考生不仅需要掌握基础知识和答题技巧，还要注重实际操作的练习与模拟考试的进行。

通过夸克 AI 的智能辅助，考生能够在备考过程中高效利用碎片化时间，获取最新的考试信息与模拟题目，提升学习效率。通过个性化的备考计划和智能反馈，考生可以更有针对性地进行复习，确保每个模块都能得到充分的巩固与提升。本章将详细介绍如何制订适合自己的备考计划，如何利用 AI 选岗、备考行测和申论，以及相关的注意事项，帮助考生在备考过程中事半功倍。

14.1　一站式信息查询，找准考公通关之路

掌握公务员考试的报考信息对考生而言至关重要。考试信息不仅涉及报名时间、报名方式、考试科目等基础内容，还包括每年各地的报考政策、职位要求、年龄和学历限制等细节。这些信息的准确性直接影响到考生的报考决策和备考进度。如果未能及时了解或误解了政策，可能会导致错失报名机会或因不符合条件而被淘汰。因此，准确掌握公务员考试的各项信息，不仅能帮助考生有效规划备考时间，还能提高通过考试的概率。考生应该将信息获取视为备考的一部分，确保每一步都走得稳健。

一般情况下，考生需要通过互联网在多个网站、论坛和官方公告平台间来回搜索，才能收集到完整的考试资料。这些信息有时内容重复，有时却存在遗漏，甚至有些网站的信息更新不及时或出现错误，给考生带来极大的困扰。此外，由于招聘单位、地区以及职位的要求不同，考生需要逐一查阅，因此会耗费大量时间和精力。信息的冗杂与分散，不仅让考生面临筛选无关内容的困境，还可能因疏忽遗漏重要的考试要求或变动，影响报考的顺利进行。

夸克 AI 为考生提供了一个高效的、集成的公务员考试报考信息资源库，有效解决了传统信息查询的烦琐问题。通过夸克，考生可以在一个界面内获取全国各地公务员考试的全面信息，涵盖招聘公告、职位详情、报名要求、考试

科目、时间安排等内容。夸克 AI 不仅收集整理了各类信息，还通过智能化分析与实时更新，确保提供的是最准确、最及时的数据，极大提升了信息查询的效率与精准度。借助这一工具，考生能够轻松应对报考流程，节省大量的时间和精力，专注于备考，增加成功的机会。

14.1.1 使用夸克查询考公信息的操作指南

第一步：打开夸克首页，在搜索框中输入"国家公务员考试"，即可打开国家公务员考试页面，如图 14-1 所示。其中涵盖了考试报名、考试安排、成绩查询、调剂报名等。在"考试报名"页面，可以看到线上报名、线上缴费、准考证打印等入口。

图 14-1　国家公务员考试页面

第二步：选择"考试安排"模块，选择"线上报名"，可以打开国家公务员局官网。在"相关下载"页面可以找到当年国家公务员考试的全部岗位信息，在快速入口"考生报名入口"中，可以进行考试报名，如图 14-2 所示。

第三步：选择"考试安排"模块，可以看到当年的考试时间安排，对于大多数岗位的考生，只需要参加"行政职业能力测验"和"申论"两门考试。如图 14-3 所示。

克AI辅助英语学习

使用夸克AI辅助物理学习

克AI辅助地理学习

使用夸克AI辅助政治学习

使用夸克AI辅助考研志愿填报

夸克AI
辅助日常学习

分析学习难点

识别当前学习盲点和

多学科任务协
调

支持跨学科任务的联动

拍照搜题

拍摄问题照片以获得
决方案

AI 实时翻译

使用AI进行即时翻

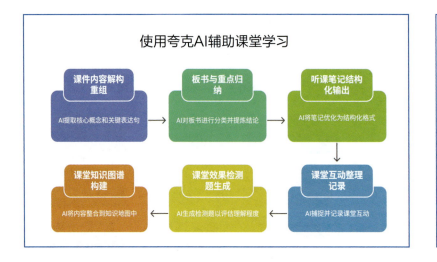

使用夸克AI辅助课堂学习

课件内容解构重组
AI提取核心概念和关键表达句

→

板书与重点归纳
AI对板书进行分类并提炼结论

→

听课笔记结构化输出
AI将笔记优化为结构化格式

↓

课堂知识图谱构建
AI将内容整合到知识地图中

←

课堂效果检测题生成
AI生成检测题以评估理解程度

←

课堂互动整理记录
AI捕捉并记录课堂互动

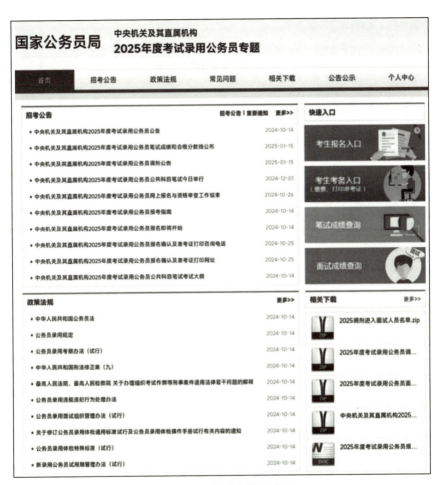

图 14-2　国家公务员局官网

第四步：选择"成绩查询"模块，可以看到提供了当年的成绩查询入口，如图 14-4 所示。

第五步：选择"调剂报名"模块，可以看到调剂职位表、调剂报名入口、资格审查时间和调剂面试名单，如图 14-5 所示。

第六步：选择"面试日程"模块，可以看到相关面试安排，包括资格复审和面试时

国家公务员考试		2025 ▾	全国 ▾
考试报名	考试安排	成绩查询	调剂报名
24年10月	24年11月	25年1月	25年1月
日期	时间	科目	
11月30日	14:00-16:00	专业科目	
	14:00-16:00	外语水平测试	
12月1日	09:00-11:00	行政职业能力测验	
	14:00-17:00	申论	

图 14-3　考试安排

间，如图 14-6 所示。

第七步：选择"结果查询"模块，可以看到在这里提供了面试结果查询的入口等信息，如图 14-7 所示。

图 14-4　成绩查询

图 14-5　调剂报名

图 14-6　面试日程

图 14-7　结果查询

此外，如果准备参考省级公务员考试，仅需在搜索框中输入"省级公务员考试"，即可出现相关信息，在右上角选择考试年份与报考省份即可，其余操作与国家公务员考试类似。如图 14-8 所示。

图 14-8　省级公务员考试

14.1.2　使用夸克查询考公信息的注意事项

　　夸克确实有助于我们查询相关信息，但有几个事项需要注意，可以帮助考生更高效、更准确地获取所需资料，如图 14-9 所示。

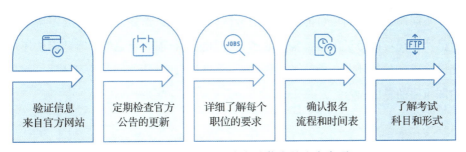

图 14-9　使用夸克查询考公信息的注意事项

（1）验证信息来自官方网站

　　考生在查询公务员考试相关信息时，务必确保所获得的资料来自官方或可信的渠道，夸克给出的一般都是官方网址，注意核实网址是否真的是各地的人事考试网、各省公务员局的官方网站、国家公务员局官网等。这些网站提供的信息最为权威，一般域名后缀为 gov.cn，应避免从第三方网站或论坛获取不准确或过时的信息。

（2）定期检查官方公告的更新

公务员考试的相关政策和信息有时会发生变化，考生需要定期在夸克或者报名官网上检查官方发布的最新公告，尤其是在报名时间、职位要求等方面。因为有些地方可能会有不同的招聘政策或变动，错过这些更新可能会影响报考进程。

（3）详细了解每个职位的要求

职位信息是报考的关键，考生在查询职位时要详细了解每个岗位的具体要求，包括学历、专业、工作经验等。特别要注意一些细节要求，如年龄限制、特定条件等。有时不同岗位对学历或专业有严格的要求，确保自己符合报考条件才能顺利报名。如果有问题可以向 AI 提问。

（4）确认报名流程和时间表

报名流程和时间是每位考生必须掌握的重要信息。考生需详细了解报名的具体时间、步骤、所需材料等，以免错过报名或因材料不全而导致报名无效。报名平台的开放时间、支付方式等细节都要关注，以免在最后时刻遇到麻烦。

（5）了解考试科目和形式

不同的公务员岗位可能有不同的考试科目或考试形式，考生需要了解清楚自己所报岗位的考试内容。常见的考试科目包括行测、申论等，有些岗位还可能会要求体检等环节。确认考试科目后，可以有针对性地准备复习计划，避免遗漏重要的考试内容。

14.2 选岗咨询指南，多维度规划公职发展路径

公务员考试选择岗位非常重要，因为它直接关系到考生未来的职业发展和个人兴趣的契合度。首先，不同岗位的工作内容、工作强度和职业前景各不相同。如果选择了不适合自己兴趣和特长的岗位，虽然能够顺利进入公务员队伍，但长期从事不喜欢的工作可能会导致职业倦怠，影响个人的职业幸福感和工作效率。因此，在选择岗位时，考生需要深入了解岗位职责、工作环境以及

职业晋升的潜力。公务员岗位的竞争激烈程度和报考条件也有所差异。某些热门岗位通常要求较高的学历、工作经验或特定的专业背景，而其他一些相对冷门的岗位则可能相对容易报考。因此，考生在选择岗位时，需要综合考虑自己的学历、专业、经验等因素，量力而行，选择一个既能充分展示个人优势，又能符合报考条件的岗位。选择岗位时还要考虑到地域因素。不同地方的公务员职位，不仅生活成本、工作压力和待遇水平可能不同，甚至地方政策和发展方向也有所区别。因此，考生应根据自己的实际情况和长远规划，选择最合适的岗位。选择正确的岗位，不仅能提高考生的通过率，还能在未来的职业生涯中获得更好的发展空间和满足感。考生在选择岗位时，也要考虑到未来职业发展的潜力。一些岗位可能有较为明确的晋升路径，而另一些岗位则可能由于人员编制的限制，晋升空间有限。因此，考生在选择时要思考岗位是否有利于自己的长远发展，是否能够提供足够的成长空间，避免因岗位发展瓶颈而影响自己的职业前景。

选择合适的岗位，不仅是为了应对眼前的公务员考试，更是为自己的职业生涯奠定基础。通过深思熟虑地选择岗位，考生能够更好地实现个人职业目标，提升工作动力，同时也能够在未来的工作中保持积极的态度和长期的职业发展。

传统的公务员考试选岗过程通常需要考生收集大量的资料，尤其是需要查阅各类官方网站、论坛和招聘公告，逐步整理出各个岗位的要求、职责、待遇等信息。这一过程不仅耗时耗力，而且由于信息来源分散、更新不及时，考生很容易错过重要信息或对某些职位的要求产生误解。

然而，借助夸克 AI，选岗过程变得简单高效。考生只需要向夸克提出具体的问题，它会根据要求迅速提供准确、全面的答案，无论是职位要求、报名条件、还是工作地点、待遇等方面的细节，夸克 AI 都能一一解答。通过这种智能化的查询方式，考生不仅节省了大量的时间和精力，还能确保获取的都是最新、最精准的信息，极大提升了选岗的效率和准确性。

14.2.1　使用夸克选岗咨询的操作指南

第一步：打开夸克，在输入框中输入提示词，如：我是一名土木工程专业大学三年级的学生，家乡是河北廊坊，请为我推荐几个我可以报考的公务员岗位，如图 14-10 所示。

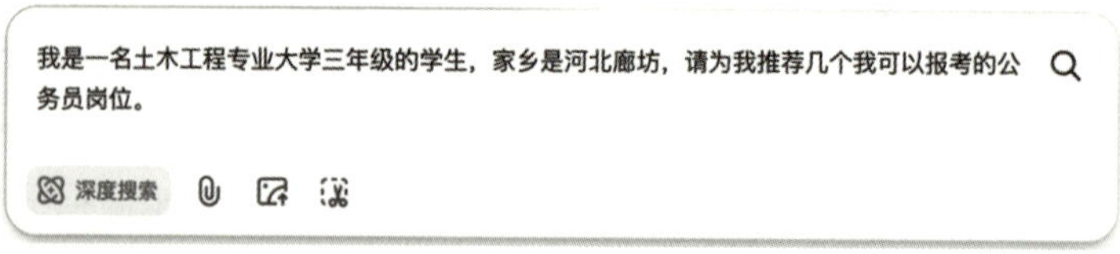

我是一名土木工程专业大学三年级的学生，家乡是河北廊坊，请为我推荐几个我可以报考的公 Q
务员岗位。

深度搜索

图 14-10 提示词范例

第二步：稍等片刻，夸克 AI 会给出相应的意见建议。

夸克 AI 的输出结果如下：

根据你的专业背景（土木工程）和家乡所在地（河北廊坊），结合 2025 年河北省考及公务员招录信息，以下是为你推荐的岗位及备考建议。

一、专业对口核心岗位

1. 廊坊市住房和城乡建设局

❑ 岗位方向：建筑工程管理、城市规划审批、施工质量监督。

❑ 优势：直接发挥专业优势，参与城市基建项目管理，适合应届生报考。

❑ 要求：需熟悉《中华人民共和国建筑法》《中华人民共和国城乡规划法》，部分岗位可能要求持有二级建造师证书。

2. 廊坊市交通运输局

❑ 岗位方向：公路桥梁建设管理、交通规划编制、工程验收。

❑ 优势：河北省近年加大交通基建投入，岗位需求稳定。

❑ 案例：2025 年河北省考中，类似岗位要求"土木工程专业 +1 年项目管理经验"，竞争比约 1 : 30。

3. 廊坊市水利局

❑ 岗位方向：水利工程设计、防洪抗旱应急管理、水资源调配。

❑ 优势：廊坊地处京津冀，水利工程需求大，适合有水利方向课程背景的考生。

二、延伸领域岗位

1. 自然资源局（原国土局）

❑ 岗位方向：土地资源调查、地质灾害评估、测绘管理。

❑要求：需熟练使用 GIS、CAD 等软件，部分岗位放宽至大专学历。

❑案例：2024 年河北省考中，此类岗位竞争比低于 1：50。

2.应急管理局

❑岗位方向：建筑工程安全监管、灾后重建规划。

❑优势：结合土木专业知识，参与防灾减灾项目，面试可能涉及实操案例分析（如老旧小区改造方案）。

3.市政工程管理局

❑岗位方向：城市管网维护、海绵城市建设管理。

❑案例：2025 年厦门市政园林局类似岗位明确要求土木工程背景，廊坊可参考此类需求。

三、不限专业岗位

1.乡镇公务员

❑岗位方向：农村道路建设、水利设施管理、基层综合治理。

❑优势：应届生身份可报考 70% 的岗位，基层经验对后期晋升有利。

❑注意：需关注廊坊周边县区岗位（如霸州市、三河市），竞争相对较小。

2.监狱系统

❑岗位方向：监所基建维护、设施安全管理。

❑优势：专业限制少，稳定性高，适合体能达标者。

3.行政审批局

❑岗位方向：建设项目审批、工程许可审核。

❑要求：需熟悉行政流程，部分岗位要求法律或管理学知识。

四、备考建议

1.专业能力强化

❑核心课程：重点复习结构力学、施工技术、工程法规，笔试可能涉及专业题。

❑证书加持：考取二级建造师或造价工程师证书，提升简历竞争力。

2.应届生政策利用

河北省考约 70% 岗位仅限应届生报考，优先选择"2025 届高校毕业生"标签岗位。

3. 基层服务项目

参与"三支一扶"或乡村振兴项目，积累基层经验后报考定向岗位，可获政策加分。

4. 关注冷门部门

如气象局、地震局等，专业匹配度高且竞争低（部分岗位竞争比低于1:50）。

五、河北省考时间节点

报名时间：2025 年 2 月 8 日—2 月 13 日

笔试时间：2025 年 3 月 15 日—16 日

岗位查询：登录河北省公务员考试专题网站（http://www.hbskgw.gov.cn），筛选"土木工程"专业及廊坊地区岗位。

总结：优先选择住建局、交通局等专业对口岗位，结合应届生身份和基层服务政策提升竞争力。若竞争激烈，可转向不限专业的乡镇或监狱系统岗位。建议提前准备专业证书和实习经历，增强岗位适配性。

第三步：如果有不清楚的问题，可以继续向夸克提问，例如可以输入如下提示词："我希望你给我推荐一些更适合土木工程专业的女生，且较少下工地的公务员岗位"。范例如图 14-11 所示。

> 我希望你给我推荐一些更适合土木工程专业的　▼
> 女生，且较少下工地的公务员岗位

图 14-11　提示词范例

第四步：稍等片刻，夸克经过仔细分析会给出相应的意见建议。

夸克 AI 的输出结果如下：

适合土木工程专业女生且较少下工地的公务员岗位

1. 规划局

岗位特点：

☐ 主要从事城乡规划编制、审查和管理等工作。

☐ 工作内容相对集中在办公室，较少需要下工地。

❑ 适合对规划和设计有浓厚兴趣的女生。

2. 交通局

岗位特点：

❑ 参与交通规划、道路设计和交通管理等工作。

❑ 工作内容较多涉及数据处理、分析和报告撰写，较少需要现场勘察。

❑ 适合对数据分析和交通管理感兴趣的女生。

3. 水利局

岗位特点：

❑ 从事水资源管理、水文分析、防洪防旱等工作。

❑ 工作内容相对集中在办公室，主要处理数据和报告。

❑ 适合对水资源管理和环境保护有热情的女生。

4. 地质局

岗位特点：

❑ 参与地质调查、地质灾害评估和管理工作。

❑ 虽然部分工作需要现场调查，但多数时间在办公室进行数据处理和
分析。

❑ 适合对地质科学有浓厚兴趣的女生。

5. 国土局

岗位特点：

❑ 从事土地资源管理、土地规划和土地利用等工作。

❑ 工作内容主要集中在办公室，较少需要下工地。

❑ 适合对土地管理和规划感兴趣的女生。

6. 环保局

岗位特点：

❑ 参与环境保护、环境监测和环境规划等工作。

❑ 工作内容较多涉及数据分析和报告撰写，较少需要现场作业。

❑ 适合对环境保护有热情的女生。

7. 城市管理局

岗位特点：

❑ 从事城市管理和市政设施建设等工作。

❑ 工作内容主要集中在办公室，部分项目管理可能需要现场协调。

❑ 适合对城市管理和服务有热情的女生。

报考建议

❑ 选择合适的层级：基层岗位通常竞争压力较小，适合初入职场的女生。

❑ 规避热门地区：选择相对不那么发达的地区，增加通过考试的概率。

希望以上信息对你有所帮助！

14.2.2　使用夸克选岗咨询的注意事项

在选岗时，考生需要充分考虑多方面的因素，而使用夸克 AI 选岗时，也需要注意一些具体的事项，以确保选岗的精准和高效。

（1）了解岗位要求

在选择岗位时，考生必须详细了解每个岗位的具体要求，包括学历、专业背景、工作经验、年龄限制等。有些岗位对特定的专业或经验有严格要求，确保自己符合报考条件是选岗的首要步骤。

（2）考虑个人兴趣与职业规划

选择一个适合自己兴趣和职业发展规划的岗位非常重要。如果选择的岗位与自己的职业兴趣或长远目标不符，可能会在工作中产生倦怠感，影响职业发展的潜力。因此，考生在选岗时应结合自身的兴趣、技能和未来目标来做出决策。

（3）关注岗位的地理位置和工作环境

不同地区的公务员岗位，生活成本、工作压力、晋升机会等差异较大。考生在选择岗位时，应考虑到工作地点的影响，尤其是在涉及家庭、生活质量等因素时，要根据实际情况作出明智的选择。

（4）确保输入信息准确

使用夸克 AI 进行选岗时，考生需要准确输入自己的学历、专业、工作经验等相关信息。夸克 AI 会根据这些信息推荐最匹配的岗位，确保选岗的精准性。如果信息填写不准确，可能会导致推荐岗位与自身条件不符。

（5）利用 AI 筛选合适的岗位

夸克 AI 能够快速筛选出符合自己条件的岗位，节省了考生手动查阅大量岗位信息的时间。但需要注意的是，AI 推荐的岗位只是基于数据和条件匹配，最终的选择还需要考生结合自身的兴趣、地理偏好等因素做出判断，不必完全依赖 AI 推荐。

（6）随时更新和调整选岗策略

随着报名时间的临近或岗位信息的更新，考生的选岗策略可能需要调整。夸克 AI 可以提供实时更新的信息，帮助考生根据最新的考试公告和岗位变化做出灵活的调整。因此，考生应定期检查 AI 推荐的岗位列表，确保选择最合适的岗位。

（7）人工核对相关信息

夸克 AI 生成的内容，可能会有"AI 幻觉"而胡说八道，我们一定要在官方网站中仔细核对相关信息，确保信息准确可靠。

14.3　夸克智能提分，行测申论高效备考

公务员考试是一个竞争激烈的考试，行测和申论是其两大重要部分，考生在备考过程中需要有针对性地进行复习。行测主要考查考生的综合能力，包括言语理解、数量关系、判断推理等模块，而申论则侧重于文字表达、分析问题和解决问题的能力。备考这两部分需要大量的时间和精力投入，但如今，借助夸克 AI，考生可以更加高效地备考。

夸克 AI 提供了一站式的学习平台，帮助考生随时随地备考行测和申论。无论是行测的题目练习、解题技巧，还是申论的归纳概括题、综合写作题，夸克 AI 都可以提供精准的学习资源。考生只需通过手机打开夸克 App，便可获得最新的公务员考试相关资料、模拟题和解析，随时随地进行学习，无须再担心因时间紧张而错过复习的机会。

对于行测的备考，夸克 AI 可以根据考生的薄弱环节，体系化学习考试真题，并提供详细的解析，帮助考生更好地理解解题思路，提升答题速度和准确性。而在申论备考方面，夸克 AI 能够记录考生全部的答题内容，通过自己的

解答和参考答案对比，更好地看出自己的差距和努力方向。

夸克 AI 的学习资源随时更新，确保考生能够及时获取到最新的考试信息和热点，帮助考生在备考过程中保持对考试的敏感度。通过夸克 AI，考生能够更加高效地利用碎片化时间，随时进行练习和复习，提高备考的质量和效率。

14.3.1　使用夸克备考国考的操作指南

第一步：在夸克首页搜索"国考"，下拉找到"备考服务"，选择其中的"在线刷题"，如图 14-12 所示。

第二步：打开"夸克学习·国家公务员考试"首页，可以看到有考试倒计时、考试流程、拍照搜题、拍证件照、考试官网、报名入口、备考刷题等模块。其中备考刷题分为行政职业能力测验和申论两个模块，如图 14-13 所示。

图 14-12　备考服务　　　　图 14-13　夸克学习·国家公务员考试

第三步：在行政职业能力测验或申论模块的右上角，可以切换备考刷题模式为背题模式或考试模式。其中背题模式是一题一检，考试模式为批量提交，包括一次 5 道题、一次 10 道题、一次 15 道题等，如图 14-14 所示。

第四步：选择模式后，即可开始练习题目，夸克不仅给出了题目的答案和解析，还显示了此题的答题用时、全站正确率和易错选项，如图 14-15 所示。

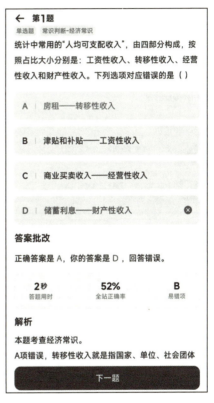

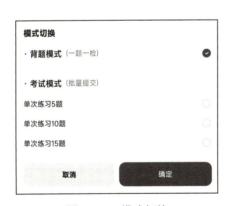

图 14-14　模式切换　　　　　　图 14-15　开始练习

此外，在"备考刷题"模块的下方，夸克还提供了历年真题卷和全新模拟卷，以及免费的考点资料，帮助我们更好学习行测和申论，如图 14-16 所示。

在"夸克学习·国家公务员考试"首页，选择"拍证件照"，夸克给出了 AI 拍照相机，我们只需要按照轮廓线定位好自己，即可生成各种底色的证件照，我们还可以在夸克中修图、美颜、换衣服、换发型，如图 14-17 所示。

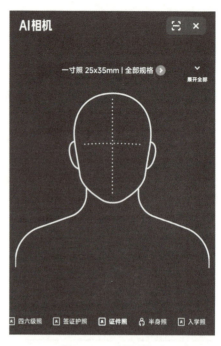

图 14-16　历年真题卷、全新模拟卷和
　　　　　考点资料

图 14-17　拍证件照

14.3.2　使用夸克备考行测的注意事项

　　行测是公务员考试中的重要科目之一，主要考查考生的综合能力，包括言语理解、数量关系、判断推理等多个模块。备考行测时，考生需要结合自己的实际情况，系统地规划复习内容和方法。以下是备考行测时的几个重要注意事项：

（1）了解各模块的题型和解题技巧

　　行测包括多个模块，每个模块都有不同的解题技巧。例如，言语理解题要求考生具备较强的阅读理解能力，能够快速把握文章的主旨和关键信息；数量关系则需要考生掌握基础的数学公式和速算技巧；判断推理考查逻辑思维和推理能力，需要通过大量的训练提高解题速度和准确性。因此，在备考时，考生需要深入理解每个模块的特点，并根据自身的薄弱环节，制订针对性的复习计划。

（2）重视做题和总结的结合

备考行测的关键是做题，但做题不仅仅是为了做量，更重要的是通过做题来总结和提高。每做完一套题目后，考生需要进行详细的错题分析，找出自己在解题过程中出现的错误和不足，及时弥补知识空白。特别是对于数量关系和判断推理等容易出错的部分，考生要注重总结解题思路和方法，确保在之后的练习中能够避免同样的错误。

（3）合理安排模拟考试和时间管理

行测考试时间紧迫，考生需要通过模拟考试来提高做题速度。模拟考试时，要严格按照正式考试的时间限制进行训练，测试自己的时间分配和答题效率。模拟考试的频率不宜过高，但要保持一定的频率，确保自己能够在规定时间内完成所有题目并且保持较高的准确率。同时，考生还要注意掌握考试的节奏，避免在某一模块上花费过多时间，导致其他模块答题时间不足。

（4）提升心理素质与应对压力的能力

行测的考试节奏非常紧张，考生在备考过程中也会面临较大的心理压力。保持良好的心理状态，对于提高考试表现至关重要。备考时，考生可以通过模拟考试来逐渐适应考试的压力，培养良好的应试心态。在考试过程中，合理的时间管理、稳定的心态以及灵活的应对能力，都会帮助考生更好地应对行测的挑战。

14.3.3　使用夸克备考申论的注意事项

申论是公务员考试中的另一个重要科目，主要考查考生的写作能力、综合分析能力和解决实际问题的能力。备考申论时，考生需要掌握一定的写作技巧和时事热点知识，同时注重逻辑思维的训练。以下是备考申论时需要注意的几个关键点。

（1）积累时事热点和政策背景

申论考试通常涉及社会热点问题、政策解析和时事评论等内容。因此，考生在备考时应广泛关注国内外的重大新闻、政策动向及社会热点，尤其是与政府工作、公共事务、社会管理等相关的话题。定期阅读新闻、政策文件以及学术文章，积累相关的时事材料和理论依据，能够为申论答题提供丰富的素材和背景知识，提升分析和写作的深度。

（2）注重写作结构的规范性

申论写作考查的是考生组织文章、分析问题和表达观点的能力，写作结构的规范性至关重要。常见的申论文章结构包括引言、正文和结论。在写作时，考生需要明确文章的中心思想，并确保各部分内容紧密衔接，层次分明。引言部分要简洁明了，概述问题背景；正文部分要详细分析问题，提出合理的对策和建议；结论部分则要总结全文，强调解决问题的关键。

（3）提升分析问题和提出对策的能力

申论不仅仅是写作能力的考察，更是综合分析能力的体现。在答题时，考生要学会从多个角度分析问题，找出核心问题并提出切实可行的解决方案。这要求考生具备一定的批判性思维能力，能够在大量信息中提炼出关键问题，并且结合实际情况提出有深度的对策。提高分析问题的能力需要考生多做练习，深入思考，训练逻辑思维和结构化表达能力。

（4）注重语言表达的简洁性和规范性

申论写作中的语言表达要简洁、规范，避免过于复杂的句式和不必要的修饰词。公务员考试要求考生具备清晰、流畅的表达能力，能够准确、简洁地传达自己的观点。考生应避免使用口语化的表达和模糊不清的措辞，力求言简意赅、条理清晰。通过不断练习写作，考生可以逐步提高自己的语言表达能力，使文章更加符合公务员考试的写作标准。

14.3.4 使用夸克备考国考的注意事项

使用夸克 AI 备考国考的注意事项如图 14-18 所示。

（1）系统地提高解题能力

夸克 AI 拥有丰富的题库和练习资源，尤其是在行测和申论的备考中，它能根据考生的需求提供大量的模拟题和解析。使用 AI 进行行测备考时，考生可以通过练习各类题目，系统地提高自己的解题能力。对于申论，AI 提供的范文解析、模拟写作、批改功能等，可以帮助考生提高写作水平。在使用这些资源时，考生应根据自己的实际水平逐步增加练习的难度，避免过早接触难度过大的题目而影响信心。

图 14-18 使用夸克 AI 备考国考的注意事项

（2）识别薄弱环节并总结错误

夸克 AI 能够根据每次学习和考试的表现提供即时反馈，考生可以查看每次做题的准确率、答题时间和解题思路，从中发现自己的薄弱环节。AI 还能够为考生提供错题分析，帮助总结错误类型。考生应定期进行自我总结，回顾自己的学习过程，识别出尚需改进的地方。在备考过程中，通过持续不断的反馈和调整，考生能够不断优化自己的备考策略。

（3）体验真实的考试压力

夸克 AI 能够为考生提供模拟考试的功能，让考生在模拟环境中体验真实的考试压力。在行测的备考中，时间的管理至关重要，AI 的模拟考试功能可以帮助考生模拟考试节奏，训练做题速度和答题顺序。申论的备考同样需要在限定时间内完成文章写作，AI 提供的限时写作练习能够帮助考生逐步适应考试时的压力和时间限制。模拟考试后，考生可以借助 AI 的评分和解析功能，进一步了解自己的答题情况，及时调整复习策略。

14.4 生成备考计划

公务员考试的备考需要考生根据自己的实际情况制定科学合理的复习计划，这一点至关重要。每个考生的基础、时间安排、备考目标不同，盲目跟随他人或照搬固定的备考方法往往效果不佳。为了提高备考效率，考生需要根据自身的优势与不足，结合考试的时间节点和内容要求，制定个性化的复习计划，从而确保每个阶段的复习目标都能按时达成。备考计划的制定要考虑考生的时间安排。如果考生平时工作或学习繁忙，可能每天能投入的备考时间有限，那么复习计划就需要侧重于高效利用有限的时间，进行重点突破；如果考生有较长的复习时间，则可以按照行测和申论的各个模块来分阶段进行详细安排，避免前期遗漏重要内容。无论如何，合理分配时间，确保每个环节都不掉队，是复习计划成功的关键。

然而，如何制定一个既合理又高效的备考计划，对于很多考生来说是个挑战。此时，夸克 AI 可以提供巨大的帮助。夸克 AI 不仅能够根据考生的个人情况，智能生成专属的备考计划，考生只需输入自己的备考时间、学习目标以及目前的备考进度，系统便会自动制定相关计划，帮助考生在规定的时间内高效复习，避免遗漏和重复。

14.4.1 使用夸克生成备考计划的操作指南

第一步：打开夸克，在搜索框中输入提示词，如：我是一名中文系大三的学生。我要参加今年 12 月的公务员考试，此前没有任何准备经验。帮我生成一份备考计划。如图 14-19 所示。

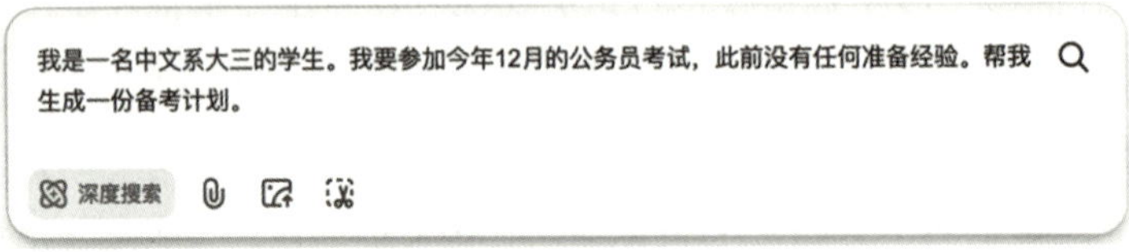

> 我是一名中文系大三的学生。我要参加今年12月的公务员考试，此前没有任何准备经验。帮我生成一份备考计划。
>
> 深度搜索

图 14-19　提示词范例

第二步：稍等片刻，夸克就会给出详细的备考计划，包括目标、内容、进度、财务预算和注意事项。

夸克 AI 的输出结果如下：

中文系大三学生公务员考试备考计划

一、工作目标

为了在今年 12 月的公务员考试中取得优异成绩，顺利通过笔试和面试，特制定此备考计划。目标是系统掌握公务员考试所需的知识和技能，提高应试能力，确保备考过程高效有序。

二、工作内容

1. 了解考试内容和形式

❑ 详细研究公务员考试大纲，明确笔试（行测和申论）和面试的具体内容及形式。

❑ 收集近 5 年的公务员考试真题，分析题型和命题规律。

2. 制订备考时间表

❑ 根据课程安排和课余时间，制订详细的学习时间表，确保每天有固定的学习时间。

❑ 备考时间分为 3 个阶段：基础复习、强化训练、冲刺模拟。

3. 基础复习阶段（现在～9 月）

❑ 行测：分模块学习言语理解、数量关系、判断推理、资料分析、常识判断。每天安排 2～3 小时，重点掌握基础知识和基本解题技巧。

❑ 申论：每天阅读《人民日报》《求是》等官方媒体，关注时事热点，积累素材。每周至少写一篇申论文章，并进行修改和总结。

4. 强化训练阶段（10 月～11 月中旬）

❑ 行测：通过大量刷题巩固知识点，特别是薄弱环节。每周进行 2～3 次模拟考试，检验学习效果，调整学习策略。

❑ 申论：针对不同类型的题目（归纳概括、综合分析、提出对策、公文写作）进行专项训练。每周至少模拟两套申论真题，并认真分析答案。

5. 冲刺模拟阶段（11 月中旬～12 月考试）

❑ 行测和申论：每天进行全真模拟考试，严格按照考试时间安排，培养考试状态和答题节奏。重点复习错题和笔记，强化记忆。

❑ 面试准备：了解面试流程和题型，进行模拟面试练习，提升表达能力和应变能力。

三、工作进度

❑ 7 月～8 月：完成考试大纲研究和资料收集，开始基础复习。

❑ 9 月：继续基础复习，开始每周一次的行测和申论模拟测试。

- □ 10 月～11 月中旬：强化训练，每周 2～3 次模拟考试，重点突破薄弱环节。
- □ 11 月中旬～12 月：冲刺模拟，每天一套全真模拟题，重点复习错题和笔记。

四、财务预算

- □ 教材和辅导资料：500 元
- □ 在线课程和题库：800 元
- □ 模拟考试和面试培训班（可选）：1500 元
- □ 总计：2800 元

五、注意事项

- □ 保持良好的作息和饮食习惯，避免过度疲劳。
- □ 定期自我评估，及时调整备考计划。
- □ 关注考试相关通知和政策变化，确保信息畅通。
- □ 保持积极心态，避免焦虑和压力过大，适当进行放松和娱乐活动。

六、结尾

此备考计划旨在帮助我系统、高效地准备公务员考试。在备考过程中，我将严格按照计划执行，并根据实际情况进行适当调整。相信通过不懈努力，我一定能够在考试中取得好成绩，实现自己的职业目标。

14.4.2 使用夸克生成备考计划的注意事项

使用夸克生成备考计划的注意事项如图 14-20 所示。

（1）明确备考目标与时间安排

制定备考计划时，首先需要明确自己的目标和考试时间。考生应根据距离考试的时间、个人的学习进度和复习情况合理安排每天的学习任务。具体的时间表应该将行测和申论的备考内容合理分配，并设定每周和每天的学习目标。合理的时间安排能够帮助考生避免拖延和疲劳，同时确保所有内容得到充分复习。

（2）根据自身优势与弱点调整计划

每个考生在行测和申论方面的强项和弱点不同，因此，备考计划应根据个人情况进行调整。如果某个模块或知识点较为薄弱，考生应增加该部分的学习时间和练习量。例如，如果数量关系薄弱，可以多做相关题目进行专项训练；如果申论写作较差，则应加大写作练习的比重。通过调整学习计划，可以有针对性地提高自己的薄弱环节，最大化地发挥自己的优势。

1	**设定明确目标** 确定具体学习目标
2	**调整计划** 根据优势和弱点制订计划
3	**保持灵活性** 适应变化和挑战
4	**个性化内容** 根据个人需求定制学习材料
5	**利用 AI 反馈** 使用 AI 洞察来指导学习

图 14-20　使用夸克生成备考计划的注意事项

（3）保持灵活性，适时调整计划

在长时间的备考过程中，考生可能会遇到突发情况或进度滞后的问题，因此备考计划需要保持一定的灵活性。定期检查和调整学习计划非常重要，如果发现某一部分的进度落后或者某个知识点掌握不牢，则应该及时调整计划进行补充学习。定期复盘并灵活调整计划，能够确保备考计划与实际情况相匹配，避免死板学习。

（4）个性化设置备考目标和内容

使用夸克 AI 制订备考计划时，首先需要根据自己的实际情况（如学习进度、薄弱科目等）进行个性化设置。AI 可以根据考生以往的学习成绩和考试目标，智能地推荐适合的备考内容和进度。考生应根据夸克 AI 的推荐，适当调整学习重点，确保备考内容紧密符合个人需求。

（5）合理利用 AI 的智能进度跟踪功能

夸克 AI 具有智能进度跟踪功能，能够实时记录学习进度并提供反馈。考生可以通过这一功能跟踪自己的复习进度，了解哪些内容掌握较好，哪些内容还需要加强。利用 AI 的反馈信息，及时调整学习计划，避免在某个环节停留过久，确保各个模块的知识都能够得到充分复习。

（6）动态调整学习策略，避免一成不变

使用夸克 AI 时，备考计划会根据学习进度、练习效果和模拟考试结果进行动态调整。考生应主动与 AI 互动，根据自己的反馈，及时调整学习策略。比如，如果某一模块或科目完成得比较快，AI 会自动推荐新的学习内容；如果某一部分存在困难，AI 会加强该部分的练习和复习。灵活运用 AI 的智能调度功能，能够确保备考计划不断优化，提高复习效率。

15

考研志愿填报

考研志愿填报是连接本科教育与研究生培养的关键枢纽，本质上是考生基于个人学术兴趣、职业规划与市场需求的系统性决策工程。这一过程涵盖考研方向确定、具体专业筛选、目标院校定位及导师匹配等核心环节，每一步都需要在"理想期许"与"现实条件"之间寻求精准平衡。例如，临床医学考生需在"学术型硕士"与"专业型硕士"之间权衡就业资源与学术资源平台，计算机专业考生则要在"人工智能""大数据"等细分领域中匹配院校实验室优势与行业就业趋势。传统志愿填报依赖人工查阅招生简章、咨询经验分享等方式，存在信息碎片化、决策主观性强、数据滞后等痛点，导致部分考生陷入"高分低录""方向错配"的困境。

随着教育数字化转型，夸克等智能工具通过 AI 技术重构了志愿填报的全流程。在方向确定阶段，夸克整合教育部学科评估、院校报录数据及行业动态，生成可视化分析报告，帮助考生打破"热门专业"的信息茧房，发现新兴交叉学科的潜力机会；在专业查询环节，实时抓取高校官网招生政策、历年录取详情及就业白皮书，解决了传统渠道信息更新不及时的问题；而在导师选择中，夸克通过参考已发表论文、参与的国家自然科学基金项目等学术数据，构建导师研究方向与学生兴趣的智能匹配模型，减少因信息不对称导致的师生适配度风险。

15.1 剖析考研方向，锁定学术与职业发展路径

考研方向确定是一个系统性决策过程，涉及学科选择、专业细化与研究领域聚焦的三重维度。它不仅是对本科专业的延续或突破，更是对个人学术兴趣、职业规划与社会需求的深度耦合。例如，计算机专业考生需在人工智能、大数据、软件工程等方向中选择，而医学考生则需在临床研究、基础医学、公共卫生等领域中权衡。这一过程需综合考量院校学科实力、导师研究方向、行业发展趋势等多重因素，结果直接影响研究生阶段的学术产出与未来职业竞争力。例如，选择"深度学习在医疗影像中的应用"方向的考生，需同步关注目标院校的实验室资源、导师项目背景及医疗行业的 AI 技术落地情况。

传统考研方向确定依赖查阅招生简章、咨询学长学姐、浏览论坛等方式，存在诸多不足。信息分散在各个渠道，考生需耗费大量时间精力整合，且内容

往往滞后，难以获取最新动态；决策过程主观性强，易受"热门专业"标签误导，忽略自身适配性；缺乏量化分析工具，无法科学评估各方向的竞争程度与发展前景，导致部分考生盲目跟风，后期陷入学习困境或职业发展瓶颈。

夸克为考研方向确定提供了高效智能的解决方案。依托强大的 AI 技术和海量数据，它能快速整合院校专业信息、历年报录数据、导师研究方向等，生成可视化分析报告，帮助考生直观了解各方向情况；通过个性化测评和智能推荐系统，精准匹配考生兴趣与能力，给出科学合理的方向建议；还能实时追踪行业动态，预测学科发展趋势，让考生把握前沿机遇，做出更具前瞻性和竞争力的考研方向选择。

15.1.1　使用夸克确定目标学校的操作指南

我们现在以一个"首都医科大学临床学学生，寻找目标院校"为例，展示如何利用夸克确定考研目标学校。

第一步，打开夸克 App，在搜索框中输入以下提示词，如图 15-1 所示。

图 15-1　提示词模板

第二步，稍微等待后，夸克就能为用户展示出相关院校信息。

夸克 AI 的输出结果如下：

根据你的背景信息（首都医科大学临床医学本科，英语六级 550 分，专业排名前 5%），结合 2025 年 985 高校临床医学硕士招生政策及一线城市院校要求，以下是针对性建议及申请策略：

一、目标院校选择与申请条件分析

1. 核心院校推荐

❑ 清华大学医学院：临床医学学科实力顶尖，附属医院资源丰富（如北京清华长庚医院），2025 年博士招生明确要求英语水平证明（如六级成绩单）和本科成绩单，硕士申请可参考其博士申请条件，需提交研究计划及专家推荐信。

❏ 北京大学医学部：2025 年被列为"top 申请院校"，但需注意其统招硕士要求本科专业对口且成绩优异，建议关注其官网招生简章。

❏ 复旦大学医学院：临床医学专硕与规培结合，需提供本科成绩单及学士学位证明，英语要求较高（建议六级 550 分符合基本门槛）。

❏ 上海交通大学医学院：同样为一线城市 985 院校，注重临床实践能力，需提交科研或临床相关经历证明。

❏ 浙江大学医学院：研究方向涵盖基础医学与临床转化，对科研经历有偏好，适合有论文或课题背景的学生。

2. 申请条件对比

❏ 基本要求：所有院校均要求本科毕业证、学位证（应届生需在入学前取得），英语六级 425 分以上（部分院校如清华、复旦建议更高）。

❏ 专硕特殊要求：需提供规培证明或在培证明（如复旦、南京大学），但部分院校（如清华）可能允许统招硕士期间同步规培。

❏ 竞争优势：专业排名前 5%、高英语成绩（六级 550 分）是核心竞争力，建议补充科研经历（如论文发表、课题参与）或临床实践（如三甲医院实习）。

二、备考与申请策略

1. 初试准备

❏ 科目重点：临床医学综合能力（西医）（306 科目），需强化基础医学与临床知识结合，参考《临床医学综合能力（西医）考试大纲》。

❏ 英语提升：六级 550 分符合多数院校要求，但清华、复旦等名校可能倾向更高分数，可针对性提升阅读与写作能力。

2. 复试与材料准备

❏ 研究计划：需结合目标院校研究方向撰写（如清华的精准医学、复旦的肿瘤学），突出科研潜力与临床问题意识。

❏ 推荐信：联系 2~3 位临床或科研导师撰写，强调学术能力与职业规划。

❑ 实践证明：提供三甲医院实习证明、临床技能竞赛获奖或科研项目参与记录，增强竞争力。

3. 时间节点

❑ 报名与初试：2025 年 10 月网上报名，12 月底初试。

❑ 复试与录取：次年 3～4 月进行，需提前联系导师并准备复试考核（含临床技能模拟、英语口语测试）。

三、注意事项与风险规避

❑ 跨专业限制：多数 985 院校（如南京大学）明确不接收跨专业考生，但临床医学本科符合要求。

❑ 规培衔接：若申请专硕，需确认院校是否提供规培机会（如复旦与上海市规培体系结合），避免重复培训。

❑ 调剂政策：若初试成绩未达目标院校，可考虑调剂至同档次院校（如华中科技大学同济医学院、四川大学华西医学中心）。

四、推荐申请组合

❑ 冲刺院校：清华大学、复旦大学（科研与临床资源突出，竞争激烈）。

❑ 稳妥院校：上海交通大学医学院、浙江大学医学院（录取概率较高，学科实力强）。

❑ 备选院校：北京大学医学部（需关注其高升硕项目与统招差异）。

五、联系方式与资源

❑ 招生信息查询：各校研招网（如清华医学院官网、复旦大学研究生招生网）。

❑ 导师联系：通过院校官网或学术平台（如 ResearchGate）主动沟通，获取研究方向匹配建议。

如需进一步细化某所院校的申请细节（如材料清单、导师推荐），可提供具体目标院校，我将补充针对性分析。

第三步，现在我们继续输入提示词，让夸克给我们提供更加详细的建议。如图 15-2 所示。

第四步，稍后夸克会根据新的要求，给出更加详细的建议。

> 从未来职业发展、报考难度等方面考虑，推荐3个最值得报考的学校及专业　　🔍
>
> ⊘ 深度搜索　📎 ⬚ ⟐

图 15-2　提示词模板

夸克 AI 的输出结果如下：

根据你的背景（首都医科大学临床医学本科，专业排名前 5%，英语六级 550 分）及未来职业发展需求，结合一线城市 985 高校的报考难度和学科优势，推荐以下 3 所院校及专业。

一、推荐院校及专业

1. 北京协和医学院（清华大学医学部）——临床医学（学术型硕士）

职业发展：协和医学院是全国医学领域的"殿堂级"院校，与清华大学联合培养，共享顶尖科研资源。其附属医院（如北京协和医院）为国内医疗标杆，临床实践机会丰富，科研平台处于国际前沿（如肿瘤治疗、干细胞研究）。毕业生在医疗、科研领域竞争力极强，部分优秀学生可进入本博连读项目，未来可成为行业高端人才。

报考难度：竞争激烈，2025 年统招硕士初试分数线预计在 350 分以上，需提交本科成绩单、英语六级证明及科研经历（如论文、课题）。

建议提前联系导师，展示临床或科研潜力（如参与过国家级课题或发表过 SCI 论文）。

2. 上海交通大学医学院——临床医学（专业型硕士）

职业发展：上海交大医学院注重国际化与临床实践结合，与法国、美国等多国医学院校有合作项目，培养具备国际视野的医学人才。附属医院（如瑞金医院、仁济医院）资源丰富，临床技能培养体系完善，毕业生在长三角地区三甲医院就业率高，部分可进入高端私立医疗机构或科研机构。

报考难度：初试分数线约 340 分，需提供规培证明或临床实习经历（建议三甲医院实习 6 个月以上）。英语要求较高，六级 550 分符合基本门槛，但复试中可能涉及英文文献阅读能力测试。

3. 复旦大学上海医学院——临床医学（学术型 / 专业型硕士）

职业发展：复旦医学院在基础医学与临床转化研究领域实力突出，尤其在肿瘤学、神经科学方向有显著优势。与上海市多家三甲医院深度合作，提供丰富的临床研究资源。毕业生可选择科研（如进入高校或研究所）或临床路径（如三甲医院主治医师），部分学生通过"高升硕"项目直接衔接规培。

报考难度：初试分数线约 330 分，对科研经历要求较灵活（如参与过实验室工作或学术会议）。需提交本科成绩单及导师推荐信，复试注重临床问题解决能力与科研潜力。

二、报考策略与风险提示

1. 冲刺与保底组合

❑ 冲刺：北京协和医学院（需全力准备科研材料与英语能力）。

❑ 稳妥：上海交大医学院（平衡科研与临床需求）。

❑ 保底：复旦大学医学院（竞争相对适中）。

2. 风险规避

❑ 若初试未达目标，可考虑调剂至同档次院校（如浙江大学医学院、华中科技大学同济医学院）。

❑ 提前规划规培与科研经历，增强复试竞争力。

三、总结

以上 3 所院校均位于一线城市（北京、上海），学科实力强且就业前景广阔。北京协和适合追求顶尖科研与临床资源的学生，上海交大与复旦则更侧重国际化视野与实践能力。结合你的成绩与排名，建议以协和为冲刺目标，交大与复旦为稳妥选择，并提前准备差异化材料（如科研成果或临床实习证明）以提升录取概率。

15.1.2　使用夸克确定目标学校的注意事项

警惕智能推荐的信息茧房效应。夸克通过算法推送热门专业与院校时，会优先展示搜索量高、讨论度大的内容（如计算机、金融等），但可能忽略新兴交叉学科或小众但高潜力领域（如人工智能伦理、量子信息科学）。建议考生在使用院校推荐功能时，务必叠加学科评估排名、近三年招生变化等筛选条件，同时通过教育部学位中心官网、中国研究生招生信息网等权威平台核验数据。

多维验证就业数据。夸克的就业数据可能存在滞后性。例如某专业 2023 年就业率显示为 90%，但实际受行业波动影响，2024 年就业率已降至 75%。建议考生结合以下渠道：①教育部高校就业指导中心发布的《全国高校毕业生就业质量报告》；②目标院校的《毕业生就业质量白皮书》；③招聘平台（如智联招聘、猎聘）的实时岗位需求数据。

交叉验证院校动态与招生简章。夸克的"院校库"虽能提供历年分数线、报录比等基础数据，但部分院校的 2025 年招生政策（如专业代码变更、考试科目调整）可能未及时更新。例如某 985 高校 2024 年突然取消"新闻与传播"专业全日制招生，而夸克平台仍显示旧数据。建议考生每月定期查看目标院校研究生院官网，重点关注"最新公告"栏目，并订阅教育部"阳光高考"平台的政策更新提醒。

15.1.3　使用夸克确定目标学校的进阶技巧

（1）关注长期学业挖掘数据细节

除了查看院校的基本信息、分数线、招生计划等常规数据，还可以关注一些更细致的数据指标。比如，通过夸克查看院校的学科评估结果，了解该院校优势学科在全国的排名情况；查看专业的就业质量报告，了解毕业生的就业方向、就业单位性质、薪资水平等，以便判断该专业的就业前景和市场竞争力。此外，还可以关注院校的保研率、考研升学率、出国深造率等数据，为未来的学业发展规划提供参考。

（2）深入筛选与组合

运用夸克的筛选功能，结合多个因素进行综合筛选。除了常见的按分数、位次、地域、专业等筛选条件外，还可以考虑学校的类型、特色、办学层次、学费标准、招生批次等因素。通过不同条件的组合筛选，缩小目标学校的范围，找到更符合自己需求和条件的院校。例如，如果你希望报考一所位于经济发达地区、学费相对较低的理工类一本高校，就可以通过这些条件的组合来筛选出符合要求的学校。

15.2　深挖专业核心信息，确认具体报考目标

查询具体考研报考专业是考生在选择研究生方向时，系统性地收集、分析目标专业核心信息的过程。这一过程涵盖专业课程体系、研究方向、师资力量、招生政策、历年录取数据，以及就业前景。其核心价值在于帮助考生将个人兴趣、专业基础与职业规划深度匹配，避免盲目选择热门专业导致的资源错配。

传统查询方式主要依赖高校官网、纸质招生简章、线下咨询会等渠道，存在显著痛点。首先，信息碎片化严重，考生需在数十个平台重复搜索，如某考生为对比三所高校的人工智能专业，需分别访问各校研究生院官网、教育部学科评估页面及第三方论坛。其次，数据更新滞后，部分高校官网未及时公布2025 年招生计划调整，导致考生决策失误。

夸克依托 AI 技术与大数据分析，重构了考研报考专业查询的全流程。信息整合与实时更新，平台聚合教育部、高校官网、就业报告等权威数据，如2025 年宁夏大学计算机技术专业录取详情可一键获取，并自动推送招生政策变动提醒。

15.2.1　使用夸克确定具体专业的操作指南

我们现在以一个"首都医科大学临床学学生，要考取北京协和医学院临床医学专业"为例，展示如何利用夸克查询相关专业录取信息。

第一步，打开夸克 App，在搜索框中输入以下提示词，如图 15-3 所示。

图 15-3　提示词模板

第二步，稍微等待后，夸克就能为用户展示出相关专业报考信息。

夸克 AI 的输出结果如下：

北京协和医学院临床医学考研录取分析及报考计划

一、近五年录取情况分析

1. 竞争格局与分数线

北京协和医学院临床医学专业（专业学位/学术学位）的录取竞争激烈，统考名额稀缺。近 5 年数据显示：

- 报录比：临床医学专业统考报录比约为 1∶15～1∶20，热门科室（如心内科、妇产科）可达 1∶30 以上。

- 录取分数：初试总分需达到 360～380 分（国家线约 309 分），其中专业课（临床医学综合能力）需 180 分以上，英语需 60 分以上。

- 推免比例：推免生占比约 50%～60%，统考名额每年约 80～100 人（含附属医院）。

- 复试淘汰率：复试差额比例为 1∶2，最终录取率约 50%。

2. 生源与调剂

- 生源背景：录取考生中，约 70% 来自 985/211 院校（如清华、北大、复旦），30% 来自双非院校（如首都医科大学、南京医科大学）。

- 调剂政策：协和极少接收外校调剂，调剂仅针对一志愿生源不足的冷门科室（如老年医学、康复医学），且要求初试总分 ≥ 350 分，英语 ≥ 60 分。

3. 关键趋势

- 分数逐年上涨：2020—2024 年，临床医学专业录取最低分从 345 分升至 368 分，涨幅约 6.6%。

- 科研能力权重增加：近三年录取考生中，80% 以上发表过 SCI 论文（影响因子 ≥ 3）或参与国家级科研项目。

- 英语要求提高：六级 550 分以上考生占比从 2020 年的 35% 升至 2024 年的 62%，且部分导师明确要求，雅思 ≥ 6.5 或托福 ≥ 90。

二、报考计划制订（2025—2026）

（一）备考策略

1. 初试准备（2025 年 4 月—12 月）

目标分数：总分 380 分（政治 70 + 英语 75 + 专业课 235）。

时间规划：

基础阶段（4～6 月）

☐ 英语：每日背 50 个考研词汇，精读《考研英语真题》(2010—2020 年)，每周写 1 篇作文。

☐ 专业课：系统复习《内科学》《外科学》《生理学》，配合贺银成《考研西医综合辅导讲义》，完成第一轮笔记。

强化阶段（7～9 月）

☐ 英语：开始模拟考试，重点突破阅读和新题型，每日练习翻译和写作。

☐ 专业课：刷《历年真题解析》(近 10 年)，整理错题集，强化薄弱章节（如心血管系统、消化系统）。

冲刺阶段（10～12 月）

☐ 英语：模考 3 次 / 周，背诵作文模板，保持答题手感。

☐ 专业课：每日复习错题，背诵高频考点（如诊断公式、治疗原则），参加模拟考试（如医教园全真模考）。

2. 复试准备（2026 年 1～3 月）

临床技能

☐ 练习心肺复苏、胸穿、腹穿等操作，参考《临床技能操作指南》。

☐ 参加首医附属医院临床技能培训（如北京友谊医院、北京朝阳医院）。

专业英语

☐ 背诵《医学英语词汇》，每日翻译 1 篇英文文献摘要（如 NEJM、Lancet）。

☐ 准备 3 分钟英文自我介绍，包括科研经历、临床案例分析。

科研能力

☐ 整理本科阶段参与的课题（如"糖尿病肾病发病机制研究"），制作 PPT 展示。

☐ 阅读报考导师近 3 年发表的论文（如王辰院士团队关于呼吸疾病的研究），准备相关问题。

3. 院校选择与策略

☐ 北京协和医院（本部）：心内科、妇产科（竞争激烈，需初试 ≥ 380 分）。

☐ 阜外医院：心血管病学（录取分数相对较低，初试 ≥ 365 分）。

- ❑ 肿瘤医院：肿瘤学（科研导向，适合有实验室经历的考生）。
- ❑ 保底选择：若初试分数未达协和线，可调剂至首都医科大学附属北京安贞医院（心内科）或天津医科大学总医院（内分泌科）。

（二）关键节点与注意事项

1. 重要时间线

- ❑ 2025 年 9 月：关注协和研招网发布的《2026 年硕士招生简章》，确认招生计划和考试科目。
- ❑ 2025 年 10 月：在研招网完成报名，选择北京协和医学院（代码 10023），填写导师志愿。
- ❑ 2025 年 12 月：打印准考证，调整心态，保持作息规律。
- ❑ 2026 年 3 月：查询初试成绩，若进入复试，立即启动复试准备。

2. 材料与资源

必备材料

- ❑ 本科成绩单（需教务处盖章）、六级成绩单、科研论文（如有）。
- ❑ 导师推荐信（建议联系首医附属医院主任医师）。

推荐资源

- ❑ 教材：《内科学》（第 9 版）、《外科学》（第 9 版）、《生理学》（第 9 版）。
- ❑ 题库：《贺银成考研西医综合历年真题解析》《医教园西医综合真题精析》。
- ❑ 网站：协和医学院研究生招生网（http://graduate.pumc.edu.cn）、中国研究生招生信息网（https://yz.chsi.com.cn）。

3. 风险控制

- ❑ 备选方案：若初试未达协和线，可申请香港大学李嘉诚医学院（需雅思 ≥ 6.5）或新加坡国立大学杨秀桃医学院（需托福 ≥ 100）。
- ❑ 心理调适：备考期间保持每周 1~2 次运动，避免焦虑，可加入考研互助小组（如知乎"协和考研交流群"）。

三、总结与建议

1. 优势分析

- ❑ 院校背景：首都医科大学临床医学专业排名全国前 10，与协和有合作关系，导师推荐信认可度高。

❑ 成绩与英语：专业前 5%（5/120）＋六级 550 分，具备较强竞争力。

❑ 科研经历：若有参与课题（如"新型冠状病毒疫苗研发"），可显著提升复试通过率。

2. 风险提示

❑ 竞争激烈：协和临床医学统考录取率不足 5%，需做好长期备考准备。

❑ 信息不对称：部分科室（如急诊科）录取信息不公开，需联系在读学长学姐获取内部资料。

3. 行动清单

❑ 立即启动：4 月开始每日学习 8 小时，重点突破专业课和英语。

❑ 联系导师：6 月向协和导师发送邮件（附简历和科研成果），争取面试机会。

❑ 模拟考试：10 月起每周参加 1 次全真模考，调整答题节奏。

注：以上数据基于 2020—2024 年公开信息，具体以协和医学院官方发布为准。建议定期关注研招网和学院官网，及时调整备考策略。

15.2.2　使用夸克确定具体专业的注意事项

关注院校专业压分现象，避免盲目选择。夸克提供的"录取分数线"可能掩盖院校专业课压分的隐性风险。例如，西北农林科技大学应用心理专硕、新疆大学学科教育类等专业存在"专业课分数普遍偏低"的情况，导致考生无法调剂。

结合个人定位，避免依赖 AI 推荐。夸克的"智能推荐"功能可能基于普遍数据（如学科排名、就业率）给出建议，但未充分考虑个人兴趣、职业规划、学习能力等个性化因素。例如，夸克推荐"计算机科学与技术"为热门专业，但考生若对编程无兴趣，盲目选择可能导致学习动力不足。

系统学习专业术语，避免概念误判。夸克对专业术语的解释可能存在深度不足或学科交叉误解。例如，金融工程与金融学在课程设置、就业方向上有显著差异，但夸克可能仅提供通用定义。

多渠道交叉验证数据，规避信息孤岛。夸克的信息聚合功能可能遗漏隐性资源（如导师实验室资源、校企合作项目）。例如，夸克提供某院校"机械工程"专业的分数线，但未提及该专业与某车企的联合培养计划。

确认数据年份与考试周期匹配。夸克的历史数据功能可能导致年份混淆。例如，2025 年考研指 2024 年 12 月的初试，但夸克可能将 2024 年录取数据标注为"2024 届"，易被误认为是 2025 年的信息。

15.2.3　使用夸克确定具体专业的进阶技巧

多维数据可视化分析。通过夸克搜索导出目标院校近五年录取数据（含分数线、报录比、调剂率），利用 Python 的 Pandas 库进行数据清洗，再通过 Matplotlib 绘制动态趋势图。例如将某校计算机专业的分数线波动与全国统考难度系数叠加分析，识别小年机会窗口。配合 Seaborn 热力图展示不同研究方向的导师招生偏好，为复试准备提供数据支撑，如图 15-4 所示。

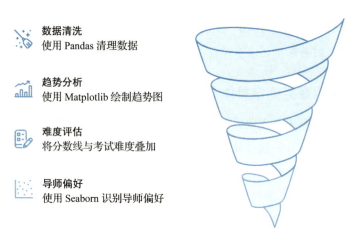

数据清洗
使用 Pandas 清理数据

趋势分析
使用 Matplotlib 绘制趋势图

难度评估
将分数线与考试难度叠加

导师偏好
使用 Seaborn 识别导师偏好

图 15-4　使用夸克确定具体专业的进阶技巧

15.3　导师选择

考研导师选择是研究生教育中至关重要的环节，本质上是学生与导师基于学术志趣、研究方向和职业规划的双向匹配过程。这一机制旨在确保学生在研究生阶段获得与自身发展需求高度契合的学术指导与资源支持。从流程来看，学生需通过查阅导师论文、参与学术会议、咨询在读学生等方式，深入了解导师的研究领域、课题方向、学术成果及指导风格；而导师则会考查学生的专业基础、科研潜力、创新思维及与团队的适配性。这一过程不仅影响学生的学术成长路径，还直接关联到科研项目参与机会、论文选题方向、职业发展资源等核心要素。例如，导师的科研经费充足与否可能决定学生能否参与前沿课题，而导师的学术影响力则可能为学生提供国际交流或读博深造的机会。因此，考研导师选择既是学术能力的匹配，也是职业发展的战略决策。

传统考研导师选择模式存在显著的结构性缺陷，主要体现在信息不对称、评估维度单一和决策效率低下三个方面。首先，学生获取导师信息的渠道有限，往往依赖院校官网的静态介绍、零散的学生评价或个人人脉推荐，难以全面掌握导师的最新研究动态、课题资源及团队管理风格。例如，部分导师的学术成果可能未及时更新至官网，而学生通过社交媒体或学术论坛获取的信息又缺乏权威性验证。其次，评估标准的主观性较强，学生易受导师职称、院校声誉等显性标签影响，而忽视导师与自身研究兴趣的契合度、指导频率及学术包容性等隐性因素。据调查，约 60% 的学生在选择导师时优先考虑教授职称，但后续因研究方向不匹配导致的学术困扰占比高达 45%。最后，传统模式依赖线下沟通和人工协调，从初步筛选到最终确定往往需要数周甚至数月，尤其在调剂阶段，学生可能因信息滞后而错失优质导师资源。

夸克考研导师选择功能通过 AI 技术重构了这一决策过程，其核心优势体现在数据驱动的精准匹配与动态优化机制。夸克整合了全网学术资源，包括 CNKI、万方等数据库的最新论文、国家自然科学基金项目信息、导师近期学术会议发言等。夸克的 AI 写作功能可以帮助用户书写自我推荐信。

15.3.1 使用夸克辅助选择导师的操作指南

我们现在以一个首都医科大学临床学学生，在初试结束后、复试开始前联系导师为例，展示如何利用夸克确定导师。

第一步，打开夸克 App，在搜索框中输入以下提示词。如图 15-5 所示。

第二步，稍微等待后，夸克就能为用户展示出相关院校信息。

夸克 AI 的输出结果如下：

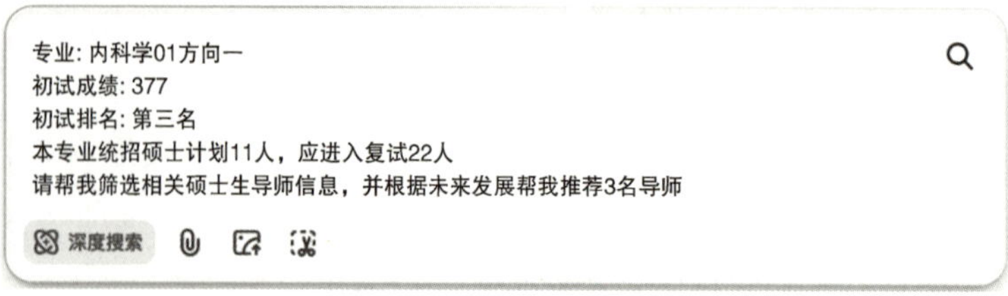

图 15-5　提示词模板

结合北京协和医科大学内科学 01 方向一（心血管病方向）的专业特点及您的初试成绩（第三名），以下从学术影响力、科研平台、临床资源及职业发展支持等维度，为您推荐三位导师并提供详细分析。

一、推荐导师及核心优势

1. A 教授

导师背景

北京协和医院心内科主任医师、博士生导师，中国医师协会心力衰竭专业委员会常委，中华医学会心血管病学分会心力衰竭学组委员。2005 年赴美国 UAB 医学院心内科深造，长期从事心力衰竭、心肌病、冠心病的临床与基础研究，在超声心动图诊断领域有 20 余年经验。

研究方向

心力衰竭的分子机制、心肌病的精准诊疗、冠心病的介入治疗。

学术资源

☐ 临床平台：北京协和医院心内科是国家临床重点专科，心衰团队在国内率先设立心衰心肌病门诊，年门诊量超 2 万人次，提供丰富的临床病例资源。

☐ 科研项目：主持国家自然科学基金、首都卫生发展科研专项等项目，参与制定《中国心力衰竭诊断和治疗指南》。

☐ 学术产出：以第一／通讯作者在 *Circulation*、*European Heart Journal* 等期刊发表论文 50 余篇，主译《Mayo Clinic 超声心动图手册》。

学生培养

☐ 国际化视野：与美国克利夫兰医学中心、欧洲心脏病学会（ESC）保持合作，支持学生参与国际学术会议。

❑ 职业发展：毕业生多进入三甲医院心内科或从事心血管科研，部分学生获国家公派留学资格。

推荐理由

适合对心力衰竭基础研究或临床诊疗感兴趣的学生，协和医院平台能提供顶尖的临床训练和科研资源。

2. B 教授

导师背景

阜外医院心内科主任医师、硕士生导师，哈佛大学医学院麻省总医院访问学者，中国医师协会肿瘤心脏病学专业委员会委员。专注于冠心病、肥厚型心肌病及肿瘤心脏病学的临床与介入治疗。

研究方向

冠心病介入治疗、肿瘤治疗相关心血管并发症的防治、心肌纤维化机制。

学术资源

❑ 临床平台：阜外医院是亚洲最大的心血管病专科医院，年介入手术量超 10 万例，肿瘤心脏病学团队为国内首个多学科协作组。

❑ 科研项目：主持国家重点研发计划"3D 打印功能化医疗模型"、中国医学科学院创新工程等项目。

❑ 学术产出：以第一／通讯作者在 *JACC*、*European Heart Journal* 发表论文 30 余篇，获中华医学科技奖二等奖 2 项。

学生培养

❑ 技术前沿：团队率先开展 3D 打印技术指导复杂冠心病介入治疗，学生可参与国家级临床研究。

❑ 跨学科合作：与肿瘤内科、放疗科联合培养，适合对交叉学科（如肿瘤与心血管）感兴趣的学生。

推荐理由

适合对冠心病介入技术或肿瘤心脏病学研究感兴趣的学生，阜外医院的专科优势能提供深度技术训练。

3. C 教授

导师背景

北京协和医院院长、心内科教授、博士生导师，国家心血管病专业质控中心专家委员会专家，长期从事心血管疾病分子机制与转化医学研究。

研究方向

心力衰竭的病理机制、心血管系统罕见病的精准诊疗、新型药物研发。

学术资源

❑ 科研平台：领导北京协和医院心血管病国家重点实验室，拥有心衰生物样本库（超 5000 例）和基因编辑平台。

❑ 科研项目：主持国家重点研发计划"心血管系统罕见病诊疗技术研发"、国家自然科学基金重大项目。

❑ 学术产出：以通讯作者在 *Nature*、*Science*、*New England Journal of Medicine* 发表论文 20 余篇，牵头制定《中国扩张型心肌病诊断和治疗指南》。

学生培养

❑ 政策参与：团队成员参与国家心血管病质控标准制定，学生可接触行业前沿政策。

❑ 国际合作：与美国国立卫生研究院（NIH）、欧洲心脏病学会（ESC）有长期合作，支持学生赴顶级机构交流。

推荐理由

适合对心血管疾病基础研究或转化医学感兴趣的学生，导师的学术地位和资源能为职业发展提供高起点。

二、推荐策略与复试建议

1. 匹配个人兴趣与导师方向

❑ 临床导向：若倾向于临床诊疗，优先选择 A 教授（心衰）或 B 教授（冠心病介入），他们的团队能提供丰富的手术机会和病例管理经验。

❑ 科研导向：若希望从事基础研究或转化医学，C 教授的实验室平台和国际合作资源更具优势。

2. 复试准备要点

❑ 学术积累：深入研读目标导师近 3 年的代表作（如 A 教授关于心衰的研究、B 教授关于肿瘤心脏病学的论文、C 教授关于罕见病的机制研究），准备 3-5 个专业问题。

❑ 技能展示：若有相关科研经历（如参与心血管病课题、发表论文），需在复试中重点突出；若无，可强调对导师研究方向的理解和兴趣。

☐ **沟通技巧**：提前通过邮件或科室渠道与导师助理联系，表达报考意愿，询问是否有见面机会（部分导师可能安排面谈）。

3.备选方案

若对心血管与肿瘤、代谢等交叉领域感兴趣，可关注 B 教授的肿瘤心脏病学方向或 C 教授的代谢性心血管病研究。

第三步，在搜索框中输入以下提示词，通过夸克 AI 帮助生成给导师的自我推荐信，并上传简历到附件。如图 15-6 所示。

第四步，稍等片刻后，夸克就会生成相关推荐信。

夸克 AI 的输出结果如下：

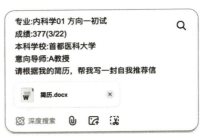

图 15-6　提示词模板

致 A 教授的自我推荐信

尊敬的 A 教授：

您好！感谢您在百忙之中阅读这封信。我是首都医科大学临床医学专业 2025 届本科毕业生 ×××（身份证号：×××），报考北京协和医科大学内科学 01 方向一专业硕士研究生，初试成绩 377 分（总分 500 分），排名第 3（进入复试 22 人）。怀着对您学术成就的敬仰与临床理念的认同，我诚挚希望能加入您的团队，在心血管病诊疗与研究领域深耕，特此向您自荐。

一、专业基础：深耕临床，筑牢根基

本科期间，我始终以"夯实医学基础，培养临床思维"为目标，系统学习《内科学》《病理学》《诊断学》等核心课程，加权平均分 89.6 分，《心血管病学》课程获 95 分，连续三年获校级"优秀学生奖学金"。在首都医科大学附属北京安贞医院心内科实习期间，参与收治急性心肌梗死、心力衰竭患者 200 余例，掌握心电图判读、心肺复苏、冠状动脉造影术前术后管理等技能，独立完成 50 余份病历书写及病例讨论汇报，获"优秀实习医师"称号。

此外，我注重科研思维培养，选修《医学统计学》《临床科研设计》等课程，参与校级课题《北京市社区老年人高血压管理现状调查》，运用 SPSS 软件分析数据，撰写调查报告并获"大学生创新实践项目优秀成果奖"，初步掌握临床研究的基本方法。

二、报考动机：追随方向，同向而行

选择报考您的研究生，源于我对您研究领域的长期关注与强烈兴趣。

临床诊疗理念高度契合：您在心力衰竭精准诊疗与心肌病发病机制领域的研究（参考您近年发表于《×××杂志》的《×××》等论文），与我在实习中观察到的"老年心衰患者管理痛点"形成呼应。我深刻认同"基础研究指导临床实践"的理念，希望通过研究改善这类患者的预后。

团队平台引力：您带领的团队依托北京协和医院国家临床重点专科，在心力衰竭规范化诊疗、多学科协作（MDT）方面独具优势。尤其是团队建立的心衰生物样本库与超声心动图智能诊断系统，为临床科研提供了扎实的数据支撑，这与我希望深耕"临床－科研转化"的职业规划高度匹配。

个人发展诉求：作为首都医科大学毕业生，我始终以"协和医学精神"为标杆。若能加入您的团队，我将以"严谨、求精、勤奋、奉献"为准则，在您的指导下提升临床技能与科研水平，成为兼具临床胜任力与科研创新力的心血管专科医生。

三、未来规划：明确目标，稳步前行

若有幸成为您的学生，我计划从以下三方面展开学习。

临床能力提升：扎实掌握心内科常见疾病（如心衰、冠心病、心肌病）的诊疗规范，参与门诊、病房及导管室工作，积累复杂病例管理经验，目标在3年内通过心内科专科医师规范化培训。

科研方向探索：结合团队研究方向，聚焦心力衰竭的早期诊断标志物或代谢异常与心肌病的关联机制，在您的指导下学习分子生物学技术（如RNA测序、细胞培养）或临床数据分析方法（如机器学习在预后评估中的应用），争取以第一作者发表SCI论文。

学术视野拓展：积极参与国内外学术会议（如中国心血管病大会、ESC年会），学习前沿理念；若有机会，希望参与国际多中心临床研究或赴海外实验室交流，为团队引入新的研究思路。

四、个人特质：专注坚韧，协作共进

临床中善于观察：实习期间曾通过连续监测 NT-proBNP 动态变化，协助识别 1 例难治性心衰患者的容量管理问题，及时调整治疗方案后患者症状改善。

科研中严谨细致：在社区高血压调查中，为确保数据准确，我对 200 份问卷进行二次核对，发现并修正 15 份逻辑矛盾数据，最终研究结论被社区卫生服务中心采纳。

团队中主动担当：作为本科班级学习委员，组织"心内科病例分享会"12 场，协调同学完成市级医学科普竞赛并获二等奖，具备良好的沟通与协作能力。

五、结语

北京协和医科大学是中国医学的最高殿堂，而您的团队正是我理想的学术起点。无论从专业基础、研究兴趣还是职业规划，我都坚信自己能成为团队的合格成员。随信附上我的个人简历、成绩单及获奖证明，恳请您给予面试机会。若有机会当面请教，我将不胜感激！

此致敬礼！

申请人：×××

联系电话：×××

邮箱：×××

日期：2025 年 4 月 28 日

15.3.2 使用夸克辅助选择导师的注意事项

验证学术成果真实性，警惕学术包装陷阱。夸克搜索结果可能存在学术包装现象，例如将参与项目标注为独立主持、将合作论文列为第一作者等。搜索导师姓名加国家自然科学基金、科技部重点研发计划，在国家自然科学基金委员会官网查询项目编号及负责人信息。复制论文标题到知网、Web of Science 等权威数据库，核对作者顺序、期刊等级及收录情况。

结合官方渠道与非结构化信息，多维评估导师风格。在知乎、贴吧、小木虫等平台搜索导师姓名加评价，或加入"××大学××专业考研群"，向在读学生咨询。关注导师近期参与的线上/线下会议，通过其发言内容、提问互动等观察学术态度。部分导师会在微博、抖音等平台分享科研心得或生活片段，学生可从中感知导师的沟通方式。

15.3.3 使用夸克辅助选择导师的进阶技巧

使用夸克辅助选择导师的进阶技巧如图 15-7 所示。

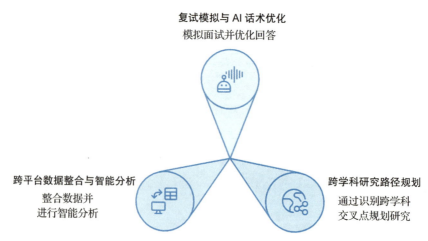

图 15-7 使用夸克辅助选择导师的进阶技巧

（1）复试模拟与 AI 话术优化

使用夸克 AI 生成"导师研究方向 + 复试高频问题"，如模拟问题为"请阐述对碳中和技术的理解"，可以通过讯飞听见等语音转写工具记录回答，再利用夸克 AI 的语言润色功能优化表达逻辑。

（2）跨学科研究路径规划

通过夸克获取导师论文的关键词，导入 CiteSpace 生成知识图谱，识别导师研究领域与其他学科的交叉点（如环境科学 + 机器学习）。例如，若导师近年发表水质预测论文，可规划深度学习 + 环境工程的跨学科研究方向。

（3）跨平台数据整合与智能分析

通过夸克学术搜索获取导师近五年论文（支持知网、维普等平台数据），将文献信息批量导出至 EndNote，利用主题词聚类功能生成研究热点图谱。例如，若导师研究人工智能伦理，则可通过 EndNote 分析关键词共现网络，识别核心研究领域（如医疗 AI 伦理、算法公平性）。